Manuela Brinkmann

Unterwegs zur Vollkommenheit: Rolfing und NLP – Körper und Geist

Eine Ganzheit kommt sich näher

Junfermann-Verlag · Paderborn
1989

Cover-Illustration und Text-Illustration: Michael Ryba

Satz: adrupa Paderborn
Druck: PDC – Paderborner Druck Centrum

CIP-Titelaufnahme der Deutschen Bibliothek
Brinkmann, Manuela:
Unterwegs zur Vollkommenheit: Rolfing und NLP – Körper und Geist: Eine Ganzheit kommt sich näher / Manuela Brinkmann. – Paderborn: Junfermann, 1989
(Reihe Pragmatismus & [und] Tradition; Bd. 5)
ISBN 3-87387-013-4

ISBN 3-87387-013-4

Inhalt

Ich widme dieses Buch mit großer Freude, herzlichster Freundschaft und Dankbarkeit Robert B. Dilts, weil er einen kleinen aber entscheidenden „Fehler" gemacht hat. Er änderte während einer Demonstrationssitzung vor gut zwei Jahren meine Aussage „I want to write something" in den Ausdruck „write a book" – ob bewußt oder unbewußt habe ich nicht erfahren können.

Mein besonderer Dank gehört Udo Hartmann für die Begleitung während einer lern- und entwicklungsintensiven Lebensphase, Thies Stahl als meinem Haupt-NLP-Lehrer und „kritischen Leser", Sabine Kubiak für ihr geduldiges Übertragen meiner Handschrift in den Computer und gelegentliche hilfreiche Fragezeichen und meinem liebsten Freund und Partner Reiner Punke als meinem ersten, unterstützendsten und liebevollsten Leser.

Vorwort

Manuela expressed the wish to integrate two seemingly differing life goals which were to be herself and be loved. One expression of being herself was to write something which would integrate her work and experiences with Rolfing and Neuro-Linguistic Programming. As with many who undertake to write about a deeply personal aspect of their lives however, Manuela's desire to write something was accompanied by some hesitations, fears of criticism and the fear not to be loved – which often accompany such a major life commitment. As a result she was feeling blocked and unable to take action.

In one of the evening sessions, Manuela volunteered to be the demonstration subject for the NLP hierarchy of criteria technique and through the magical interplay between NLP and her own inner ressources was able to transform all remaining resistance into a sense of personal mission. The result is this book. Manuela was able to align her own hierarchy of criteria to bring her inner critic into the service of her dreamer and realist. This book is a testament to the fact that even a seemingly negative inner voice can be turned around to support a congruently made decision that is in line with one's true mission.

In addition to making a needed connection between NLP and one of the most important and influential kinesthetic technologies of our time, this book represents a personal triumph for Manuela. I feel privileged to have been able to not only assist at its birth but to have lent my support to its growth and development over the past couple of years through personal discussions and talks with Manuela.

I give a deep and heartfelt 'rebel yell' for this important contribution and accomplishment.

Sincerely.

Robert B. Dilts

1. Was ist Neurolinguistisches Programmieren (NLP)?

1.1 Allgemeines und Geschichte oder drei Antworten auf eine Frage

1. Antwort

NLP ist eine Kombination von pädagogischen, psychologischen, psychotherapeutischen und kommunikativen Fähigkeiten.

Diese Definition hat den Vorteil, daß sie sehr kurz ist. Gleichzeitig ist es schwer, sich auf der Grundlage dieser Definition ein Bild davon zu machen, was NLP ist oder wie eine NLP-Therapiesitzung aussieht oder ein NLP-Therapeut sich verhält. Das liegt daran, daß NLP nur schwer mit gedruckten Worten allein zu umschreiben ist. Aber trotzdem:

Viele gute und bekannte NLP-Therapeuten und Lehrer können schnell und viel reden, und ihr Bewegungsrepertoire ist vielfältig. Ihre Stimmen sind ebenfalls sehr variabel, und sie haben oft überraschende Einfälle. Außerdem glauben sie, daß das menschliche Gehirn Lösungsmöglichkeiten für jedes menschliche Problem finden kann. Dabei ist der jeweils Betroffene oder Klient der beste Experte zur Lösung seiner Schwierigkeiten, zur Erreichung seiner Ziele und zur Verbesserung seiner Fähigkeiten. Der Therapeut hilft nur dabei, neue „Denkmodelle" für alte Wünsche oder Probleme zu finden und lehrt den Klienten, wie er in Zukunft leichter selbst solche Pfade findet oder sich neue bauen kann.

2. Antwort

NLP ist eine Kommunikationstechnik, erwachsen aus dem Erfahrungswissen von brillanten Psychotherapeuten und exzellenten Kommunikatoren aus der Wirtschafts- und Geschäftswelt. Außerdem kann NLP heutzutage als eine neue Psychotherapie angesehen werden, da mittlerweile ein so umfangreiches System von einzelnen Techniken existiert, daß es für jedes psychische Problem eine Interventionsmöglichkeit mit NLP gibt.

Was NLP-Techniken darüber hinaus besonders interessant macht, ist die Tatsache, daß die verblüffenden Fähigkeiten sogenannter Meistertherapeuten wie Fritz Perls – Gestalttherapie –, Virginia Satir – Systemische Familientherapie – und Milton Erickson – Hypnosetherapie – so genau beobachtet und differenziert wurden, daß sie im NLP als Techniken herausgefiltert aus der Einzigartigkeit dieser Therapeutentalente für jeden schrittweise erlernbar geworden sind.

Außerdem ist NLP eine Kurzzeittherapie. Das heißt, verschiedenste Probleme können in einer oder in einigen wenigen Sitzungen gelöst werden. Zum Beispiel berichten Bandler und Grinder – die Entwickler des NLP – im Vorwort zu ihrem Buch „Neue Wege der Kurzzeit-Therapie", daß Phobien, Lernstörungen – z. B. Legasthenie –, unerwünschte Gewohnheiten wie Rauchen, Trinken, Eßsucht, Schlaflosigkeit usw., Probleme in Familien und Organisationen, sowie körperliche Schwierigkeiten und vieles mehr in kürzester Zeit – ein bis zwei Sitzungen – mit NLP behoben werden können.

Heute wissen wir, daß einfache Phobien in nicht mehr als fünf Minuten „kuriert" werden können, Menschen neue ungeahnte Fähigkeiten erlernen können, Krebspatienten, die von Ärzten als unheilbar eingeschätzt wurden, mit wenigen NLP-Sitzungen und einem längeren Genesungszeitraum soweit gesundeten, daß medizinisch nichts mehr von der ehemaligen Krankheit nachzuweisen war. Auch lange bestehende und in vielen oder allen Persönlichkeitsbereichen existierende Probleme wie allgemeine Ängste und Unsicherheit können mit neueren, komplexeren NLP-Strategien verändert werden. Dabei kann die Anzahl der Sitzungen wiederum klein sein, auch wenn die Zeit der Integration der neuen Lebens- und Verhaltensmöglichkeiten in alle Teile der Person und ihren Alltag längere Zeit in Anspruch nehmen mag.

3. *Antwort*

Dieses Buch beginnt mit der Idee der Perfektion – im Titel – und wird damit enden. Diese Tatsache deutet darauf hin, daß es beim NLP um einen Entwicklungsprozeß geht, den die NLP-Arbeits- und Denkweise fördert. Denn wie es schon für Eva und Adam kein Zurück mehr gab, nachdem sie vom Baum der Erkenntnis gegessen hatten, können auch wir nicht mehr hinter unsere eigene geistige Entwicklung und die Differenzierung unseres Denkens und unserer Sprache zurücktreten. Gleichzeitig bedingt hohe Differenzierung Differenzen, die Konflikte schaffen – in jeder Person und in der Welt. Um das zu verändern, hilft kein Zurück zur Einfachheit und Undifferenzierbarkeit. Vielmehr müssen wir versuchen, durch die fortlaufende Integration dissoziierter Physiologien – vgl. Kap. 1.7.1.6. – scheinbar unvereinbare Gegensätze zu vereinigen und ständig unser Denken, Wissen und Handeln zu erweitern, indem wir konsequent alle negative Formulierungen – Verneinungen – in positive Denk- und Handlungsweisen verwandeln und durch kontinuierliche Veränderung aller einschränkenden Glaubenssätze – vgl. Kap.1.7.1.7. – in neue flexiblere Konzepte, die Evolution des menschlichen Bewußtseins zur Perfektion entwickeln, um dann festzustellen, daß es auf einer neuen, bisher ungewissen Ebene weitergeht. Obwohl unsere Glaubenssätze über Perfektion uns normalerweise per Definition verbieten anzunehmen, daß es etwas einhundertprozentig Perfektes gibt, und falls es doch vorhanden wäre, würde es zwangsläufig ein Ende bedeuten.

Um diese Formulierungen praktischer zu verstehen, versuchen Sie einmal folgende Übung:

Machen Sie sich bitte ein Bild von etwas an Ihrem Körper, das 100%ig in Ordnung ist. Wenn das geht, prima. Fahren Sie bitte mit anderen Körperteilen fort, bis Sie zu irgend etwas kein 100%iges Bild mehr bekommen.

Falls Sie von vornherein kein 100%iges Bild finden konnten bzw. jetzt keines mehr sehen können, machen Sie sich ein Bild von dem entsprechenden Körperbereich, das zu 80 % perfekt ausschaut. Danach lassen Sie bitte ein Bild entstehen, das den Gedanken, daß dieser Bereich nicht 100%ig in Ordnung ist, repräsentiert. Nun blenden Sie die beiden Bilder wie zwei Dias übereinander. Lassen Sie sich etwas Zeit, damit Sie sich selbst überraschen können, was passiert.

Gibt es ein Bild mit mehr Tiefe, mehr Bewegung, einen weiteren Rahmen, mehr Farbe oder etwas völlig anderes? Oder verändert sich Ihr Körpergefühl oder das, was Sie riechen, schmecken oder hören. Wenn etwas ganz besonders Gutes oder Interessantes passiert, lassen Sie es mich wissen.

Eine weitere Möglichkeit, wie sich die Evolution des menschlichen Bewußtseins fortsetzen könnte, beschreibt der folgende Gedankengang. Manche Menschen glauben, daß es eher bemerkenswert ist, daß es überhaupt ein Bewußtsein gibt.

Denn das Unbewußte gibt es schon länger als den Menschen. Nämlich bei den Tieren, die, anscheinend ohne es zu wissen, vom Prozeß des Fressens in den Prozeß des Maulableckens, in den Prozeß des Fortgehens, in den Prozeß des Ausruhens, in den Prozeß des Spielens und so weiter geraten. Tiere leben offenbar in einer fließenden Einheit von „unbewußt sein". Wie wäre es nun, wenn Menschen durch ihren geistigen und körperlichen Entwicklungsprozeß zu einer fließenden Einheit des Bewußtseins – oder Wissensstromes – gelangen würden? Anders ausgedrückt, wie gestaltete sich das menschliche Leben, wenn die Unterscheidung zwischen Bewußtem und Unbewußtem verschwände? Das heißt, es gäbe keine Separator – vgl. Kap. 1.3.3. – und kein Vordergrund-Hintergrunddenken á la Gestalt mehr, keine Unterscheidung zwischen innerer und äußerer Wahrnehmung und keine Probleme beim Verstehen von Endlossätzen mehr, da wir einfach dem Strom des Wahrnehmens und Erlebens folgen könnten.

„Aha", denkt vielleicht jetzt jemand, „das kenne ich doch. Das sind doch gefährliche Symptome von Geisteskrankheit". Jemand anders kennt solche Gedankengänge eher aus Vorstellungen über höhere Bewußtseinszustände, Erleuchtung oder im Einklang mit sich sein.

Als praktische *Übung* hierzu identifizieren Sie doch bitte den Teil der für die Angst, verrückt zu werden, zuständig ist und anschließend den Teil, der für den Wunsch nach Perfektion oder Erleuchtung steht und lassen Sie diese Teile verhandeln – vgl. Kap. 1.7.1.6. – bzw. bitten Sie einen NLP-Kundigen, Sie durch diesen Prozeß zu führen... Danach genießen Sie die normalerweise auftretende Überraschung, wohin Sie diese Übung geführt hat.

1.2 Grundannahmen und Vorgehensweise

Vier wesentliche Grundannahmen des NLP lauten folgendermaßen:

I. Jeder Mensch besitzt bereits alles Wissen und alle Fähigkeiten, die er braucht, um jedes seiner Probleme zu lösen und jedes gewünschte Ziel zu erreichen.

II. Beim NLP als Therapie geht es immer um Verhaltenserweiterung und nie darum, etwas loszuwerden oder wegzubekommen, da...

III. ...Jedes Verhalten, und scheine es auch noch so falsch, krankhaft oder absurd, hat positive Funktionen bzw. sekundäre Gewinne. Mit NLP werden neue sinnvolle Verhaltensweisen zur Erreichung dieser positiven Funktionen gesucht.

IV. Es gibt ein Unbewußtes, das mehr kann und weiß als das Bewußtsein. Beide, auch das Unbewußte und das Bewußtsein, haben positive Absichten. Manchmal gibt es allerdings Verständigungsschwierigkeiten zwischen beiden Bereichen. Deshalb geht es beim NLP oft darum, das Bewußtsein mit dem Wissen des Unbewußten in Einklang zu bringen und so zu erweitern.

Diese Grundannahmen sind nicht als Wahrheiten, sondern als nützliche Glaubenssätze zu verstehen. Sollte es gute Gründe geben, diese Grundannahmen durch sinnvollere und besser funktionierende zu ersetzen, kann dies im Sinne des NLP jederzeit getan werden.

Wie geht ein NLP'ler in der Therapie vor? Zu Beginn jeder Therapiesitzung achtet der Therapeut bewußt darauf, ob ein Vertrauensverhältnis (Rapport, Kap. 1.3.1.) zwischen ihm und dem Klienten existiert. Falls das nicht der Fall ist, ergreift er gezielt Maßnahmen, um Vertrauen zu erreichen.

Bei der Herstellung des Rapports und während der gesamten Sitzungszeit achtet der Therapeut darauf, in welcher Physiologie der Klient ist (vgl. Kap. 1.5.), wenn er sich mit seinen Problemen beschäftigt. Der Therapeut unterscheidet dabei deutlich zwischen Hören, Sehen, Fühlen, Riechen und Schmecken. Dadurch kann er gezielt auf die persönliche Welt des Klienten eingehen und gleichzeitig herausfinden, in welchen Bereichen der Wahrnehmung Schwierigkeiten und Einschränkungen existieren und wo dadurch gleichzeitig auch die neuen Lern- und Problemlösungsmöglichkeiten auftauchen werden. Außerdem fragt der Therapeut sehr genau nach, um möglichst schnell zum Kern der Schwierigkeiten vorzudringen.

Eine wichtige Art, genau nachzufragen, ist das Eliminieren aller Negativ-Formulierungen. Das heißt, wenn der Klient ein „nicht" oder eine andere Art von Verneinung in seinen Aussagen oder Beschreibungen erwähnt, fragt der Therapeut nach: „Was meinen Sie eigentlich damit?", „Was möchten Sie statt dessen tun oder erleben?".

Eine weitere NLP-Vorgehensweise, um möglichst schnell zum Kern eines Problems vorzudringen, ist zielorientiertes Vorgehen. Dazu beschreibt der Klient möglichst genau und sinnesspezifisch, was sein Sitzungs- und Therapieziel ist. Eine ausführliche Darstellung der Fragetechnik dazu findet sich in Kap. 1.7.1.0.

Schließlich arbeitet ein NLP-Therapeut weitgehend prozeßorientiert. Das bedeutet, der Klient berichtet nur soviel über den Inhalt seines Problemes und seines Erlebens, daß der Therapeut in der Lage ist, die richtige NLP-Technik auszuwählen, um den dann innerlich ablaufenden Veränderungs- und Heilungsprozeß des Klienten zu bearbeiten und zu begleiten. Ob dieser Prozeß in der richtigen Weise verläuft, entscheidet der Therapeut anhand der Physiologie – vgl. Kap. 1.5. – des Klienten. Das heißt, letzterer soll möglichst „gut aussehen" im Sinne von gelöst, entspannt, lebendig und gut gelaunt, bzw. im Vollbesitz aller seiner Kräfte und Fähigkeiten. Äußerlich sichtbare Zeichen dafür sind eine gleichmäßige und volle Atmung, die Symmetrie der Körperhaltung, die Gesichtsfarbe und vieles mehr.

1.3 Therapeutische Grundelemente

Beim NLP wird besonders genau darauf geachtet, daß die Verhaltenselemente, die bei der Beobachtung von Meistertherapeuten systematisch als Voraussetzung für gute Kommunikation und effektive therapeutische Veränderungen erkannt worden sind, bewußt in jeder Therapiesitzung eingesetzt werden. Ziel dieses Vorgehens ist es, möglichst ebenso schnell und gut wirksame positive Veränderungen bei den NLP-Klienten zu bewirken wie die therapeutischen Meister. Deshalb müssen die wirksamen therapeutischen Grundelemente zunächst bewußt in der Therapie eingesetzt werden. Dies ist jedoch nur so lange nötig, bis dieses als effektiv erkannte Verhaltensrepertoire dem NLP-Therapeuten in „Fleisch und Blut" übergegangen ist. Ist dies der Fall, so werden die therapeutischen Grundelemente nur noch dann wieder überprüft und bewußt angewandt, wenn es Störungen im Therapieablauf gibt, wenn man NLP als Therapiemethode weiterentwickeln will oder wenn es gelehrt wird.

1.3.1 *Rapport (Qualität der Beziehung)*

Denken Sie bitte einmal an eine Situation mit einem befreundeten oder geliebten Menschen, zu einem Zeitpunkt, als Sie sich wirklich ganz besonders gut verstanden haben. In so einer Situation ist man sich einig, kann dem anderen alles sagen und ihm gut zuhören, Ratschläge kann man annehmen und mit der gefühlsmäßigen Unterstützung des Freundes/Partners, Vater, Mutter, usw. auch umsetzen, die gute Beziehung läßt uns oft optimistisch, vertrauensvoll und kreativ sein.

So eine Situation mit einem anderen Menschen wird beim NLP als guter Rapport bezeichnet. Je besser der Rapport zwischen zwei Menschen ist, um so leichter kann man sich gegenseitig positiv beeinflussen und fördern. Selbst wenn es um schwierige oder unangenehme Dinge geht oder um etwas, was man normalerweise bewußt kaum zu denken, geschweige denn auszusprechen wagt, wird in einer Beziehung mit gutem Rapport erfahrbar, ist zu verkraften und sogar zu verändern. Aus diesem Grunde ist das Herstellen eines guten Rapports das erste, wofür ein NLP-Therapeut sorgt. Besonders einfach ist das, wenn Therapeut und Klient sich von vornherein sympathisch sind oder mögen. In diesem Fall muß der Therapeut „nur" noch darauf achten, daß die anfängliche Sympathie in der gemeinsamen Arbeit erhalten bleibt bzw. größer wird.

Wenn der Klient dem Therapeuten oder beide sich gegenseitig unsympathisch sind, muß der Therapeut sich fragen, welche unangenehmen Gedanken und Erfahrungen er mit diesem Klienten verbindet oder an welche problematische Person aus der Vergangenheit oder Gegenwart der Klient ihn erinnert. Wenn der Therapeut dadurch in der Lage ist, diese Gedanken, alte Erfahrungen und Erinnerungen als solche zu erkennen, fällt es ihm leichter, neue positive Einstellungen gegenüber dem Klienten zu entwickeln. Hat der Klient Schwierigkeiten, Vertrauen zum Therapeuten zu fassen, kann der Therapeut sofort beginnen, mit Hilfe von Rapporttechniken die Qualität der therapeutischen Beziehung zu verbessern.

An dieser Stelle tauchen die Fragen auf: Wie erkenne ich einen guten Rapport? Wie stelle ich ihn her und halte ihn aufrecht? Stellen Sie sich dazu einmal konkret und bildlich zwei Menschen vor, die Sie gesehen haben und bei denen Sie den sicheren Eindruck hatten, daß sie sich sehr gut verstehen. Woran erkennen Sie, daß diese beiden Menschen sich mögen? Sehen sie gerade ähnlich aus? Haben sie eine ähnliche Haltung oder bewegen sie sich ähnlich? Sprechen sie vielleicht im selben Tonfall oder in der gleichen Lautstärke? Sind sie ähnlich gekleidet und/oder haben sie den gleichen Gesichtsausdruck?

Diese oder ähnliche Fragen beantworten Sie sicher mit ja, wenn Sie Menschen begegnen, die sich gut verstehen bzw. einen guten Rapport zueinander haben.

Im nächsten Abschnitt geht es sehr detailliert darum, was zu einem guten Rapport gehört und wie man ihn auch bewußt herstellen kann. Da man kurz gesagt einen guten Rapport daran erkennt, daß zwei Menschen oder auch mehrere sich pacen, und auf je mehr Ebenen und je exakter sie sich pacen, um so größer ist der Rapport.

1.3.2 *Pacing und Leading (Begleiten und Führen)*

Pacing und Leading sind zwei gegensätzliche Prozesse, die sich in der Therapie ergänzen.

Beim Pacing geht es darum, sich einer anderen Person oder einem Klienten anzugleichen. Wie weitgehend man sich an die Person angleicht, ist sehr situations- und intentionsabhängig. Treffen Sie einen Nachbarn auf der Straße, der ihnen einen guten Tag wünscht, brauchen Sie ihn nur zurückgrüßen und haben sich für diese Situation sicher genug angeglichen, selbst wenn Sie mit anderen Worten und einer völlig anderen Stimme antworten. Kommt jedoch ein Klient zu seinem Therapeuten und sagt: „Einen wunderschönen guten Morgen“ und hebt seine Stimme am Ende des Satzes und der Therapeut entgegnet ihm „Hallo“ und senkt dabei die Stimme, kann die Therapiesitzung sehr unharmonisch beginnen. Andererseits kann der Therapeut auch die Intention verfolgt haben, seinen Klienten zu provozieren, um möglichst schnell zu einem bestimmten Thema zu kommen und würde dadurch schon leaden. Schließlich könnte diese Interaktion ein gewohnter Scherz zwischen Therapeut und Klient sein, sozusagen ein bereits bekanntes Ritual. Betrachten Sie in diesem Fall die Situation, so ist das Verhalten des Therapeuten absurd, aber die gemeinsame Intention des Scherzes stellt gegenseitiges Angleichen oder Pacen dar.

Wie genau kann man nun einen anderen Menschen pacen, um einen guten Rapport herzustellen? Zunächst kann man nur soweit jemanden pacen, wie man mit seinen fünf Sinnen wahrnehmen kann. Das heißt, ich kann mein Verhalten nur an etwas angleichen, was ich sehen, hören, fühlen, riechen oder schmecken kann. Je mehr ich meine Wahrnehmung von meinem Interaktionspartner verfeinere und mir bewußt mache, desto bewußter und differenzierter kann ich das, was ich pacen möchte, auswählen. Besonders in einer intensiven Kommunikation wie einer Therapie ist es wichtig, schützend und heilsam, daß der Therapeut viel „paced", damit er einen guten Kontakt zum Klienten herstellt. Gleichzeitig muß der Therapeut aber dafür sorgen, daß er die Symptome des Klienten nicht mitübernimmt, wenn er zu genau paced und sich besonders gefühlsmäßig stark angleicht.

Die einzelnen Prozesse, die man pacen kann, lassen sich besonders sinnvoll anhand der Wahrnehmungsbereiche unserer fünf Sinne ordnen: nach Sehen (visuell), Hören (auditiv), Fühlen (kinästhetisch), Riechen (olfaktorisch) und Schmecken (gustativ). Bei der folgenden Aufzählung werden die visuellen und kinästhetischen Prozesse zusammengefaßt, da in der normalen Kommunikation während einer NLP-Therapie die Wahrnehmung kinästhetischer Vorgänge beim Gesprächspartner über das Sehen funktioniert und nicht über direkten Körperkontakt, wie beim Rolfing oder in privaten Beziehungen. Geruch und Geschmack haben im therapeutischen Kontakt eine eher untergeordnete Wichtigkeit, wenn es darum geht, einen Klienten zu pacen. Deshalb werden im folgenden nur wenige für eine Therapiesitzung relevante, auf Geruch und Geschmack hinweisende Prozesse aufgezählt.

1. Visuell/Kinästhetisch (Sehen/Fühlen):
   Kleidung – Form, Farben, Weite, Enge.
   Körperbewegungen – Rhythmus, Ausmaß, Ausgangspunkt im Körper, Ausgangspunkt im Raum, Richtung, Dauer, Geschwindigkeit.
   Körperhaltung – Symmetrie, Asymmetrie, aufrecht, gebeugt, Winkel der Gelenke, Ausrichtung des Körpers im Raum.
   Körperzustand – Atemrhythmus, Muskelspannung, Durchblutung, unwillkürliche Bewegungen.

Mimik – Weite der Augen, Blickrichtung, Stellung und Spannung der Augenbrauen, Bewegung und Spannung der Stirn, des Mundes, der Nase, des Kinns, der Wangen, Durchblutung der Gesichtshaut.

Aussagen, die Sehen, Fühlen, Bewegen, Handeln betreffen.

2. Auditiv/Hören:
Inhalt des Gesagten, Wortwahl, Satzlänge, Füllworte oder Laute – äh, ja, also, gell –, Deutlichkeit der Aussprache, Tonfall, Tonhöhe, Sprechrhythmus und -länge, Atemrhythmus, Sprechpausen.
3. Olfaktorisch/Geruch:
Geruch wahrnehmbar oder nicht, Parfum oder nicht, Schnüffelgeräusche oder -bewegungen, Aussagen, die Geruch oder Riechen betreffen.
4. Gustativ/Geschmack:
Zungenbewegungen, Lippenlecken, Schluck- oder Schmatzbewegungen oder Töne, Aussagen, die Geschmack oder Schmecken betreffen.

Alle beschriebenen Verhaltensweisen, Prozesse und Gegebenheiten sind in einer Interaktion oder Therapie beobachtbar und mit etwas Übung und Phantasie leicht und unauffällig zu pacen.

Das dem Pacen entgegengesetzte therapeutische Verhalten ist das Leaden oder Führen. Leaden kann man um so besser, je besser vorher das Pacing – natürlicherweise oder bewußt – war und je besser damit der Rapport ist. Mit Leaden läßt sich der Rapport überprüfen. Wenn der Therapeut sein Verhalten ändert und der Klient diesem Verhalten folgt, paced nun der Klient, und der Therapeut leadet, und dies funktioniert nur, wenn der Rapport bereits gut ist. Indem er führt, kann der Therapeut auch die Aufmerksamkeit des Klienten lenken. Darüber hinaus kann man mit Leading kleine, therapeutisch wirksame Interventionen machen. Der Therapeut kann den Klienten aus problematischen und ungesunden Denk- und Verhaltensweisen herausführen und ihn in Richtung seines Therapieziels hinleiten. Um zu führen, verändert der Therapeut bei sich selbst ein Verhalten, indem er bis dahin den Klienten gepaced hat und achtet darauf, ob der Klient ihm nun im neuen Verhalten paced und ob sich damit seine Physiologie – vgl. Kap. 1.5. – verbessert. Beispielsweise kann der

Therapeut eine Weile in gleichem Atemrhythmus wie der Klient atmen und mit einem befreienden tiefen Atemzug dieses gemeinsame Atemmuster brechen. Folgt der Klient der Führung des Therapeuten, war das Pacing erfolgreich, und der Klient findet mit dem veränderten Atem eventuell bereits zu neuen Möglichkeiten, sein Problem zu lösen.

1.3.3 *Separator (Unterbrecher)*

Die Fähigkeit, einen Klienten bei dem, was er gerade tut oder wie er sich verhält, angemessen und respektvoll zu unterbrechen, ist eine Grundfertigkeit, die zur NLP-Therapie notwendig ist. Der Unterbrecher bzw. Separator trennt zwei Zustände oder Physiologien (vgl. Kap. 1.5.). Die Notwendigkeit des gezielten Unterbrechens beim NLP ergibt sich aus dem Ziel, die Therapie so kurz wie möglich zu gestalten.

Der Separator

1. dient im Hinblick auf dieses Ziel dazu, die Darstellungen des Klienten über sein Problem dann zu unterbrechen, wenn der Therapeut genug Informationen gesammelt hat, um die Veränderungsarbeit einzuleiten.
2. Der Therapeut strukturiert durch bestimmte spezifizierende Fragen die Problemgeschichte des Klienten neu. Durch diese Neustrukturierung seines Problems, während er darüber berichtet, gelangt der Klient bereits zum Zeitpunkt der Informationssammlung zu neuen Einsichten. Der Bericht eines Klienten könnte z.B. nach der Aussage „Mein Chef behandelt mich immer so schlecht" durch die Frage „Tatsächlich in jeder Situation?" vom Therapeuten unterbrochen werden, um die Aufmerksamkeit auf konkrete Ereignisse zu lenken.
3. Außerdem kann unterbrochen werden, während der Klient sich mit einer unangenehmen Erinnerung beschäftigt, damit der Klient die Fähigkeit behält, über Veränderungsmöglichkeiten kreativ nachzudenken, anstatt ein altes Trauma oder einen Mißerfolg noch einmal nachzuvollziehen und sich dabei als hilflos und unflexibel zu erleben.

Schließlich ist der Separator nötig, wenn die Therapiesitzung beendet werden muß, da die Zeit um ist. Die Unterbrechung sollte in diesem Fall besonders elegant und respektvoll sein, wenn das gerade bearbeitete Problem nicht abschließend geklärt werden konnte. Normalerweise bitte ich den Klienten am Ende der Sitzung, sich wieder mehr auf die notwendigen Dinge des Alltags zu konzentrieren und frage ihn, wann es wieder sinnvoll und an der Zeit ist, sich mit dem unabgeschlossenen Problem zu beschäftigen. Außerdem bitte ich ihn, das Problem bis dahin „einzupacken", „abzustellen", „zu parken" oder was sonst für ihn paßt. Ein anderes Separatorritual, das ich gerne anwende, ist, die Schritte in und aus dem Therapieraum gemeinsam mit den entsprechenden visuellen Elementen als in die Veränderungsarbeit am Problem hinein- und wieder hinausgehen.

Welche Arten, einen Separator zu machen, bzw. zu unterbrechen, gibt es?

Prinzipiell gibt es fünf Kategorien (Kap. über Repräsentationssysteme) von Unterbrechungen: visuelle, auditive, kinästhetische, olfaktorische und gustative Separator. Die ersten beiden Arten sind die am häufigsten auftauchenden. Ein Gespräch wird relativ leicht und oft durch eine Frage oder einen Kommentar unterbrochen. Ebenfalls leicht können Sie einen Klienten durch Veränderungen in seinem Blickfeld in einer Handlung unterbrechen. Kinästhetische Unterbrechungen setzen einen größeren Rapport als visuelle und auditive voraus, um respektvoll eingesetzt zu werden, da sie einen näheren körperlichen Kontakt herstellen. Dadurch sind sie gleichzeitig in schwierigen Situationen besonders wirkungsvoll und angenehm für den Klienten. Bei der Phobiearbeit – vgl. Kap. 1.7.1.4. – z.B. kann der Therapeut durch Körperkontakt und Berührungen den Klienten einfach unterbrechen und daran erinnern, daß er gegenwärtig körperlich ganz sicher ist.

Olfaktorische Separator eignen sich besonders gut, um sie unbewußt einzusetzen, beispielsweise, indem sie einen angenehmen Duft in Ihrer Praxis oder Ihrem Therapieraum verbreiten, der als Separator von der „normalen" Welt draußen wirken kann. Die gleiche unüberseh- und hörbare Wirkung erzielen Sie natürlich mit der akustischen und sichtbaren Ausstattung Ihrer Räume. Zusätzlich lassen sich duftende Essenzen während der Sitzungen als Separator einsetzen. Düfte wirken schnell und zuverlässig als Unterbrecher, da ihre Wirkung wenig durch Denkprozesse gefiltert wird. Besonders nützlich ist es, eine Reihe von Duftölen vorrätig zu haben und den Klienten seinen Lieblingsduft auswählen zu lassen, um ihn, wenn es sinnvoll ist, daran schnuppern zu lassen.

Gustative Separator sind für Therapiesitzungen wenig praktikabel.

1.3.4 Ankern

Ein Anker ist ein mit einem der fünf Sinne wahrnehmbarer Reiz, der mit einem ganz bestimmten Erleben oder Ereignis assoziiert ist und dieses Erleben jederzeit wieder auslösen kann. Ein Anker kann ein Wort oder eine bestimmte Tonalität sein, ein inneres Gefühl, eine Bewegung oder eine Berührung, eine bildliche Vorstellung oder ein äußerer visueller Reiz, ein vorgestellter oder momentaner Geschmack oder Geruch.

Unsere gesamte Lebensumwelt ist voller Anker, da jedes Ding und jeder Mensch mit anderen Dingen, Menschen, Erlebnissen und Erfahrungen assoziiert ist. Im Laufe einer menschlichen Lebensgeschichte bilden sich diese Ankerqualitäten heraus, und es gibt starke und schwache Anker. Das bedeutet, bestimmte Dinge, Personen, Berührungen oder allgemeine Reize haben eine weitreichende, komplexe und zuverlässige Wirkung, andere bewirken schwache oder unmerkliche Reaktionen und sind weniger unbedingt. Wie gut ein Anker wirkt, hängt von seiner Intensität, seiner Einmaligkeit und davon ab, ob, als er etabliert wurde, gute Lernbedingungen für die Person, auf die er wirkt, bestanden. Gute Lernbedingungen bestehen, wenn der Lernende selbst entspannt und aufmerksam ist und das zu Lernende auf möglichst alle Sinne – Sehen, Hören, Fühlen, Riechen und Schmecken – wirkt. Unbewußte Anker funktionieren besser als bewußte. Genutzt werden Anker gezielt und bewußt besonders in der Werbung. Dort geht es darum, bestimmte Produkte mit für möglichst viele Menschen wirksamen Ankern für angenehmes Erleben zu verbinden, so daß die Produkte selbst zu Ankern für dieses Erleben werden und so der Kaufreiz möglichst hoch wird.

Beim NLP geht es darum, mit Hilfe von Ankern gezielt das Erleben des Klienten umzustrukturieren. Wenn einem Klienten zum Beispiel in einer schwierigen Situation keine guten Ideen zur befriedigenden Bewältigung dieses Problems zur Verfügungen stehen, ankert der Therapeut zunächst die Problemsituation. Dazu bittet er den Klienten, sich diese Situation noch einmal sehr intensiv zu vergegenwärtigen und verbindet den intensivsten Moment mit einem Anker, also einer Berührung, einem sichtbaren Reiz, einem Wort oder Tonfall, den man auch vom Klienten selbst erfragen kann oder auch mit einem Duft – Geschmack ist unpraktisch. Sodann läßt der Therapeut den Klienten sich in eine Situation versetzen, in der er ganz besonders gute Ideen entwickeln kann und ankert diese Situation ebenfalls. Schließlich löst er die beiden Anker zur gleichen Zeit aus, und die Problem- und die Ideensituation verbinden sich im Erleben des Klienten und führen zu neuen Fähigkeiten in der schwierigen Situation.

Anker werden in den meisten NLP-Techniken gezielt angewendet und die Chaning Anchor Technik – vgl. Kap. 1.7.1.1. – demonstriert eine Möglichkeit, ausschließlich mit Ankern Erleben zu verändern.

Eine schöne *Übung* zum Selbstausprobieren, ist das „Hier und Jetzt ankern".

Dazu ankern Sie bitte je eine Wahrnehmungsqualität – oder ein „Repräsentationssystem" – vgl. folgendes Kapitel – mit dem Druck von jeweils einem Ihrer fünf Finger auf eine Stelle an der anderen Hand. Danach drücken Sie alle Anker gleichzeitig. Wenn Sie im jeweils intensivsten Moment der einzelnen Wahrnehmung gedrückt haben, stellt sich eine angenehme Gesamtwahrnehmung von „ganz da sein" ein.

Also beginnen Sie und konzentrieren Sie sich möglichst intensiv auf das, was Sie sehen können, besonders auf das Schöne – und drücken Sie. Als nächstes lauschen Sie, was Sie Wohlklingendes hören können und drükken Sie den nächsten Punkt. Nun spüren Sie bitte, was Sie körperlich empfinden, möglichst etwas besonders Angenehmes und drücken Sie zum dritten Mal. Beim vierten Drücken achten Sie auf die Wahrnehmungen Ihrer Nase, vielleicht nehmen Sie einen Lieblingsduft zuhilfe. Zuletzt konzentrieren Sie sich bitte auf das, was Sie im Moment schmecken und drücken Sie im intensivsten Moment.

1.4 Repräsentationssysteme

Mit unseren fünf Sinnen nehmen wir die äußere und die eigene innere Welt war. Die fünf Sinne sind Sehen, Hören, Fühlen, Riechen und Schmecken, bzw. visuell, auditiv, kinästhetisch, olfaktorisch/gustativ; VAKO.

Beim NLP werden die subjektiven Erfahrungen von Menschen anhand dieser fünf Bereiche der Wahrnehmung differenziert. Olfaktorische und gustative Aspekte einer Erfahrung fallen zur Vereinfachung in eine Kategorie. Die Differenzierung in die fünf Repräsentationssysteme wird vorgenommen, weil Beobachtungen von Entwicklern und Anwendern des NLP zeigen, daß verschiedene Menschen nach den Repräsentationssystemen unterscheidbare Wahrnehmungsschwerpunkte haben, und daß eine Person in verschiedenen Situationen ebenfalls unterschiedliche Wahrnehmungsschwerpunkte hat. Darüber hinaus werden vergangene Ereignisse anhand unterschiedlicher Repräsentationssysteme erinnert. Schließlich lassen sich momentane und vergangene Erlebnisse dadurch, daß man sich bewußt auf die Wahrnehmung aller Repräsentationssysteme konzentriert, intensivieren.

In der Therapie hat das oben Beschriebene folgende praktische Konsequenzen. Während ein Klient sich gedanklich mit einer bestimmten Erfahrung beschäftigt oder darüber berichtet, unterstützt der Therapeut die Konzentration auf die Erfahrung. Dies kann er zum Beispiel durch gezielte Fragen tun:

1. „Was genau siehst Du im Zusammenhang mit dieser Erfahrung?"
2. „Was genau hörst Du in dieser Situation?"
3. „Was genau fühlst Du dabei?"
4. „Was genau riechst und schmeckst Du, wenn Du dies erlebst?"

Dieses Vorgehen dient einerseits dazu, sich erinnerte oder auch in der Zukunft erwünschte Erfahrungen so genau wie möglich wahrzunehmen, andererseits erkennt der Klient, über welches Repräsentationssystem er am bewußtesten seine Erfahrungen wiedererinnert hat oder innerlich konstruiert. Gleichzeitig wird damit deutlich, in welchen Repräsentationssystemen Erweiterungsmöglichkeiten für bewußte Wahrnehmung existieren.

Wie erkennt nun der Therapeut von außen, in welchem Repräsentationssystem ein Klient sich gerade befindet? Das heißt: Welcher sinnesspezifische Ausschnitt aller möglichen Wahrnehmungen steht für den Klienten gerade im Vordergrund? Um dies herauszufinden, gibt es drei Möglichkeiten: 1. Die Art und Weise, wie der Klient sich sprachlich ausdrückt, gibt Auskunft über sein momentan bevorzugtes Repräsentationssystem; 2. Es läßt sich an der Bewegung und Stellung der Augen erkennen, ob jemand gerade hauptsächlich sieht, hört oder fühlt; 3. Riechen und Geschmacksorientierung ist an der Sprache erkennbar und darüber hinaus durch kleine Bewegungen um und im Mund und in der Nase, veränderten Atem- und Schluckbewegungen.

Sprachliche Zugangshinweise auf ein bestimmtes Repräsentationssystem geben besonders die Verben und Adverben, die jemand bevorzugt und verwendet. Solche Vorlieben für bestimmte Ausdrükke, die mit sehen, hören, fühlen, riechen und schmecken zu tun haben, können in unterschiedlichen Situationen für dieselbe Person verschieden sein.

Es folgen fünf Beispiellisten mit Ausdrücken, die auf die bevorzugte Benutzung der einzelnen Repräsentationssysteme hinweisen:

Visuell

- sehen, schauen, blicken, beobachten, glotzen, beäugen, gucken, leuchten, scheinen
- sichtbar, überschaubar, scheinbar
- hell, dunkel
- weitsichtig sein
- Überblick, Durchblick haben
- Klarheit gewinnen
- Klärung verlangen
- verklärt blicken
- abgeklärt sein
- eine strahlende Schönheit sein
- bei Licht besehen
- einen Sachverhalt beleuchten/erstellen
- ein Hans-guck-in-die-Luft sein
- Scheinargument
- durchsichtige Argumentation
- übersichtliche Raumaufteilung
- dunkle Gestalten

- undurchsichtige Persönlichkeit
- unübersehbar
- nachsichtig sein
- vorsichtig sein
- vorausschauend sein
- überblicksweise
- Ausstrahlung haben
- Einblicke gewähren
- einsichtig sein
- jemanden beschatten
- gute Beobachtungsgabe besitzen
- Hellsehen
- Schwarzsehen

Auditiv
- laut, leise
- das hört sich gut an
- taube Nuß; taub auf den Ohren sein
- bollerig, Radau, trampelig, poltern
- klapperig, musikalisch, unüberhörbar
- tröpfelnd, hämmernd, schrill, piepsig, dunkel, rauh, winselnd, wimmernd, kreischend, schnappend, heiser, röchelnd, schnaubend
- Bohnen in den Ohren
- er (sie) ist nicht auf den Mund gefallen
- er (sie) hört nicht mehr auf mich (nur auf andere)
- er (sie) ist mir hörig
- betäubend
- gehorcht aufs Wort
- Stecknadel fallen hören
- im Einklang sein
- rauschende Ballnacht
- seine Ruhe haben
- in Ruhe lassen
- die Engel singen hören
- Süßholz raspeln
- wie ein Huhn gackern
- es hat Klick gemacht

- das Gras wachsen hören
- stumm wie ein Fisch
- die Stille ertragen

Kinästhetisch
- Ich habe weiche Knie
- Ich bin müde
- Ich bin wach
- Ich bin entspannt
- Ich bin wütend
- Ich bin traurig
- Mir wird warm ums Herz
- Kloß im Hals
- Druck im Magen
- Galle kommt hoch
- Eisfüße haben
- Im siebten Himmel schweben
- auf den Boden fallen
- in ein Loch fallen
- über dem Boden schweben
- sich fallen lassen
- mit beiden Füßen auf dem Boden stehen
- sich geborgen fühlen
- in mir kommt die Kälte hoch
- mir läuft eine Gänsehaut über den Rücken
- ich fühle mich beschwingt
- meine Füße sind eingeschlafen
- das Herz hüpft vor Freude im Leib
- mir schlägt das Herz bis zum Hals
- das Herz tut mir weh
- das Blut stockt mir in den Adern
- mir zieht sich der Magen zusammen, dreht sich um
- mir wird schwindelig
- mir sausen die Ohren,
- mir kribbelt es in den Händen
- mir bricht der Schweiß aus
- mir schlottern die Glieder
- mir lacht das Herz

- ich schwebe auf Wolken
- ich fühle mich frei, befreit
- ich fühle mich eingeengt, bedrückt, in die Ecke gedrängt,
- sich angenommen fühlen
- ich fühle mich verstanden, losgelöst, befreit
- mir ist eine Laus über die Leber gelaufen
- mir schnürt sich der Hals zusammen
- mir bleibt die Spucke weg
- mir stockt der Atem
- ein Gefühl der Leere

Olfaktorisch
- den Wind um die Nase pfeifen lassen
- die Nase rümpfen
- Nasenstüber
- der Duft der großen weiten Welt
- verschnupft sein
- laufende Nase
- Säufernase
- Nasenbohren
- eine Nase dafür haben
- einen guten Riecher haben
- immer der Nase nach
- auf die Nase fallen
- Tür vor der Nase zuschlagen
- es riecht fad
- eine anrüchige Person
- ruchlos
- müffeln
- eine lange Nase zeigen
- Nasenbär
- naseweis sein
- fruchtig
- schnuppern
- verraucht
- rauchig
- schnüffeln, reinziehen
- ätzend, betäubend, betörend

- duftend, stinken
- erdig
- blumig
- faulig, feucht
- moosig, holzig
- muffig
- penetrant
- verbrannt
- näseln
- rosig
- ätherisch
- parfümiert
- salzig
- würzig
- ranzig
- es stinkt mir
- ich geb dir eins auf die Nase
- ich habe die Nase voll
- ich kann dich (nicht) gut riechen
- steck die Nase nicht überall rein

Gustativ
- saftig
- lutschen,
- sabbern, schlabbern, schlürfen, schmatzen, schlecken
- tranig, fettig
- trocken, mild,
- köstlich, kosten, probieren
- verbrannt
- Schnauze voll haben
- nussig
- ölig
- würzig,
- vollmundig,
- rauchig
- süffig
- herb, lieblich
- sahnig

- knackig
- sich laben
- auf die Schnauze hauen
- dicke Lippe riskieren
- ein Schmecklecker sein
- die Galle hochkommen lassen
- Es war schon immer etwas teurer, einen besonderen Geschmack zu haben
- schlemmen, völlen
- schmarotzen
- bitter
- cremig
- Fast Food
- heiß, kalt, lau
- süß, sauer, salzig
- lecker
- schmecken,
- scharf laff
- geschmacklos, geschmackvoll
- das Wasser im Munde zusammenlaufen lassen
- jemanden gefressen haben
- jemanden zum Fressen gern haben

Zum Ausprobieren:
Bei Ihrer nächsten Unterhaltung achten Sie bitte darauf, ob ihr Gesprächspartner sich besonders in einem oder zwei Repräsentationssystemen ausdrückt. Als nächstes pacen Sie Ihren Partner in den bevorzugten Repräsentationssystemen und achten Sie darauf, wie sich Ihre Kommunikation verändert.

Mit ein bißchen Übung läßt sich, wie bereits erwähnt, an der Stellung der Augen erkennen, ob ein Klient oder Gesprächspartner gerade besonders mit inneren Bildern, Tönen oder Sprache oder mit seinem Gefühl beschäftigt ist. Darüber hinaus läßt sich die Art der Bilder und Geräuscheindrücke anhand der Augenstellung unterscheiden. Man kann sehen, ob ein inneres Bild aus einer Erinnerung stammt oder eine visuelle Konstruktion darstellt. Die gleiche Differenzierung ist für den auditiven Bereich möglich. Zusätzlich ist in diesem Bereich zu erkennen, ob jemand gerade innerlich mit sich spricht. Für die Kinästhetik gibt es solche Unterschiede nicht, da jedes Gefühl, egal ob es ein altbekanntes oder ein neues ist, kinästhetisch nur dadurch wahrgenommen werden kann, daß es aktuell empfunden wird.

Folgendes Modell zeigt, worauf Sie achten müssen, um diese Unterscheidung treffen zu können:

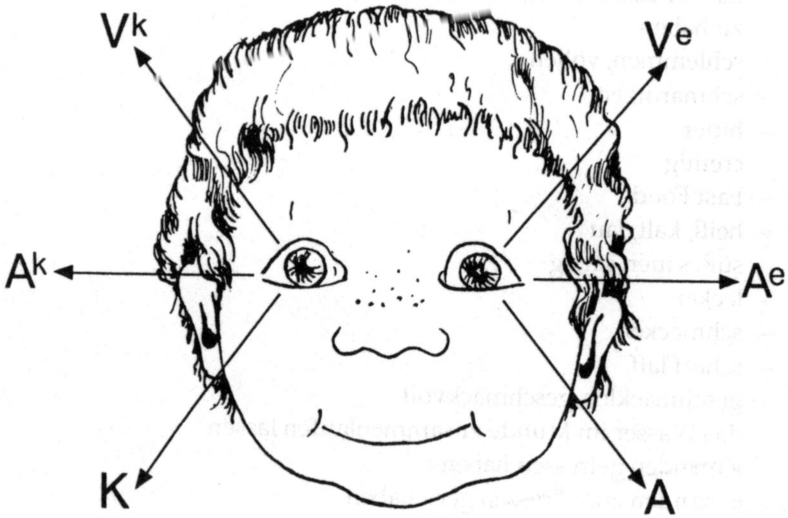

V^k = visuell konstruiert
V^e = visuell erinnert
A^k = auditiv konstruiert
A^e = auditiv erinnert
K = Kinästhetik
A = innerer Dialog

Dieses Modell der Augenmuster ist aus Erfahrungswerten abgeleitet und gilt in der Regel für alle Rechtshänder. Für Linkshänder, auch ehemalige, gilt das spiegelbildliche Modell. Darüber hinaus muß der Therapeut, bevor er sich darauf verläßt, daß die Augenmuster seines Klienten „normal organisiert" sind, sich mit Hilfe gezielter Fragen davon überzeugen.

Beispielfragen:

Visuell erinnert: Welche Farbe hat Dein Lieblingskleidungsstück? Welche Farben haben Narzissen?

Visuell konstruiert: Wie würdest Du mit violetten Haaren aussehen?

Auditiv erinnert: Wie klingt die Stimme Deines liebsten Menschen, wenn er etwas Nettes sagt? Wie hört sich das Zuklappen meiner Praxistür an?

Auditiv konstruiert: Wie klingt ein Feuerwerk plus Vogelgezwitscher? Wie würde sich Deine Stimme in einem Opernsaal anhören?

Innerer Dialog: Sage Dir bitte innerlich, daß es Dir sehr gut geht! Wie ist es, wenn Du Dir den nächsten Satz, den Du aussprichst, erst innerlich vorsagst?

Kinästhetik: Wie fühlt es sich an, wenn Dir Schneeflocken ins Gesicht rieseln? Was für ein Gefühl hast Du im Moment in Deinem linken Fuß?

Ergeben sich auf diese oder ähnliche Fragen ungewöhliche Reaktionen, fragen Sie Ihren Gesprächspartner, was er innerlich genau gemacht hat. Es kann sein, daß jemand die Frage nach den Gefühl von dem Katzenfell so beantwortet, daß er sich erst eine Katze bildlich vorstellt und dann das Gefühl des Streichelns erlebt. Oder daß jemand, bevor er eine Frage nach einer bildlichen Vorstellung beantwortet, sich die Frage innerlich wiederholt usw.

1.4.1 Submodalitäten

Eine genauere Differenzierung der einzelnen Repräsentationssysteme unternimmt der NLP-Therapeut, indem er die Submodalitäten eines Hör-, Seh-, Fühl-, Schmeck- oder Riecherlebnisses untersucht. Die Submodalitäten sind die speziellen Qualitäten einer Wahrnehmung in einem jeweiligen Repräsentationssystem.

Einen visuellen Eindruck kann man in folgende Qualitäten untergliedern:

Farbe	– schwarz, weiß, leuchtend, pastell, farbig
Begrenzungen	– Rahmen, panoramisch, Form der Begrenzung
Entfernung	– Nähe, Weite
Ort	– rechts, links, oben, unten
Perspektive	– von rechts, links, oben, unten
Tiefenschärfe	– zweidimensional, dreidimensional
Helligkeit	– dunkel, hell, Ort der Lichtquellen

Schärfe	– unscharf, scharf, verschleiert
Kontrast	– stark, schwach
Standpunkt des Betrachters	– im Bild und sieht Umgebung; als Beobachter sieht sich selbst im Bild

Die Unterqualitäten eines auditiven Erlebnisses sind:

Lautstärke	– laut, leise
Tonhöhe	– hoch, tief
Rhythmus	– gleichmäßig, variabel
Geschwindigkeit	– schnell, langsam
Tonqualität	– klar, mit Nebengeräuschen
Entfernung	– nah, weit
Ort	– rechts, links, oben, unten
Dauer	– langanhaltend, kurz
Sprachlich	– Worte und Sätze
Tonal	– nicht sprachlich
Internal/ External	– von innen; von außen

Die Qualitäten eines kinästhetischen Eindrucks unterscheiden sich folgendermaßen:

Intensität	– stark, schwach
Rhythmus	– fließend, pulsierend
Dauer	– lang, kurz
Ort	– wo im Körper, Tiefe
Ausdehnung	– groß, klein
Begrenzung	– deutlich begrenzt, übergehend
Temperatur	– heiß, kalt
Druck	– stark, leicht
Internal/ External	– von innen, von außen
Berührungs-qualität	– glatt, rauh, feucht, trocken

Die Submodalitäten von Geruchs- und Geschmackswahrnehmung werden bei der NLP-Therapie wenig berücksichtigt, deshalb bleiben sie hier unerwähnt.

Wie werden Submodalitäten für die therapeutische Arbeit genutzt? Mit der Veränderung von Submodalitäten lassen sich beispielsweise positive Zustände intensivieren. Besonders die Farbigkeit, die Lichtverhältnisse und die Geschwindigkeit der Bewegung können eine angenehme bildliche Vorstellung noch verbessern. Indem sich das Bild verschönert, wird in der Regel auch die gesamte momentane Erfahrung angenehmer. Bei inneren Bildern, die mit einer negativen Erfahrung verbunden sind, wirkt es erleichternd, wenn der Wahrnehmende beginnt, sich von außen in der Situation zu betrachten. Damit gewinnt er Distanz und eine neue Perspektive.

Genauso, wie sich visuelle Submodalitäten verändern lassen, um die Qualität des Erlebens zu optimieren, kann man auditive und kinästhetische Submodalitäten variieren, um dieses Ziel zu erreichen.

Zum praktischen Verständnis können Sie folgende kleine *Übung* machen:

Legen Sie sich am besten – aber es geht auch im Sitzen oder Stehen – auf den Rücken bequem hin ...
Schließen Sie bitte die Augen ...
Spüren Sie in Ihren Körper und finden Sie eine Stelle, die sich besonders angenehm anfühlt ...
Nun beginnen Sie damit, die Ausdehnung dieses Gefühls unter Beibehaltung der Intensität zu vergrößern ...
Dehnen Sie das Gefühl soweit aus, bis es überall in Ihrem Körper zu spüren ist ...
Lassen Sie sich Zeit ...

Eventuell bedarf es einiger Übung, um das gerade Beschriebene allein jederzeit durchzuführen, oder Sie finden Stellen im Körper, die das angenehme Gefühl nicht oder nur kurz empfinden können. In dieser Situation hilft weiterüben und/oder ein anderer Mensch, wenn es besonders schwierig ist ein NLP-Therapeut, der die Übungsanleitung spricht bzw. zusätzliche Submodalitäten verändert oder anders interveniert.

Kurz gesagt ist die Veränderung von Submodalitäten eine einfache und für sich allein schnellwirkende Veränderungstechnik, die gleichzeitig leicht im Rahmen einer anderen, komplexeren NLP-Technik angewandt werden kann.

1.5 Physiologien

NLP-Therapie geht weitgehend ohne Inhalt vor sich. Das heißt, der Therapeut entscheidet nicht nach inhaltlichen Kriterien, ob die Therapie oder eine einzelne Intervention erfolg- oder hilfreich für den Klienten ist.

Daraus ergibt sich, daß es beim NLP andere Kriterien zur Erfassung und Beurteilung des Zustandes der Klienten geben muß. Ein NLP-Therapeut beobachtet die Physiologie bzw. die Unterschiede in der Physiologie seiner Klienten.

Im Laufe einer Therapie sollte sich die Physiologie des Klienten verbessert haben. Außerdem bemüht man sich beim NLP in der Regel darum, daß am Ende einer Therapiesitzung der Klient in einer guten Physiologie zurück in seinen Alltag geht, um dort unbelastet seinen Aufgaben und Tätigkeiten nachgehen zu können – es sei denn, es gehört zur therapeutischen Intervention, daß der Klient in einer schlechten Physiologie in den Alltag geht, um noch einmal seine Probleme bewußt zu erleben.

Als nächstes taucht die Frage auf, wie sich Physiologien unterscheiden und worauf man achten kann, um diese Unterschiede festzustellen. Die Kriterien, die man dazu beachtet, sind die Stimme, die Symmetrie und Entspannt- oder Angespanntheit des Körpers, die Tiefe und Gleichmäßigkeit des Atems, der Gesichtsausdruck – Spannung, Durchblutung, Glanz der Augen, Mundstellung –, und schließlich kann man auch den Geruch in die Beobachtung mit einbeziehen. – Eine differenziertere Liste findet sich in Kap. 1.4.1.

Darüber hinaus hat jeder Mensch bestimmte Intuitionen darüber, wie es anderen Menschen geht, auch wenn sie nicht ausdrücklich über ihre Stimmung sprechen. Als NLP-Anwender nutzt man einerseits seine Intuition, macht sie sich jedoch anhand bestimmter Kategorien bewußt und verfeinert andererseits seine Wahrnehmung mit Hilfe der oben aufgeführten Differenzierungsmöglichkeiten, um unterschiedliche Zustände eines Interaktionspartners genau zu unterscheiden. Im folgenden seien nun einige Kategorien skizziert, in die man unterschiedliche Wahrnehmungen über Stimmungen oder Zustände anderer Menschen einordnen kann. Dies sind die Grundphysiologien, mit denen der NLP-Therapeut seine Wahrnehmung strukturiert. Einer weiteren Differenzierung sind dadurch keine Grenzen gesetzt.

Die Ressourcephysiologie

In diesem Zustand geht es der Person gut. Sie hat alle ihre Fähigkeiten potentiell zu ihrer Verfügung, sieht entspannt, gut gelaunt und symmetrisch aus, ist klar in ihrer Ausdrucksweise. Letzteres zeigt sich zum Beispiel darin, daß ein *ja* oder ein anderer positiver Ausdruck – schön, wunderbar, usw. – von einer passenden Körperbewegung begleitet wird.

Der Moment of Excellence

Diese Situation ist eine Ressourcephysiologie in höchster Potenz. Beim Moment oft Excellence fühlt man sich ausgezeichnet, ist nicht nur handlungsbereit sondern in einer idealen Aktion. Das Energieniveau ist außergewöhnlich hoch. Trotz möglicher Überschwenglichkeit hat man sich und die Situation unter Kontrolle. Es ist ein Moment größter Freude und Erfüllung.

Die Problemphysiologie

Dieser Begriff umfaßt die Situationen, in denen ein Klient sich intensiv mit einem Problem beschäftigt oder den Zustand, während er die Problemsituation innerlich wiedererlebt. Er hat den Überblick verloren, fühlt sich unter Druck oder bedrückt, kann sich irgend etwas nicht mehr anhören oder es fehlen ihm die Worte. Er ist traurig, ärgerlich, wütend, unsicher, lächerlich oder ähnliches. Von außen erkennt man so einen Zustand an der unsymmetrischen Körperhaltung, am ungleichmäßigen Atem, am angespannten oder verzerrten Gesichtsausdruck, an unkontrollierten Bewegungen und/oder inkongruenter Ausdrucksweise. Inkongruent bedeutet z.B., daß eine positive Aussage wie „Ich will..." von einem Kopfschütteln oder Schulternhochzucken begleitet ist.

Der Stuck-State

Der Stuck-State ist die Steigerung einer Problemphysiologie. Die Person, die diesen Zustand erlebt, steckt fest. Es geht nichts mehr. Sie ist hilflos, hoffnungslos, am Ende. Die Situation scheint keinen Ausweg zu besitzen, und jeder Versuch etwas zu verändern, ist zum Scheitern verurteilt. Jeder Beobachter kann diesen Zustand deutlich erkennen. Der Betroffene selbst bewegt sich wenig oder monoton, seine Körperhaltung ist zusammengesunken, seine Augen sind trübe, und seine Stimme ist kraft- und tonlos.

Die Versöhnungsphysiologie

In dieser Situation passiert eine Veränderung, da ein Problem gelöst oder ein Streit beigelegt ist. Die Person, die dies erlebt, entspannt sich, d.h. ihre Gesichtszüge werden glatter, sie lächelt vielleicht und lehnt sich entspannt zurück oder ihre Körperhaltung wird symmetrisch. Oft führt die Veränderung auch zu mehr Energie und Wachheit. Dabei wird der Klient wieder beweglicher, nimmt mehr und besser seine Umwelt wahr und ist reaktionsfähiger als im vorherigen Zustand.

Die Trancephysiologie

Die Trancephysiologie erkennt man an einem bewegungslosen, defokussierten Blick, symmetrischer Körperhaltung, gleichmäßigem Atem, glatten Gesichtszügen und schwach durchbluteter Gesichtshaut.

Ein allgemeiner Aspekt, der sich aus der Beobachtung von menschlichen Physiologien und Verhaltensweisen ableiten läßt, ist Kongruenz bzw. Inkongruenz. Ein Beispiel für Inkongruenz ist, wenn eine Person etwas Positives verbal ausdrückt – das gefällt mir, das tue ich ganz bestimmt, usw. – und dabei mit dem Kopf schüttelt. Dieses Verhalten beinhaltet zwei widersprüchliche Botschaften. Das bedeutet jedoch nicht, daß die verbale Aussage unwahr ist, das Kopfschütteln zeigt nur an, daß die Aussage verändert oder erweitert werden muß, um kongruent, also ohne verneinende Kopfbewegung oder mit einem Nicken ausgedrückt zu werden. Das gleiche gilt natürlich für negative verbale Aussagen in Verbindung mit positiven körperlichen Signalen wie Lächeln oder Lachen: „Es geht mir schlecht, ha, ha!“ Eine andere Möglichkeit, sich inkongruent zu verhalten, sind asymmetrische Körperhaltungen und -bewegungen. Zum Beispiel, wenn ein Gesprächspartner in einer Unterhaltung den Oberkörper seinem Gegenüber zuwendet, den Unterkörper aber wegdreht, oder eine Körperseite ist sehr aktiv und die andere bewegungslos, oder der Kopf ist nach vorn gereckt auf den Gesprächspartner zu und die Mimik sehr lebhaft, aber der Körper ist im Stuhl zurückgelehnt und unbewegt.

Kongruenz zeichnet sich dementsprechend aus durch körperliche Symmetrie, gleichmäßige Bewegtheit des ganzen Körpers bzw. einem fließenden Übergang von stark zu weniger stark bewegten Körperregionen, Einklang zwischen verbalen und nonverbalen Aussagen, sowie durch klargegliederte vollständige verbale Formulierungen. Kongruentes Verhalten fühlt sich in der Regel gut an und wirkt überzeugend auf andere. Trotzdem kann Inkongruenz, gezielt eingesetzt, eine sehr wichtige Funktion in der Kommunikation einnehmen; nämlich immer dann, wenn man sich (noch) unklar oder zweideutig ausdrücken will, wenn man die Interpretation dem Gesprächspartner überlassen will oder wenn man Situationen offen lassen will und dies nicht explizit verbal ausdrücken möchte, kann man mit seinem Körper oder durch den Tonfall der Stimme ungesagte, zur verbalen Aussage inkongruente Botschaften übermitteln lassen.

Zurück zum Wert der Beobachtung der Physiologie beim NLP überhaupt. Ziel der NLP-Therapie ist es also, die Physiologie des Klienten zu verbessern, d.h. sie soll kongruent, gut durchblutet, entspannt, flexibel und vielfältig in seiner Ausdrucksweise sein. Wie dieses Ziel erreicht wird, liegt am Klienten und der Kreativität des Therapeuten. Grundvoraussetzung für einen NLP-Therapeuten, der die Physiologie anderer Menschen verändern und verbessern will, ist, möglichst genau und differenziert solche Veränderungen hören, sehen, fühlen, manchmal auch riechen zu können.

1.5.1 Kalibrierung

Da jeder Klient grundverschieden von allen anderen ist, muß ein NLP-Therapeut sich immer wieder auf neue Gegebenheiten einstellen, wenn er einem bisher unbekannten Menschen begegnet. Dieses sich Einstellen auf die individuellen Physiologien und deren Veränderungen bei einem neuen Klienten oder Interaktionspartner nennt man Kalibrieren oder Kalibrierung. Dazu achtet der Therapeut (besonders) beim Kennenlernen genau auf die Augenmuster, auf die bevorzugten Repräsentationssysteme und auf unterschiedliche Physiologien im Zusammenhang mit verschiedenen Erfahrungen und Problemen, über die der Klient spricht. Außerdem achtet der Therapeut auf die Art wie der Rapport entsteht. All diese Dinge gilt es sich dann zu merken, um die verschiedenen Physiologien während der Therapie entschlüsseln und nutzen zu können. Das „sich auf die Physiologie kalibrieren" kann man auch bei bereits bekannten Menschen ausprobieren, um ihren momentanen Zustand einzuordnen und bewußt von anderen zu unterscheiden oder um neue Physiologien zu erkennen.

Es folgt nun eine Kalibrierungs*übung*, zu der Sie, falls Sie sie probieren möchten, einen Partner brauchen.

> Bitten Sie Ihren Partner, zuerst ganz intensiv an seine derzeitige Lieblingsspeise zu denken und beobachten Sie genau, wie er dabei aussieht. Was das Lieblingsessen ist, muß er für sich behalten. Als nächstes bitten Sie den Partner, sich etwas zu essen vorzustellen, was er überhaupt nicht mag und achten Sie wieder darauf, wie er dabei aussieht. Wenn möglich lassen Sie ihn sich das Zweite nur kurz vorstellen, damit es nicht unangenehm für ihn wird. Nun stellen Sie vergleichende Fragen zu den Speisen, wie „Welches Essen ist süßer, salziger, saurer, fetter usw.?". Bei jeder Frage schauen Sie genau hin, welches Essen Ihr Partner denken muß, um die Frage zu beantworten. Er spricht die Antwort aber nicht aus, sondern Sie raten anhand der beobachteten Physiologie, ob er an das erste oder das zweite Essen denken mußte.

Diese Übung können Sie auch mit anderen Dingen variieren, die man mag oder nicht mag.

1.6 Ökocheck und Futurepace (Ökologische Überlegungen und Brückenschlagen in die Zukunft)

Diese beiden Prozesse werden am Ende jeder NLP Technik durchlaufen, damit die positiven Veränderungen, die in der Therapie erarbeitet worden sind, tatsächlich und möglichst schnell im Leben des Klienten praktische Auswirkungen zeigen.

Der Ökocheck dient dazu, daß der Klient noch einmal genau überlegen kann, ob die Veränderungen, die er zunächst in seiner Vorstellung und nach seinen individuellen Wünschen vorgenommen hat, sich auch harmonisch in seinen Lebens- und Beziehungszusammenhang einflechten lassen, oder ob der Klient noch bestimmte Vorsichtsmaßnahmen treffen muß oder ob er zusätzliche Verhaltensweisen erlernen muß oder neue Ideen braucht, damit die entwikkelten Veränderungen Wirklichkeit werden können. Zum Beispiel könnte jemand in der Therapie seine Angst, durch die Führerscheinprüfung zu fallen, gelöst haben. Beim Ökocheck erforscht man nun noch einmal genau, ob auch wirklich alle Auswirkungen der Tatsache, einen Führerschein zu besitzen, positiv vom Klienten bewältigt werden können. Keinen Führerschein zu haben, bedeutet unter anderem, daß immer jemand anderes fährt, wenn man im Auto sitzt und z.B. müde ist oder die Aussicht genießen will. Außerdem fördert es die Kommunikation, wenn man zum Autofahren immer jemand anderes braucht. Solche positiven Aspekte der Tatsache, nicht Autofahren zu können, müssen auch mit bestandener Führerscheinprüfung erhalten bleiben.

Eine Frage, die einen Ökocheck einleiten kann, ist „Können Sie mit allen möglichen Konsequenzen der gerade gemachten Veränderung umgehen oder müssen Sie noch etwas dazulernen?". Aus der Antwort des Klienten leiten sich dann weitere Überlegungen und eventuelle Therapieschritte ab, oder man geht weiter zum Futurepace.

Beim Futurepace geht es ebenfalls darum sicherzustellen, daß ein in der Therapie entwickeltes Verhalten auch tatsächlich in der Lebensrealität des Klienten verwirklicht wird. Der Futurepace ist sozusagen der Wecker, der auf die Zeit oder Situation eingestellt wird, in der das neue Verhalten auftreten soll, um es genau dann auszulösen. Dabei ist der Futurepace im Gegensatz zum normalen Wecker allerdings ein Situationseinschätzer statt ein Zeitmesser. Das bedeutet, beim Futurepace bestimmt der Klient die erste Situation in der Zukunft, in der das neue Verhalten geschehen soll, auf z.B. folgende Frage des Therapeuten: „Wie genau wirst Du in der Zukunft wissen, daß es an der Zeit ist, das neue Verhalten einzusetzen, und wann wird die erste Situation dazu auftauchen?“

1.7 Eine Auswahl von NLP-Techniken

Beim NLP gibt es mittlerweile eine ganze Reihe verschiedener Techniken. Dabei ist zu bemerken, daß diese Techniken keinesfalls wie Patentrezepte über jedes Problem jedes Klienten gestülpt werden. Vielmehr sammelt der Therapeut sehr gezielt und aufmerksam Informationen über die genauen inneren und äußeren Vorgänge, während ein Klient in einem Problem steckt, also Wissen über die Problemphysiologie – vgl. Kap. 1.5. – und die damit verbundenen, für den Klienten wirksamen Anker – vgl. Kap. 1.3.4. Erst dann entscheidet der Therapeut sich für eine Technik, die zu der Struktur des Problems paßt. Sodann füllt er das Gerüst dieser Technik mit den genauen Worten und Beschreibungen des Klienten und führt ihn durch das Problem.

Auf diese Weise sind die NLP-Techniken für viele Situationen und Klienten anwendbar, und gleichzeitig sind sie in der Durchführung individuell und genauestens bezogen auf die Einmaligkeit des jeweiligen Klienten und seines speziellen Problems.

Die Vielzahl der bereits existierenden NLP-Techniken ist notwendig, da jede Technik sich jeweils besonders für eine bestimmte Klasse von Problemen eignet. Beispielsweise hilft die Phobietechnik bei Phobien, bei Konflikten wäre sie ungeeignet, dort braucht man das Verhandlungsmodell.

Die in den letzten Jahren entstandene Vielfalt und Menge von unterschiedlichen NLP-Techniken liegt in der Tatsache begründet, daß sich die Anzahl der NLP-Anwender und Therapeuten sowie die therapeutischen und gesellschaftlichen Bereiche, in denen NLP als Therapiemethode und Mittel zur Effektivierung von Kommunikation genutzt wird, sich laufend erhöhen und erweitern. Außerdem korrespondiert die Qualität des NLP, psychische Probleme schnell beheben zu können, mit einer schnellen Wandlungs- und Erweiterungsfähigkeit des NLP selbst. Um einen Überblick über die zur Zeit häufig benutzten und gelehrten Techniken zu geben, sind in diesem Abschnitt einige dargestellt. Am Anfang erscheinen einfache Techniken, weiter hinten finden sich komplexere therapeutische Modelle.

Bevor wir zu den Techniken kommen, gibt es jetzt noch einen kleinen Erfahrungsbericht über die Wirkung des NLP, der ebenso einfach wie eindrucksvoll klingt:

Klientin B: „Ja, wie soll man das beschreiben, wenn ein Therapeut einem eine Reihe Fragen stellt, sehr merkwürdige Fragen dazu, und wenn er dann irgend einen Zauber macht und meine beiden Hände nimmt und auf einmal macht es Tschsch" – bei diesem Ton macht sie eine Überkreuzbewegung der Hände in Höhe ihres Bauches – „und du denkst, ah, ja ... so einfach ist das also" – dabei lehnt sie sich im Stuhl bequem zurück und lächelt – „...und wenn du dann in den Tagen und Wochen danach noch halb überrascht feststellst, daß du dich anders verhältst als früher bei bestimmten Dingen."

1.7.1.0 Pene Trance (Die wohlgeformte Zieldefinition)

Ein besonders alltägliches Problem in der Therapie und in abgeschwächter Form im „ganz normalen Leben" ist die Tatsache, daß Menschen oft Dinge und Ziele erreichen wollen, von denen sie nur diffuse Vorstellungen haben. In diesem Zusammenhang wundert es kaum, daß solche Ziele nicht erreicht werden. Wie soll man auch etwas erreichen, was man gar nicht genau kennt und sich nicht wirklich vorstellen kann.

Um solche Probleme zu lösen, gibt es beim NLP die Pene Trance. Diese Technik dient dazu, sich ein Ziel so genau zu verdeutlichen, daß es im Alltag tatsächlich und mit Leichtigkeit zu erreichen ist:

1. Rapport

2. Entwicklung der wohlgeformten Zieldefinition.
   Mit folgenden Kriterien wird eine erste allgemeine Zieldefinition des Klienten konkretisiert:
   – Beispiel: „Ich will nicht immer so müde sein"

a) *Positive Formulierungen*

Das bedeutet, alle Verneinungen müssen durch Beschreibungen eines gewünschten Zustandes ersetzt werden. – Beispiel: „Wie möchtest Du denn sein anstelle von müde?“ – Verneinungen sind Aussagen, die nicht, keine oder Begriffe wie *un*fähig, *ent*spannt beinhalten.

b) *Auf Universalaussagen verzichten*

Das bedeutet, Ziele, die alles, immer, niemals, jeder usw. enthalten, müssen relativiert und präzisiert werden. – Beispiel: „Gibt es auch Situationen, in denen Du müde sein möchtest?“ und „Wann genau möchtest Du das Gegenteil von müde (wach, aufmerksam, energiegeladen, gutgelaunt) sein?“

c) *Situationsspezifisch*

Die Zieldefinition muß auf konkrete Situationen bezogen sein. – Beispiel: *Wann* willst Du Dich *wem gegenüber, wo* und *wie* verhalten, um Dein Ziel zu erreichen?

d) *Sinnesspezifisch konkret*

Dazu wird „VAKO abgefragt“.

e) *Kurzer Feedbackbogen*

Das Ziel muß in einem kurzfristig überprüfbaren Zeitraum erreicht werden können (Tage, Wochen, evtl. Monate). Weiterreichende Ziele können in Unterziele aufgeteilt werden.

f) *In der eigenen Macht stehend*

Das Erreichen des Zieles muß persönlich beeinflußbar sein. – Beispiel: Statt „Ich will Samstag sechs Richtige im Lotto haben“ „Ich will die Wahrscheinlichkeit, im Lotto zu gewinnen, erhöhen, indem ich nun regelmäßig spiele“, oder statt „Ich will einen reichen Mann heiraten“ „Ich werde mich angemessen in der Umgebung reicher Männer aufhalten, um die Wahrscheinlichkeit, sie kennenzulernen und vielleicht zu heiraten – zu erhöhen.“

g) *Ökologie 1*

Das Ziel muß in Einklang mit anderen Zielen der Person und der persönlichen Umgebung stehen. – Beispiel: Mann/Frau sollte ohne Beziehungspartner sein, um eine/n reiche/n Frau/Mann heiraten zu wollen.

3. Ökocheck und Futurepace

1.7.1.1 *Chaning Anchor Technique (Verkettung von Ankern)*

Diese Technik läßt sich in eine Vielzahl von Situationen anwenden, wenn es darum geht, einen Klienten aus einem Problemzustand schrittweise in eine angenehmere, ressourcevollere Situation zu begleiten.

1. Die *Problemphysiologie* wird induziert und geankert. „Was genau passiert, wenn Du in der Problemsituation bist? Was hörst, siehst, fühlst, riechst und schmeckst Du?"
2. Ein *dissoziierter Zustand* wird induziert und – kinästhetisch, evtl. auditiv – geankert. Dissoziiert bedeutet, daß der Zustand völlig anders als die Problemphysiologie sein muß, und er darf kein anderes Problem enthalten.
3. Eine *Ressourcephysiologie* wird induziert und – kinästhetisch, evtl. auditiv – geankert, falls nötig wird zur Intensivierung VAKO abgefragt.
4. Die *drei Anker werden verkettet,* indem sie vier- bis sechsmal rasch nacheinander ausgelöst werden. Dabei beginnt man jeweils mit dem Problemanker und endet mit dem Ressourceanker.
5. Das „Testen des Ankers" bedeutet, daß man den Problemanker noch einmal auslöst (berührt oder anspricht). Daraufhin soll nun sofort die Ressourcephysiologie erscheinen oder eine ähnliche Versöhnungsphysiologie.
6. Ökoscheck und Futurepace

Variationen

Mit dieser Technik lassen sich auch *positive Zustände* weiter *verbessern.* Mögliche Fragen, um eine Ressourcephysiologie zu optimieren, sind:

- Könnte der Ort angenehmer sein?
- Könnte die Zeit günstiger sein?
- Könnten Personen dazu kommen, um die Situation zu verbessern?
- Könnte das Wetter besser sein?
- Könnte eine Aktivität die Situation verbessern?
- Könnte durch eine Veränderung der Submodalitäten der Bilder oder Töne, die mit der Ressourcephysiologie assoziiert sind, eine Intensivierung erreicht werden?

Bewirkt eine der Fragen eine deutlichere Ressourcephysiologie bei dem Klienten, wird dieser Zustand analog zu der oben beschriebenen Vorgehensweise geankert. Wie viele Anker hintereinander geschaltet werden, hängt von der jeweiligen Situation ab. Auch bei Problemphysiologien als Ausgangspunkt kann die Anzahl der verketteten Anker erhöht werden.

1.7.1.2 Change History (Veränderung der Geschichte)

Diese Technik ist für alle möglichen Situationen geeignet, in denen jemand nicht so recht zufrieden mit einer emotionalen Reaktion ist, die er in einer Situation hat.

Der Change History (Veränderung der persönlichen Geschichte) ist die grundlegendste Veränderungstechnik im NLP. Die Technik wird angewendet, um Probleme, die in der Gegenwart bestehen, ihre Wurzeln aber in der Vergangenheit haben, dadurch zu lösen, daß man das Ereignis in der Vergangenheit entdeckt, das (wahrscheinlich) verantwortlich für das gegenwärtige Problemverhalten ist. Mit Hilfe der Fähigkeiten und des Wissens, das die Person heute besitzt, wird das vergangene Problemverhalten auf eine neue Art und Weise betrachtet und geklärt, und auf einer Reise in die Vergangenheit werden alle Problemsituationen, die sich aus dem ursprünglichen Problem ergeben haben, neu erlebt.

Beim Change History geht es darum, die Fähigkeiten zu gewinnen, die Problemsituation in Zukunft befriedigend meistern zu können.

1. *Rapportcheck*
2. *Identifikation der Problemsituation mit VAKO.*
   Der Klient findet eine Situation oder ein Verhalten, mit dem er unzufrieden ist, und sucht, indem er in seiner Lebensgeschichte bis zu dieser Ursprungssituation zurückwandert, weitere Beispiele für das Problem. Die Problemsituation wird kinästhetisch geankert.
   - Separator
3. *Finden der benötigten Ressource mit VAKO.*
   Der Klient sucht mit Hilfe seiner heutigen Fähigkeiten und Erfahrung die Ressource (Fähigkeit), die er in der vergangenen Situa-

tion gebraucht hätte, um sie befriedigend zu lösen. Die Ressource wird ebenfalls kinästhetisch geankert.

– Separator

4. *Veränderung der Problemgeschichte.*
   Der Klient geht nun noch einmal in der Vorstellung in die vergangenen Problemsituationen, aber diesmal mit dem Wissen darüber, wie er die Schwierigkeiten meistern kann. Dazu berührt der Therapeut den Problemanker und direkt danach den Ressourceanker und hält sie so lange, bis der Klient die Problemsituationen innerlich durcherlebt hat und mit ihnen zufrieden ist. Der Therapeut „reguliert" mit den Ankern, wie viel Ressource zur Bewältigung der Situationen nötig ist. Regulieren bedeutet, er drückt mal mehr den Problemanker und mal mehr den Ressourceanker, je nach dem, was die Physiologie des Klienten zeigt.
5. *Ökocheck und Futurepace.*
   Diese Technik ist bei einer ganzen Reihe von kleinen und großen Problemen anwendbar. Eine Ausnahme bilden Schwierigkeiten, die mit starken akuten, körperlichen Symptomen zu tun haben. Für solche Situation gibt es die Phobietechnik (vgl. Kap. 1.7.1.4.).

1.7.1.3 Reframing 1 (Einen neuen Rahmen finden)

Beim Reframing geht es darum, ein Verhalten, das immer wieder auftritt, das der Klient bewußt tut, aber nicht gut oder gesund findet, zu verändern. Beispiele sind Gewohnheiten wie zuviel Trinken, Rauchen, zu viel Essen oder Dauerkonflikte anderer Art.

1. Rapportcheck
2. Der Klient legt das Problemverhalten fest. „Was genau möchtest Du ändern?"
3. Der Klient identifiziert den Teil, der für das Verhalten verantwortlich ist. Dadurch wird deutlich, daß der Klient nicht gleichzusetzen ist mit seinem Verhalten.
   Beispiel: „Lieber Teil, der du für das Problemverhalten verantwortlich bist, bist du bereit, mit mir (Klient) im Bewußtsein zu kommunizieren?"
   – Separator
4. Der Klient findet heraus, welche positive Absichten der Teil, der für das Problemverhalten zuständig ist, eigentlich für ihn verfolgt.

Dazu geht er in sich und entspannt sich, um neue Ideen über das bisher verhaßte Verhalten bekommen zu können.
– Separator
5. Der Klient findet mit Hilfe seiner Kreativität mindestens drei neue Verhaltensweisen für jede positive Absicht, die der Teil, der für das Problemverhalten zuständig ist, verfolgt. Diese neuen Verhaltensweisen müssen genauso effektiv und schnell funktionieren wie das bisherige Problemverhalten. Außerdem schätzt der Klient ab, wie lange er brauchen wird, um die neuen Verhaltensweisen auszuprobieren und auf ihre Brauchbarkeit zu überprüfen.
6. Ökocheck und Futurepace.

1.7.1.4 Phobietechnik

Die Phobietechnik wird in Situationen eingesetzt, in denen eine Person durch einen bestimmten Reiz immer eine unangenehme körperliche Reaktion erlebt, die sie nicht kontrollieren kann. Klassische Beispiele dafür sind starke Ängste vor Hunden, Spinnen, Schlangen, dem Fliegen, Fahrstuhlfahren, Menschenmengen, usw. Die körperlichen Reaktionen sind Kreislaufschwierigkeiten, Schwindelgefühle, Übelkeit, Magen- oder Kopfschmerzen, usw.
1. Rapport
2. Das phobische Verhalten wird identifiziert und kinästhetisch geankert. „Was ist das Problem?"
– Separator
3. Eine *Ressourcephysiologie* (vgl. Kap. 1.5.) wird entwickelt und geankert.
– Separator
4. Der Klient unternimmt, geleitet durch den Phobieanker, eine *Bilderreise* in seine Vergangenheit bis *zum Ursprung des Problems,* sofern die phobische Reaktion nicht zu stark wird. Der Ressourceanker dient zum Stoppen der inneren Bilder, damit die Phobiereaktion in erträglichem Ausmaß bleibt. Der Klient soll sich dabei von außen zusehen (1.Dissoziation). Beim Ursprungsbild oder beim frühesten erträglichen Bild wird der innere Film gestoppt und abgeschaltet oder ein Vorhang davor gezogen.
– Separator

5. Die *zweite Dissoziation* wird aufgebaut. Der Klient wird dazu aufgefordert, sich selbst von hinten zu beobachten, wie er mit dem Therapeuten neben sich seinen ältesten Phobiefilm betrachtet. Im Hier und Jetzt soll der Klient also nur Sehen und Hören, ohne seine damals unangenehmen Gefühle zu spüren.
6. Am Ende des alten Phobiefilmes wird das *jüngere Selbst* des Klienten *in Ordnung* gebracht. Dazu wird der Klient aufgefordert, seinem jüngeren Selbst aus heutiger Sicht alle Ressourcen zu geben, die er damals gebraucht hätte.
7. Die Dissoziationen werden rückgängig gemacht. Der Klient schlüpft aus der Beobachterrolle (zweite Dissoziation) in sich hinein und nimmt sein jüngeres Selbst zurück in sich auf (erste Dissoziation).
8. Ökocheck und Futurepace
   Es sei darauf hingewiesen, daß es mittlerweile weitere Techniken zur Phobiebehandlung gibt, z.B. die Veränderung der Submodalitäten eines Phobiebildes oder -filmes – veränderte Größe, Distanz, Geschwindigkeit oder Reihenfolge.

1.7.1.5 New Behaviour Generator

Jemand weiß mehr oder weniger genau, was er will und weiß gleichzeitig, daß zur Zeit er oder die Situation ganz anders ist. Das heißt, ein Klient möchte von einem gegenwärtigen, unerwünschten Zustand zu einem bestimmten Ziel gelangen, und es fehlen ihm die Zwischenschritte. Der New Behaviour Generator dient dazu, diese Schritte zu entwickeln.
1. Rapport
2. Die gegenwärtige Situation wird mit VAKO-Fragen geklärt. Danach dissoziiert sich der Klient, indem er ein Bild von sich in der Gegenwartssituation macht.
   – Separator
3. Der Therapeut induziert mit VAKO-Fragen den Zielzustand beim Klienten. Danach dissoziiert sich der Klient, indem er ein Bild von sich im Zielzustand macht.
4. Der Klient entwickelt die Zwischenschritte visuell, indem er ein Bild nach dem anderen vom Gegenwartszustand in Richtung auf

das Zielbild macht. Der Therapeut unterstützt den Prozeß mit beispielsweise folgenden Fragen: „Wieviele Bilder oder Dias brauchst Du, um vom ersten zum zweiten Bild zu kommen?"; „Was brauchst Du für Fähigkeiten?"; „Hast oder hattest Du diese Fähigkeit?"; „Falls nicht, bei wem hast Du sie gesehen?".

5. Der Klient betrachtet die Reihe der Bilder oder den Film vom Anfang bis zum Ende, bis er zufrieden damit ist.
6. Der Klient assoziiert seine Gefühle mit den Bildern und „durchlebt" sie. Der Therapeut unterstützt diesen Prozeß mit beispielsweise den Anweisungen: „Geh in den Film hinein"; „Sieh mit Deinen eigenen Augen und fühle mit Deinem Körper". Falls im assoziierten Durchgang etwas nicht stimmt, dissoziiert der Therapeuten den Klienten wieder und geht mit ihm zurück zu Schritt drei, um die Bilder erneut zu verbessern.
7. Ökocheck und Futurepace

1.7.1.6 Verhandlungsmodell

Das Verhandlungsmodell dient zur Integration von Konflikten in einer Person. Wenn zum Beispiel jemand eine bestimmte Arbeit oder Aufgabe erledigen möchte, und dieses Verhalten wird von Faulenzen oder Tagträumen behindert, oder man sich nicht entscheiden kann, ob man einen Urlaub gemütlich zu Hause verbringen will oder eine interessante Reise machen will.

1. Rapportcheck
2. Der Klient identifiziert die beiden sich gegenseitig behindernden Verhaltensweisen oder Tendenzen und dissoziiert sich, indem er sich einen Teil in der rechten Hand vorstellt und den anderen in der linken und sie so von außen betrachten kann.
   - Separator
3. Der Klient betrachtet die positiven Absichten des ersten Verhaltens – „Was erreiche ich damit?"; „Was tut dieses Verhalten für mich?"
   - Separator
4. Der Klient betrachtet die positiven Absichten des zweiten Verhaltens – „Was bringt mir dieses Verhalten?"; „Was habe ich davon?".
5. Der Klient würdigt die positiven Absichten der beiden Teile, die für die Konfliktverhaltensweisen zuständig sind. „Schön, daß es

so vielfältige und unterschiedliche Teile in mir gibt", „Gut, daß ihr das und das für mich tut".
- Separator
6. Der Klient verhandelt mit dem ersten Teil, ob er unter der Voraussetzung, daß er von dem zweiten Teil nicht mehr gestört wird, bereit ist, diesen ebenfalls nicht mehr zu stören. Diese Verhandlung verläuft in der Regel positiv, wenn die Punkte drei, vier und fünf kongruent durchgeführt werden konnten.
   - Separator
7. Der Klient tritt nun in die gleiche Verhandlung wie bei Punkt sechs mit dem zweiten Teil ein. „Bist du bereit, um deine positiven Absichten zu verwirklichen, den ersten Teil nicht mehr zu stören, unter der Voraussetzung, daß dieser Dich ebenfalls in Ruhe läßt?" Bei ja weiter, bei nein zurück zu Punkt drei bis fünf.
8. Der Klient integriert die beiden Teile wieder in seine Person, indem er beide Hände zusammenlegt.
9. Ökocheck und Futurepace

Das Ergebnis eines Verhandlungsmodells ist, daß beide Tätigkeiten oder Ziele konzentrierter und befriedigender erlebt werden.

1.7.1.7 Veränderung von Glaubenssätzen

Einschränkende Glaubenssätze sind zum Beispiel Aussagen wie: „Ich bin zu alt, um albern zu sein", „Ich bin zu unbeliebt, um befördert zu werden", „Menschen wie ich werden immer ausgenutzt", „Ich kann diese Ausbildung nicht machen, weil ich zu dumm und/oder zu faul bin", „Ich bin der ewige Versager", usw. usw. Solche Glaubenssätze wirken als Self-Fullfilling-Profecies und sind sehr hinderlich beim Glücklich-, Zufrieden, Erfolgreich- und Gesundsein.

Mit der folgenden NLP-Technik werden feste Glaubenssätze in Zweifel gezogen und so verunsichert, daß sie schließlich in positive und kreativere Aussagen verwandelt werden können, die genauso gefestigt wie die alten Glaubenssätze sind.

1. Rapportcheck
2. Der Klient entscheidet, welchen festen und einschränkenden Glaubenssatz er ändern möchte.

3. Der Klient findet ein Bild, das dem Glaubenssatz entspricht und nennt dem Therapeuten die Ausprägungen der Submodalitäten (vgl. Kap. 1.4.1.). Der Therapeut behält sie im Kopf oder notiert sie.
4. Der Klient würdigt die bisherige Funktion – die sekundären Gewinne, positive Absicht des Glaubens. „Es hat sicher einen guten Grund gegeben, diesen starken Glauben zu besitzen, und es wäre schön, diesen Grund von nun an auf effektivere und vielfältigere Art zu befriedigen".
5. Der Klient identifiziert einen Zweifel, findet die visuelle Entsprechung – ein Bild – dazu und nennt die Art der Submodalitäten, und der Therapeut notiert sie.
6. Der Klient transferiert die Submodalitäten des „Glaubensbildes" in die Submodalitätsausprägungen des Zweifelbildes. Ist z.B. das „Glaubensbild" dunkel und das „Zweifelsbild" hell, macht der Klient das „Glaubensbild" hell.
7. Der Klient konstruiert nach eigenen Wünschen, den Kriterien der wohlgeformten Zieldefinition und dem Metamodell einen neuen Glauben bis er vollkommen zufrieden damit ist. Anschließend macht er ein Bild oder einen Film davon.
8. Ökocheck
9. Der neue Glaube wird in die Submodalitätenausprägung des alten starken Glaubens zurücktransferiert. Er macht das neue „Glaubensbild" wieder dunkel, usw.
10. Futurepace

1.7.1.8 Reimprinting (Neuprägung)

Beim Reimprinting geht es ähnlich wie bei der Phobietechnik darum, bestimmte Gefühle zu verändern. Die dabei angegangenen Gefühle sind subtiler und schwächer und ohne klar erkennbare Auslöser/Signale. Außerdem können es auch lange anhaltende Gefühlszustände sein oder psychosomatische Beschwerden.

1. Rapport
2. Das *Problemgefühl* wird *identifiziert* und geankert.
   - Separator
3. Der Klient macht eine Reise *in die Vergangenheit* mit dem *Problemgefühl,* bis er an der Ursprungssituation ankommt und ein Bild

dazu findet. Dabei unterstützt ihn der Therapeut, indem er den Problemanker berührt.

4. Der Klient *dissoziiert sich*, indem er sich in der Ursprungssituation von außen sieht und die Geschehnisse benennt.
5. Der Klient identifiziert seine positiven Absichten, diese Situation durchlitten zu haben, und die positiven Absichten der Menschen um ihn herum.
6. Der Klient findet die Ressourcen, die er selbst und die an der Situation beteiligten Menschen gebraucht hätten, so daß das Geschehene alle Beteiligten befriedigt hätte.
7. Der Klient kreiert schrittweise mit diesen Ressourcen einen neuen Film, der alle zufriedenstellt. Dazu gibt er erst sich selbst die benötigte Ressource und nacheinander jeder anderen Person. Dies tut er so lange, bis er vollständig zufrieden ist mit der „neuen alten" Situation.
8. Der Klient nimmt sein geheiltes jüngeres Selbst in sich auf – assoziiert sich.
9. Ökocheck und Futurepace

Die Reimprintingtechnik behandelt oft sehr alte, dem Bewußtsein schwer zugängliche Gefühle und Erfahrungen, deren Veränderung den Klienten meistens tief berühren. Deshalb bedarf die Durchführung dieser Technik einer besonders liebevollen Atmosphäre.

1.7.1.9 Hierarchy of criteria technique (Hierarchie der Kriterien für das Auftreten von Verhaltensweisen)

Diese Technik ist in Situationen wichtig, wo jemand nicht entscheiden kann, nach welchen Kriterien oder Zielen er sich verhalten will. Will er seinem Wunsch nach Erfolg nachgehen oder sich darauf konzentrieren, gute Beziehungen zu haben, oder sich danach richten, was am gesündesten für ihn ist oder was er interessant oder anregend findet.

Das Ziel dieser Methode ist, daß alle Motive oder Ziele gleichwertig werden und die Person je nach den Gegebenheiten seiner Alltags- und Lebenssituationen potentiell alle Ziele verfolgen kann, weil alle

Verhaltensweisen, die bisher nur Ausdruck eines Ziels waren, zum Ausdruck jedes Zieles auf einer höheren Ebene werden. Das führt dazu, daß der Klient die Situationen, in denen er sich findet, zu seiner größten Zufriedenheit nutzen kann.

1. Rapport
2. Der Klient identifiziert das Verhalten, das nach seinen bisherigen Verhaltenskriterien zu selten oder nie auftritt. Z.B. der Klient möchte sich besser Selbstverwirklichen.
3. Der Klient findet heraus, was ihn zu diesem neuen Verhalten motiviert, z.B. der Wunsch nach Sicherheit und Freude am Leben.
4. Der Klient findet heraus, welches Motiv ihn bisher von seinem gewünschten Verhalten – Selbstverwirklichung – abgehalten hat. Dieses Motiv – z.B. geliebt werden – hat bisher offenbar eine höhere Wertigkeit als die Dinge, die den Klienten zu seinem gewünschten Verhalten motivieren.
5. Der Klient findet ein Motiv – z.B. gesundheitsförderlich – das selbst das einschränkende Motiv aus Schritt vier – geliebt werden – überwindet.
6. Nun kann der Klient durch das Zusammenwirken von drei verschiedenen Techniken dazu kommen, daß das gewünschte Verhalten so oft, wie er es wünscht, auftreten kann.
   a) Hebeln: Das höchste Motiv (Kriterium) wird mit dem Motiv – Kriterium – des gewünschten Verhaltens verbunden. Beispiel: Der Klient überlegt sich, auf welche Weise Selbstverwirklichung gesundheitsförderlich ist.
   b) Pacen des einschränkenden Motives: Der Klient findet eine Möglichkeit, das gewünschte Verhalten so zu erreichen, daß es auch mit den anderen Motiven übereinstimmt. Beispiel: Der Klient entwickelt, wie seine Selbstverwirklichung mit dem Wunsch, geliebt zu werden und gesundheitsförderlich zu sein, stattfinden kann.
   c) Anpassung der Submodalitäten: Der Klient paßt die Submodalitäten des Motives des gewünschten Verhaltens und die Submodalitäten des höchsten Motives an (vgl. Kap. 1.7.1.7.). Beispiel: Der Klient transformiert die Submodalitäten einer visuellen Repräsentation des gewünschten Verhaltens – Selbstverwirklichung – in die Submodalitäten einer visuellen Repräsentation von gesundheitsförderlichem Verhalten.

1.7.10 Balancebalken

Der Balancebalken ist eine sehr einfache Technik, die deshalb zuletzt beschrieben wird, da sie etwas grundsätzlich Neues den bisherigen NLP-Techniken hinzufügt, nämlich körperliche Aktivität. Es geht darum, ein wirklich erstrebenswertes Zielbild zu entwerfen und schrittweise darauf zuzubalancieren.

1. Rapport
2. Klient und Therapeut stellen sich an den Anfang des „Balancebalkens"
   – Baumstamm, Linie auf dem Boden, echter Schwebebalken oder ähnliches.
3. Der Klient entwickelt ein anziehendes Zielbild von sich selbst – dissoziiert.
4. Der Klient steigt auf den „Balancebalken" und geht in der ihm angemessen erscheinenden Art und Weise auf das Ziel zu. Bei jeder Schwierigkeit beim Gehen – Taumeln, Danebentreten, Verlangsamung u.s.w. – integriert der Klient die Unsicherheit, indem er sich Zeit läßt, das Zielbild zu überprüfen und gegebenenfalls zu verbessern.
5. Der Klient assoziiert sich mit dem Zielbild, indem er am Ende des Balancebalkens in das Bild hineintritt und seinen Zielzustand durchlebt.
6. Ökocheck und Futurepace

1.7.2 NLP-Techniken in Trance

Einige NLP-Techniken können auch in Trance durchlaufen oder mit einer Trance verbunden werden. Dabei stellt sich zunächst die Frage: „Was ist eine Trance im Sinne des NLP?"

Ganz knapp formuliert ist Trance ein Zustand erhöhter innerer Aufmerksamkeit. Im Sinne des Metamodells müßte man jetzt fragen: „Erhöht im Vergleich wozu?" Zu meinem Normalzustand? Aber gibt es den überhaupt und wenn ja, ist das der gleiche Normalzustand wie bei anderen Menschen? Diese Überlegungen zeigen: Die

Grenzen zwischen Trancezuständen und normalen Wachzuständen sind fließend und individuell unterschiedlich. Stellen Sie sich vor, Sie sitzen am Frühstückstisch und denken ein paar Minuten stumm und fast regungslos über Ihren Tagesablauf nach. Plötzlich kommt jemand hinein und sagt „Guten Morgen, aufwachen!". Sie zucken etwas zusammen und betonen, daß Sie längst wach sind. Was war das? Nachdenken, Tagträumen, Meditieren oder eine Selbsttrance?

Im NLP-Verständnis ist dies eine Trance. NLP-Trancen können kurz sein und immer wieder unterbrochen werden durch Gespräche oder therapeutische Interventionen, so wie es bei den normalen NLP-Techniken der Fall ist. Dort dauert es oft ein paar Augenblicke oder einige Minuten bis der Klient innerlich das nachvollzogen oder erledigt hat, was der Therapeut mit seinen Anregungen ausgelöst hat. Ähnliche Minitrancen erlebt jeder Mensch im Alltag, wenn er eine Weile über etwas nachdenkt oder sich vor einer bestimmten Arbeit oder Aufgabe noch einmal besonders auf sein Ziel konzentriert, wie bei Prüfungen, Bewerbungen oder vor sportlichen Wettkämpfen.

Intensivere und tiefere Trancen entstehen, wenn man Entspannungsübungen, wie z.B. Autogenes Training oder Phantasiereisen macht, bei längeren Meditationen und bei NLP-Techniken in Trance. Dabei geht der Therapeut in der Regel folgendermaßen vor: Er bittet den Klienten, es sich so bequem wie möglich zu machen, die Augen zu schließen und sich zu entspannen. Gleichzeitig unterstützt er seinen Klienten, indem er seine Stimme senkt und seine Sprechgeschwindigkeit und -rhythmus an den Atemrhythmus des Klienten anpaßt. Sollte es irgendwelche Störungen geben wie Lärm oder daß der Klient lachen muß, integriert der Therapeut die Störung als einen Prozeß, der hilft, die Trance noch zu vertiefen. Dazu erwähnt er die Störung und betont, daß sie ein weiterer Schritt zu angenehmer und tiefer Entspannung oder Trance ist. Bei seiner Wortwahl paßt der Therapeut sich bei einer Trance besonders an die Ausdrücke des Klienten an, damit er nah am inneren Erleben des Klienten ist. Falls Trance z.B. ein unangenehmer oder beängstigender Ausdruck für den Klienten ist, benutzt der Therapeut andere Begriffe, die den gleichen Prozeß betreffen und die der Klient mag, wie z.B. Entspannung, Meditation, Tagträume, Nachdenken, Konzentration oder Hypnose.

Um in Trance mit dem Klienten kommunizieren zu können, etabliert der Therapeut gemeinsam mit ihm ein „ja"- und ein „nein"-Signal. Dazu bittet der Therapeut den Klienten, wenn er schon in Trance ist: „Liebes Unbewußtes von (Klient) X, schicke mir bitte ein Signal, das während dieser Sitzung ein ja bedeuten soll." Auf diese Frage hin beobachtet der Therapeut sehr genau die kleinen Veränderungen in der Physiologie von Klient X und merkt sie sich, damit er zur Kontrolle der während der Trance ablaufenden Prozesse den Klienten bzw. sein Unbewußtes um ein „ja"-Signal bitten kann – als Zeichen dafür, daß ein bestimmter innerer Prozeß abgeschlossen ist.

Analog zum „ja"-Signal wird das „nein"-Signal eingeführt und genutzt. Um solche Signale beobachten zu können, muß der Therapeut genau wahrnehmen können. Ein „ja"- oder „nein"-Signal kann nämlich z.B. ein kleines Zucken eines Fingers, eine Veränderung der Atmung, ein Kleiner- oder Größerwerden der Lippen, eine minimale Kopfbewegung oder eine Veränderung der Hautfarbe sein.

Von den in Kapitel 1.7.1. beschriebenen Techniken können folgende auch in Trance durchlaufen werden: Penetrance (Wohlgeformte Zieldefinition), Change History (Veränderung der Geschichte), Reframing (Einen neuen Rahmen finden) und New-Behaviour-Generator (Neues Verhalten entwickeln).

Die anderen Techniken beinhalten kürzere Trancephasen, in denen der Klient bestimmte innere Prozesse vollzieht. Da er aber immer wieder Informationen über diese Prozesse an den Therapeuten geben muß, damit er die Art des nächsten Prozesses festlegen kann, müssen die Trancephasen immer wieder unterbrochen werden.

Neben den kurzen NLP-Trancen und den NLP-Techniken in Trance gibt es eine dritte besonders tiefe Art von Trancezuständen. Solche Zustände erreicht man durch langes, ausdauerndes Meditieren, durch Tiefenatmung oder Drogen. Auf solche Methoden wird beim NLP in der Regel verzichtet, da die oben beschriebenen Trancetiefen zur Lösung psychischer Probleme meistens ausreichen.

Diese Überlegungen leiten über zu der Frage, wozu man Trancen beim NLP braucht. Trancen sind immer dann wichtig, wenn das gezielte, strukturierte Nachdenken, wie es bei den NLP-Wachtechniken benutzt wird, zur Lösung des Problems nicht ausreicht. Alle bewußten oder fast bewußten Möglichkeiten, das Problem zu lösen, sind dann ausgeschöpft, und der Klient muß nun aus tieferen Ebenen

Ideen und Wissen hervorbringen. Dabei unterstützt ihn die Trance, da Gedanken, Bilder und Gefühle in einem Zustand tiefer Entspannung schneller und kreativer sind.

Ein weiterer Grund, Therapie in Trance zu machen, besteht, wenn das Bewußtsein des Klienten zur Zeit mit der Lösung des Problems überfordert wäre. Das kann der Fall sein, wenn jemand gerade „bis über beide Ohren" mit für ihn wichtigen Aufgaben „beschäftigt" ist und es ihm unmöglich erscheint, sich dazu noch mit einem anstehenden Beziehungsproblem bewußt auseinanderzusetzen. Ein weiteres, besonders dramatisches Beispiel berichtete ein italienischer NLP- und Hypnotherapeut. Er arbeitete mit einer krebskranken Frau, die versuchte, mit Hypnosetherapie wieder gesund zu werden. In einer Sitzung fragte der Therapeut den Teil, der für die Krankheit zuständig ist, ob es für die Frau eine Möglichkeit gibt, sich zu heilen und dieser Teil antwortete mit nein. Auf bewußter Ebene war diese Tatsache für die Klientin zum damaligen Zeitpunkt nicht zu verarbeiten.

Schließlich kann es ganz einfach eine Vorliebe des Therapeuten oder Klienten sein, positive Veränderungen im Leben mit Hilfe von Trance und Entspannung zu machen, denn in der Regel klagen Menschen unserer Zeit eher über zuviel Streß als über zuviel Entspannung. Deshalb sind die Nebeneffekte von Therapie in Trance, wie eine gesteigerte Fähigkeit, sich zu entspannen und sich aus der Alltagsbelastung schnell in sich zurückziehen zu können und die Fähigkeit, dies je nach Wunsch beeinflussen zu können, sehr wertvoll für die Gesundheit und das Selbstmanagement.

Eine von NLP-Therapeuten oft benutzte Einführung in die Trance ist die Konzentration auf die inneren Wahrnehmungen der fünf Sinne nacheinander, da die Kreativität besonders hoch ist, wenn alle Wahrnehmungskanäle „gut geputzt" sind – was folgende *Übung* tut.

Probieren Sie es, wenn Sie mögen, doch gleich einmal aus:

Setzen oder legen Sie sich bequem hin und schließen Sie die Augen...
Nun achten Sie darauf, was vor Ihrem inneren Auge sichtbar ist, und bleiben Sie eine Weile beim Sehen ...
Anschließend konzentrieren Sie sich auf das, was Sie hören und wie Sie hören. Und lassen Sie sich etwas Zeit dabei ...
Nun spüren Sie in sich hinein, fühlen sie Ihren ganzen Körper und tun Sie das eine Weile ...

Weiter geht es mit dem Geruch. Was können Sie mit Ihrer Nase und dem Geruchsinn wahrnehmen? ... Schnuppern Sie ruhig ein bißchen ... Schließlich schmecken Sie einmal ausführlich, was Ihr Geschmackssinn im Moment wahrnimmt und lassen Sie sich etwas Zeit...

Wenn Sie sich besonders auf den Gefühlsbereich einstellen und eine kinästhetische Trance erleben möchten, lassen Sie bei dieser Übung ihre Wahrnehmung so oft und so lange, wie es möglich ist, im Körpergefühl verweilen. Sie können sich selbst dabei unterstützen, indem Sie Ihre Pupillen immer wieder mal nach unten rechts bewegen.

1.8 Abschluß

Zum Abschluß des ersten Kapitels möchte ich eine erste Verbindung zwischen NLP und anderen körperorientierten Systemen aufzeigen und deshalb NLP als Martial Art für den Geist bezeichnen. Martial Arts ist ein Sammelbegriff für die asiatischen Selbstverteidigungssysteme wie Judo, Karate und Tai Chi, die gleichzeitig Wege zu mehr Gesundheit und Weisheit darstellen. Ein Schüler der Martial Arts lernt und trainiert zunächst einfache Grundfertigkeiten, um seinen Körper flexibler und leistungsfähiger zu machen und um ein Verständnis für nützliche, gesunde und ökonomische Bewegungen zu erlangen.

Im nächsten Schritt erlernt der Schüler eine Vielzahl von komplizierter werdenden Techniken und deren Anwendungsmöglichkeiten im Zweikampf, beim Bruchtest (Genauigkeit der Technik, Konzentration und Kraft ermöglichen es, mit den Händen, Füßen oder dem Kopf Holz oder Stein zu zerbrechen) und bei den „Formen“, tanzähnliche mit Kraft, Rhythmus und Eleganz auszuführenden Bewegungsabfolgen.

Im letzten Schritt wird der Schüler sein eigener Meister und beginnt auf der Grundlage des Gelernten, selbst neue Möglichkeiten der Anwendung und Variation der Bewegung zu erfinden oder gar ein weiterentwickelteres, für bestimmte Menschen spezifizierteres System zu kreieren.

Überträgt man das Gesagte auf meinen Lernprozeß und den anderer NLP-Interessierter, finden Sie die Grundfertigkeiten und

Übungen, auf die wir uns zu Beginn konzentrierten, die Techniken und ihre Anwendungsmöglichkeiten im „Zweikampf mit dem Klienten“ in Kapitel 1.7. und meine eigene Weiterentwicklung des NLP im Zusammenhang mit Rolfing ab Kapitel 3. NLP-Therapeuten geht es darum, neben der Klärung individueller Probleme des Klienten mit Hilfe bestimmter gedanklicher Grundfertigkeiten, dem Klienten die Erkenntnis zu vermitteln, daß er in Zukunft mit diesen Grundfertigkeiten neu auftauchende Probleme leichter lösen kann.

2. Was ist Rolfing?

2.1 Allgemeines und Geschichte

Dr. Ida Pauline Rolf hieß die starke und energische Frau, deren Lebensarbeit das Rolfing zu verdanken ist.

1920 erlangte sie als 25jährige den Doktortitel der Biochemie. Als Biochemikerin beschäftigte sie sich mit dem Aufbau und der Funktion des Bindegewebes. Außerdem arbeitete und experimentierte sie praktisch am Bindegewebe von Verwandten und Freunden sowie an sich selbst. Diese Erfahrungsfelder brachten sie zu einer neuen Ansicht über die Wichtigkeit des Bindegewebes für die Gesundheit und das Wohlbefinden des Menschen. Die Schulmedizin maß damals wie im wesentlichen auch heute noch den Organen und Muskeln die fast ausschließlich gesundheitsbestimmende Funktion zu. Das Bindegewebe erscheint dort sehr unwichtig und deshalb wenig erforscht.

Ida Rolf sah das anders. Sie hob das Bindegewebe in den Vordergrund ihrer Betrachtungen und betonte die allumfassende Wichtigkeit des Bindegewebes, indem sie es als das Organ der Form bezeichnete. Das Bindegewebe umhüllt jede Muskelfaser und jedes Organ und bestimmt dadurch die mögliche Form und den Raum, den die umhüllten Muskeln und Organe einnehmen können. Darüber hinaus wird das Bindegewebe mit zunehmendem Alter immer wichtiger, da es mit den Jahren mehr und mehr festigende Fasern entwickelt.

Eine weitere Aufgabe des Bindegewebes ist, das Medium zu sein, durch das die Organzellen und Muskelfasern mit Sauerstoff, Nährstoffen und Hormonen versorgt werden und wodurch Schlackstoffe und Stoffwechselprodukte über die Blutgefäße und das Lymphsystem abtransportiert werden. Dadurch ist das Bindegewebe auch der Ort, an dem sich nicht abbaubare Stoffwechselprodukte ablagern. Schließlich befinden sich im Bindegewebe wichtige Teile des Immunsystems.

Diese Vielzahl von wichtigen Funktionen des Bindegewebes unterstreicht die Notwendigkeit, es durchlässig und funktionsfähig zu erhalten, um einen gesunden und jungen Körper bis ins hohe Alter zu besitzen.

Neben ihrer wissenschaftlichen Beschäftigung mit dem Bindegewebe befaßte sich Ida Rolf mit asiatischen Gesundheitssystemen wie dem Yoga. Später wurde das Rolfing dann auch halb scherzhaft „Yoga für Westler" genannt, da beim Rolfing ähnliche körperliche Effekte wie beim Yoga erzielt werden, nur der westlichen Vorliebe nach Geschwindigkeit angepaßt – in kürzerer Zeit.

In den sechziger Jahren behandelte Ida Rolf erfolgreich eine Reihe bekannter Menschen wie Marlene Dietrich und Fritz Perls. Dadurch wurde ihre Arbeit bekannter, und besonders Fritz Perls drängte sie, ihre Fähigkeiten an andere Menschen weiter zu vermitteln, damit ihre Art, den menschlichen Körper zu behandeln, auch über ihren Tod hinaus erhalten bliebe. Daraufhin entwickelte sie aus ihrem persönlichen Arbeitsstil eine Serie von zehn systematisch aufeinander abgestimmten Sitzungen, die sie ab 1968 an kleine Gruppen von Therapeuten lehrte. Die ersten Ausbildungen fanden im bekannten Kalifornischen Esalen Institut statt. Dort wurde auch der ursprünglich als scherzhafter Spitzname gemeinte Begriff Rolfing geprägt.

In den frühen siebziger Jahren gründete Ida Rolf gemeinsam mit „ihren Rolfern" in Boulder, Colorado, das Rolfinstitut.

Bis zu ihrem Tod im Jahre 1979 im Alter von 84 Jahren bildete Ida Rolf ca. 150 Rolfer aus.

Ungefähr zu diesem Zeitpunkt erlernten die ersten Europäer und Deutschen das Rolfing und begannen in ihren Heimatländern damit zu arbeiten. Zu Beginn der achtziger Jahre fand die erste Rolfingausbildung in Europa statt. Rolfingausbildungen werden seit Ida Rolfs Tod von einigen der erfahrensten Rolfer in kleinen Klassen von nicht mehr als sechs Auszubildenden pro zwei Lehrer durchgeführt. In München werden derzeit zwei Ausbildungskurse zum Rolfer pro Jahr angeboten.

Das Rolfing ist auch in andere Körperarbeitssysteme initiierend und befruchtend eingegangen wie zum Beispiel Posturale Integration, Soma und Rebalancing. Diese Methoden haben bestimmte Aspekte des Rolfing als Grundlage und betonen manche Dinge etwas anders als die ursprüngliche Methode.

Das Rolfing selbst ist seit Ida Rolfs Tod in vieler Hinsicht ergänzt und weiterentwickelt worden, und diese Ergänzungen werden den im Rolfinginstitut verbundenen Rolfern durch Fortbildungen – zu denen sich jeder Rolfer verpflichtet – weitervermittelt. Beispielsweise ist die Rolfingarbeit im Vergleich zu ihren Anfängen heute sanfter und feiner geworden. Auch Ida Rolfs Forderung, daß Frauen, die Rolfer werden wollen, mindestens 130 Pfund wiegen sollen, um der körperlichen Anstrengung gewachsen zu sein oder noch besser gleich Männer sein sollten, existiert heute nicht mehr.

Eine wichtige und eigenständige Ergänzung zum Rolfing innerhalb des Rolfinstitutes ist das Rolfingmovement (vgl. Kap.2.10.). Es wird zur Zeit hauptsächlich von Frauen gemacht und ist von weiblichen Rolfern entwickelt worden. Außerdem wurde am Anfang seiner Entwicklung etwas geringschätzig formuliert, daß es Rolfingmovement gäbe, damit die Frauen von Rolfern auch etwas zu tun hätten. Rolfingmovement dient dazu, herauszufinden, welche alltäglichen Bewegungen und kinästhetischen Empfindungen eine fehlerhafte Körperstruktur (vgl. Kap. 2.2.) aufrechterhalten, um anschließend günstigere Bewegungen und kinästhetische Empfindungen herauszufinden und einzuüben, damit der Körper sich auch im ganz normalen Alltag günstig weiterentwickeln kann.

„Also heute hatte ich meine erste Rolfingsitzung. Genauso wie der Leser Ida Rolf und ihre Arbeit kennengelernt hat, weiß ich nun, wie sich die besonderen Berührungen meines Rolfers anfühlen. Ich habe seine Hände und seine Hände haben meinen Körper kennengelernt. Dieses Kennenlernen hat uns einen allgemeinen Eindruck verschafft, da der Rolfer fast überall an meinem Körper gearbeitet hat, um die oberflächlichen Bindegewebsstrukturen zu lockern. Außerdem sagt mein Rolfer, daß er durch die Berührungen in der ersten Sitzung schon viel über meinen Körper und seine Geschichte erfahren hat, genauso weiß der Leser des Kapitels nun einiges über die Geschichte des Rolfing. Schließlich hat der Leser eine andere Art, den menschlichen Organismus zu betrachten, vorgestellt bekommen. In dieser Sichtweise steht das Bindegewebe im Vordergrund. Dementsprechend habe ich ganz neue kinästhetische Wahrnehmungen in meinem Körper gemacht, die mich die Verbindungen in meinem Körper durch das Bindegewebe spüren ließen."

Zusätzlich ging es in meiner ersten Rolfingsitzung noch um meine Art zu atmen, die verbessert wurde. Deshalb achten Sie bitte genau jetzt auf Ihren eigenen Atem. Wie ist er in diesem Moment? ... Wenn Sie diese Atemwahrnehmungs*übung* fortsetzen möchten, fahren Sie fort, indem Sie noch einige Augenblicke ihren Atem bewußt wahrnehmen – vielleicht auch mit Hilfe der kinästhetischen Trance (vgl. Kap. 1.7.2.). (Es folgt nun eine Atemübung von ca. zehn Minuten Dauer, die Sie, wenn Sie möchten, gleich jetzt machen können.)

... Dann setzen Sie sich aufrecht hin und lenken Sie ihre Atembewegung tief nach unten und vorne in den Bauch für die Dauer einiger Atemzüge ...

... Nun lassen Sie den Atem normal fließen für einige Atemzüge ...

... Dann lenken Sie Ihren Atem tief nach unten und hinten in Richtung Gesäß ...

... Wieder normale Atmung ...

... Jetzt richten Sie die Atembewegung in die Mitte Ihres Körpers und nach vorne ...

... Atem normal ...

... Schließlich lenken Sie Ihren Atem nach vorne und oben in den Brustkorb bis oben an den Hals ...

... Atem normal ...

... nun den Atem nach oben und hinten in den oberen Rücken bis zum Nacken ...

... Atem normal ...

Wiederholen Sie diese Serie nun, indem Sie sich mit aufgestellten Füßen auf den Rücken legen.

Zum Abschluß beantworten Sie, wenn Sie mögen, folgende Fragen:

a) Wie fühlen sich die verschiedenen Körperbereiche an?
b) Wohin konnte ich den Atem leichter lenken und wohin schwerer?
c) Verändert die Atembewegung etwas an meiner Wahrnehmung in den einzelnen Bereichen?
d) Habe ich etwas Neues über meinen Körper und Atem erfahren?

2.2 Die Körperstruktur

Was ist das eigentlich? Allgemein ausgedrückt ist es die Art und Weise, wie ein Körper individuell beschaffen ist. Diese individuelle Beschaffenheit eines menschlichen Körpers läßt sich anhand folgender Kriterien erfassen:

1. Wie ist die Form, Stellung und Symmetrie der Knochenvorsprünge? Dazu betrachtet man die inneren und äußeren Fußknöchel, die Fersen, die Knochenvorsprünge in der Kniegegend, die Hüftkno-

chen, die Schlüsselbeine, die Schultern, die Schulterblätter und den vorstehenden siebten Nackenwirbel.
2. Wie sind die großen Gewebepartien und Muskelgruppen geformt? Hier unterscheidet man die Waden, die Oberschenkel, den Bauch, die Brust, das Gesäß, den Rücken und die Oberarme.
3. Wie ist die Beschaffenheit des Körpergewebes? Ist es von gleichmäßiger Beschaffenheit am ganzen Körper oder gibt es Unterschiede? Außerdem beobachtet man die Durchblutung des Gewebes und die Gespanntheit und Tönung der Haut. Durch Betrachten und Tasten gewahrt man die Homogenität des Gewebes und seine Dicke und seinen Umfang an verschiedenen Körperteilen und allgemein am ganzen Körper.

Anhand dieser Aufzählungen wird deutlich, daß die Körperstruktur nicht mit der momentanen Körperhaltung einer Person zu verwechseln ist. Die Körperstruktur ist vielmehr durch den langfristigen Gebrauch oder Mißbrauch im Laufe des Lebens geprägt. Außerdem sind gewisse Voraussetzungen für die Körperstruktur eines erwachsenen Menschen sicher auch genetisch vorbestimmt, denn auch Säuglinge besitzen bereits Unterschiede in ihren Körperstrukturen. Inwieweit solche Unterschiede festgelegt oder doch veränderbar sind, läßt sich noch nicht genau sagen, da bisher die auf den Körper positiv verändernd wirkenden Einflüsse wie Körperarbeit, gesunder Sport und Ernährung sowie psychische Einstellungen längst nicht ausgeschöpft und untersucht sind.

Negativ beeinflußt werden kann die Körperstruktur durch eine Reihe von Faktoren. Eine Möglichkeit sind schlechte Angewohnheiten wie zur Entspannung im Sessel sitzen und einen runden Rücken machen, was den Atemraum verengt und langfristig einen Rundrükken produziert. Außerdem können aus Unwissenheit schlechte Vorbilder aus der Familie nachgeahmt werden, wie z.B. die eindrucksvolle stolze Haltung der Mutter, die mit einem in den Nacken geworfenen Kopf für Verspannungen im Nacken sorgt, eine Haltung, die zu Kopfschmerzen bei ihr selbst und später bei ihren Kindern sorgt. Weitere unabsichtlich negative Vorbilder können Film, Fernsehen und Werbung liefern, wo weibliche Attraktivität teilweise mit flachem Brustkorb, hochgezogenen Schultern und verspannten Halsmuskeln verbunden ist oder mit einem Hohlkreuz, das den Po und

Busen betont. Demgegenüber haben männliche Vorbilder oft einen angespannten Rücken und einen atmungsfeindlichen aufgeblähten Brustkorb.

Einseitige Lebens- und Arbeitsweisen, wie langes unbequemes Sitzen oder Stehen sowie ständige schwere körperliche Anstrengung beeinflussen bekanntermaßen ebenfalls die Körperstruktur negativ. Auch Sportarten, die den Körper einseitig, ungleichmäßig oder unnatürlich beanspruchen, wie z.B. Tennis, Fußball und Kunstturnen, beeinflussen, wenn sie intensiv und/oder in sehr jungen Jahren betrieben werden, die Körperstruktur negativ. Nicht vollständig ausgeheilte Verletzungen verursachen ähnliches. Schließlich können langfristiger emotionaler Streß oder traumatische psychische Erlebnisse sich in verspannter Körperhaltung, und wenn diese unbeeinflußt beibehalten wird, in einer schlechten Körperstruktur niederschlagen.

Besonders wichtig ist bei all diesen Faktoren die Wirkung der Schwerkraft der Erde. Alle soeben erwähnten Faktoren sind zu Beginn ihres Auftretens nämlich nur Fehlhaltungen oder fehlerhafte Bewegungsabläufe. Durch den Druck, den die Schwerkraft auf den menschlichen Körper ausübt, verfestigen sich Fehlhaltungen, indem sich die Gewebepartien, Muskeln, Sehnen und Bänder verkürzen, bis sich die Fehlhaltung in eine fehlerhafte Körperstruktur verwandelt hat, die nicht mehr willkürlich verändert werden kann. Solche fehlerhaften Körperstrukturen sind beispielsweise Platt- und Knickfüße, X- oder O-Beine, Beckenschiefstand, Hohlkreuz, Rundrücken, Skoliosen und anderes.

2.2.1 Struktur und Funktion

Ida Rolf hatte eine streitbare und kreative Freundschaft zu Moshe Feldenkrais, der als ehemaliger Physiker zur Arbeit mit Menschen kam. Er entwickelte eine Methode zur Verbesserung des menschlichen Körpers, die ähnliche Ziele verfolgte wie Ida Rolfs Methode. Dazu lehrte er seine Klienten mit Hilfe von kleinen Bewegungen, sich der Funktion ihres Körpers bewußt zu werden und gleichzeitig fehlerhafte Bewegungsabläufe durch günstigere zu ersetzen. Durch diese verbesserten Bewegungen bzw. die verbesserte Funktion des

Körpers verbessert sich auch die Körperstruktur. Das widersprach der ursprünglichen Auffassung von Ida Rolf, die davon ausging, daß sich die Funktion und Bewegung erst dann verändern kann, wenn man die Körperstruktur mit Hilfe ihrer Methode positiv beeinflußt. Die guten Erfolge der beiden Methoden und die freundschaftliche Auseinandersetzung der beiden Begründer gipfelte in der Erkenntnis, daß sowohl eine bessere Körperstruktur zu einer besseren Funktion und zu ökonomischeren eleganteren Bewegungen führt als auch der umgekehrte Weg über die Funktion die Struktur des Körpers verbessert. Moshe Feldenkrais drückte dieses Fazit ihres Streites gegenüber Ida Rolf in einem Brief zu ihrem achtzigsten Geburtstag aus. Der letzte Ausdruck ihrer Freundschaft war die Reaktion von Moshe Feldenkrais auf Ida Rolfs Tod. Er ärgerte sich, und zwar weil er nun keinen ebenbürtigen interessanten Partner für kreative Auseinandersetzungen mehr hatte.

Heute hat die ca. fünfzehn Jahre alte Erkenntnis der beiden Streithähne Erweiterungen und Entwicklungen in beiden Arbeitsweisen gebracht. Die Feldenkrais-Methode beinhaltet neben Bewegungsübungen nun auch eine Reihe von Manipulationen, die die Körperstruktur verbessern. Beim Rolfing wird zusätzlich zur Manipulation mit kleinen Bewegungen gearbeitet, durch die der Klient richtige Bewegungsmuster erlernt, die helfen, die verbesserte Körperstruktur aufrecht zu erhalten. Darüber hinaus wird beim Rolfing Movement (vgl. Kap. 2.1. und 2.10.) auf vielfältige Art mit den Bewegungen des Klienten gearbeitet.

„Nun habe ich die zweite Sitzung hinter mir. Es war ganz anders als beim ersten Mal. Ich lag zwar wieder auf dem Rücken, aber diesmal mußte ich mit kleinen Bewegungen meiner Füße mithelfen, während der Rolfer mit seinen Händen mein Fußgelenk wie in eine Schiene preßte, so daß der Fuß nicht zur Seite ausweichen konnte. Die Bewegung meines Fußes lief so ganz gerade nach vorne. Das komische war aber, daß sich das erst ganz falsch für mich anfühlte, so als würde der Fuß sich schräg bewegen. Dadurch, daß ich die Bewegung ganz langsam und entspannt machte, stimmte schließlich mein Gefühl für die Geradeaus-Bewegung mit der tatsächlichen Aktion meines Körpers überein. Während meiner Bewegungen drückte und schob mein Rolfer an verschiedenen Stellen meiner Füße und Beine mein Körpergewebe. Beim Gehen nach der Sitzung war ich dann auch erst wieder befremdet. Neben der Tatsache, daß sich mein Rücken ungewohnt lang anfühlte, war ich verwundert, daß mein Gefühl beim Laufen so war, als hätte ich auf einmal andere Beine, und mein Gehirn bzw. mein kinästhetisches Empfinden wußte noch nicht Bescheid über die Veränderung. Mein Rolfer dagegen freute sich und meinte, genauso müßte das sein, wenn sich das Körperbewußtsein auf eine neue Struktur und Funktionsweise einstellt, und ich solle noch etwas spazieren gehen, um die Veränderung zu integrieren und zu genießen. Nachdem ich meine Überraschung überwunden hatte, fühlte sich das Gehen mit der neuen Körperstruktur tatsächlich wunderbar leicht und gut an."

2.3 Der menschliche Körper ist veränderbar

Daß sich der menschliche Körper im Laufe des Lebens verändert, liegt auf der Hand. Babys haben andere Körper als Kinder, Kinder haben andere Körper als Teenager, Teenager haben andere Körper als Erwachsene, und Erwachsene haben andere Körper als alte Menschen. Normalerweise wird diese körperliche Veränderung als relativ festgelegt verstanden. Danach entwickelt sich der Mensch bis zu seinem 25. Lebensjahr zu seiner Höchstform, um danach langsam zu degenerieren. Fehlerhafte Körperstrukturen und körperliche Beschwerden, die sich bis zum vollen Erwachsenenalter herauskristallisiert haben, werden normalerweise als nicht mehr verbesserbar angesehen. Für Senkfüße verschreibt der Arzt Einlagen, die die Fußmuskulatur noch fauler machen, wodurch die Chance, daß sie sich entwickelt und ein Fußgewölbe bildet, aufgegeben wird. Wer mit 25 Jahren ein Hohlkreuz hat, bekommt gelegentlich Massagen gegen die Beschwerden, die kurzfristig die verspannte Muskulatur beleben aber nichts an der Ursache verändern.

Eine andere Empfehlung in diesem Fall ist Training der Rückenmuskulatur, was den Rücken stärkt und gut durchblutet. Auf die Dauer verkürzen und verhärten sich die Muskeln durch normales Training jedoch noch mehr, und das Hohlkreuz wird stärker. Auch Menstruationsbeschwerden, die oft durch chronische Verspannungen im unteren Rücken- oder im Beckenbereich verursacht werden,

werden meistens als gegebenes Übel angesehen, das höchstens symptomatisch mit kurzfristig entkrampfenden Mitteln behandelt werden kann.

Demgegenüber zeigt die Erfahrung mit Rolfing, daß auch die Ursache solcher und vieler anderer körperlicher Probleme veränderbar ist, indem die Körperstruktur verbessert wird, die für Beschwerden und Probleme verantwortlich ist. Solche Veränderungen sind auch durch andere Körpermethoden wie z.B. Yoga und Tai Chi zu erreichen. Mit Rolfing gehen die gleichen Prozesse des Weitens und Aufrichtens des Körpers schneller. Jeder, der Yoga oder ähnliches kennt, kann sich das etwa so vorstellen:

Macht man Yoga in der Gruppe, tun die Übungen zwar insgesamt jedem gut, aber es können keine auf die individuellen Bedürfnisse der einzelnen Teilnehmer abgestimmte Übungen praktiziert werden. Wer Yoga für sich allein übt, kann zwar individuelle Übungen wählen, braucht jedoch einige Zeit, um das nötige Wissen und die Erfahrung zur sinnvollen Auswahl seiner Yogaposition zu gewinnen. Dann verbessern diese Übungen seine Körperstruktur jedoch schneller und effektiver als das Gruppentraining.

Eine weitere Steigerung der Effektivität und Schnelligkeit von Yoga-Übungen können Sie erzielen, wenn Sie einen individuellen Yoga-Lehrer haben, der mit seinem Wissen und seiner Erfahrung über Yoga arbeitet und darüber hinaus mit der Möglichkeit, Sie genau zu betrachten, um die besten Übungen für Sie auszusuchen. Zusätzlich kann ein Einzelyogalehrer die Ausführung der Übungen beobachten und korrigieren, was ihre Wirkung ebenfalls verbessert.

Stellen Sie sich nun vor, der Yogalehrer ist kein Yogalehrer, sondern ein Rolfer, der durch genaue Analyse – Betrachten und Tasten – feststellt, wo genau die Bereiche sind, die gestreckt und/oder besser durchblutet werden sollen und darüber hinaus diese Stellen selber bearbeitet, und zwar genau so, wie es nötig ist, da er alle seine Sinne zur Verfügung hat, um die optimale Veränderung festzustellen – Geruch- und Geschmackssinn nutzt er allerdings kaum. Sie selbst können dabei ihre ganze Aufmerksamkeit auf Ihre Empfindungen und Erfahrungen während der Rolfingarbeit richten und dadurch wiederum effektivieren. So verstanden scheinen die teilweise unglaublich anmutenden Veränderungen der Körperstruktur erfreulich einfach nachvollziehbar und logisch.

„Diese dritte Sitzung hat mir ein besonders gutes, mir bisher unbekanntes und ganzheitliches Gefühl gegeben und die Ahnung einer tiefgreifenden Veränderung aufsteigen lassen. Mein Rolfer sagt, nachdem er in der ersten und zweiten Sitzung meine äußeren Strukturen vorne und hinten gelöst hat, habe er nun die Körperseiten so bearbeitet, daß mein Körper im Zusammenhang mit den Veränderungen aus den ersten beiden Sitzungen eine erste neue Integration erfahren kann. Außerdem hat damit mein Körper die Voraussetzungen für tiefgreifende Veränderungen erreicht. Hört sich interessant an – denke ich mir – und dabei ist mir das im Moment ganz unwichtig, denn ich fühle mich sooo wohl."

2.4 Was ist das Ziel der Veränderungen durch Rolfing?

Sehr allgemein formuliert, ist das Rolfingziel eine optimale Körperstruktur mit bestmöglicher Funktion. In diesem Moment stellt sich natürlich die Frage, wodurch sich eine optimale Körperstruktur mit bestmöglicher Funktion auszeichnet. Um das zu beantworten ist dieses allgemeine Rolfingziel im folgenden in zehn Unterziele aufgegliedert.

1. Der Körper erfährt durch die Rolfingarbeit eine *Aufrichtung,* und zwar so, daß dazu minimale Muskelanspannung nötig ist. Das heißt, der Körper ist hoch aufgerichtet und dabei entspannt. Viele Klienten sind deshalb nach dem Rolfing ein bis fünf Zentimeter größer als vorher, auch wenn sie bereits vollständig erwachsen sind.
2. Diese Aufrichtung kommt dadurch zustande, daß alle *Körpersegmente* so *übereinander* geordnet sind, daß das untere das darüberliegende Segment optimal unterstützt. Um sich diese Aussage bildlich zu verdeutlichen, stellen Sie sich einen stehenden Menschen vor, den Sie von der Seite betrachten. Aus dieser Perspektive sind die Körpersegmente optimal übereinander geordnet, wenn eine Lotlinie eine gerade Verbindung zwischen dem Ohr, der Schultermitte, dem seitlichen Hüftknochen, der Mitte des Knies und dem Fußknöchel ergibt.
3. Um dieses Übereinandergeordnetsein der Körpersegmente zu erreichen, muß das *Becken* eine bestimmte *Stellung* haben. Die

vorderen, oberen Kanten der Hüftknochen liegen auf einer vertikalen Ebene mit dem Schambein.

4. Diese drei ersten Unterziele werden dadurch erreicht, daß durch die Rolfingarbeit das Körpergewebe, die Sehnen und Bänder mehr *Flexibilität* erlauben. Durch eine erhöhte Flexibilität können die Körpersegmente – Füße, Unterschenkel, Oberschenkel, Bekken, Wirbelsäule, Brustkorb und der Kopf – sich gegeneinander verschieben, um so zu einer optimalen Stellung und Ordnung zueinander zu finden und die größtmögliche entspannte Aufrichtung des Körpers zu erreichen.
5. Ein weiteres Feinziel der Rolfingarbeit ist, daß der Körper seine beste *Ausdehnung* erreicht. Die läßt sich am deutlichsten anhand des Brustkorbes verstehen. Wenn der Brustkorb eng, hart und wenig beweglich ist, vermindert das die Atembewegung, die normalerweise eine ständige, leichte massierende Bewegung in alle Körperbereiche vermittelt.
6. Das sechste Ziel ist eng verknüpft mit dem fünften. Bei guter Ausdehnung sind alle Körperbereiche und Organe beweglich und durch den Atem in Bewegung. Daraus ergibt sich eine *gute Funktion* der Organe und des Gewebes. Der Organismus wird gut mit Sauerstoff versorgt und der Austausch von Nähr- und Schlackstoffen in Organen und durch das Gewebe funktioniert gut. Außerdem hat eine wissenschaftliche Untersuchung gezeigt, daß auch die Funktion des autonomen Nervensystems, das für alle automatischen, aktivierenden und rekreativen Prozesse des Organismus zuständig ist, sich ebenfalls durch Rolfing dauerhaft verbessert. Die Untersuchung beschäftigte sich mit der Wirkung des „Pelvic Lift" auf das Nervensystem. Der „Pelvic Lift" ist eine Technik, mit der die Beziehung des Kreuzbeines zur Wirbelsäule ausbalanciert wird. Die Anwendung des Pelvic Lift erhöht gemäß dieser Untersuchung die Aktivität des Parasympathikus – der Teil des autonomen Nervensystems, der für die Erholung des Körpers zuständig ist. Diese Erhöhung blieb auch eine Stunde nach der Behandlung erhalten. Die Kontrolle nach 24 Stunden ergab einen etwas niedrigeren Wert, der jedoch deutlich höher als vor der Behandlung war. Bei der ersten Kontrollgruppe mit einer gleichlangen Berührung unspezifischer Art an den Schultern und Kontrollgruppe zwei mit Ruhephase ohne Berührung ergaben

sich kurzfristig kleine Erhöhungen der parasympathischen Aktivität, die bei den Messungen eine und 24 Stunden später auf den ursprünglichen Wert zurückgingen.

7. Die gute Funktion von Organen und Gewebe in Verbindung mit einem flexiblen Bewegungsapparat ergeben ein subjektives *Gefühl großen Wohlbehagens* und eines *Leichtigkeitsgefühls* bei allen Bewegungen.
8. Äußerlich sichtbar führt die erfolgreiche Rolfingarbeit zu symmetrischen und *eleganten Bewegungsabläufen.* Der Beobachter kann erkennen, daß ein gerolfter Mensch sich ökonomischer mit wenig Kraftaufwand und ganzheitlich bewegt. Dadurch wirken die Bewegungen ruhiger und fließender, auch wenn sie tatsächlich schnell sind.
9. Ein weiteres Rolfingziel ist eine seidige, homogene Gewebequalität. Das bedeutet, das Körpergewebe ist von gleichmäßiger Festigkeit, und es gibt keine oder kaum besonders weiche oder verhärtete Bereiche. Dadurch wird die Durchblutung gleichmäßig. Die Haut ist glatt und hat eine einheitliche Tönung am ganzen Körper.
10. Das letzte und vielleicht wichtigste Ziel beim Rolfing ist, daß der Gerolfte zur Wahrnehmung seiner inneren Linie gelangt. Diese Empfindung ist eine tief im Innern des Körpers spürbare Kraft- oder Energielinie, die den Körper von innen her aufrichtet und unterstützt. Die äußere Muskulatur ist dabei sehr entspannt, und der ganze Körper fühlt sich sehr leicht an. Das Gefühl für die innere Linie ist auch möglich, wenn jemand aufgrund von irreparablen Wirbelsäulenschäden nicht aufrecht werden kann. In so einem Fall hat die Person das spürbare Bewußtsein für das tiefe Innere des eigenen Körpers, ohne in gleichem Maße wie jemand der zusätzlich sehr aufgerichtet ist, die der Schwerkraft entgegenwirkende gerade nach oben verlaufende Linie zu erleben. Aber auch eine gebogene und spürbare innere Linie wirkt sehr positiv. Diese äußerst angenehmen körperlichen Empfindungen sind mit ebenfalls sehr schönen psychischen Zuständen verbunden. Viele Menschen erleben ein gelassenes in-sich-Ruhen, erhöhtes Selbstbewußtsein, ein Gefühl von Sicherheit und innerer Stärke, erstmalig empfundene Ganzheit, Zufriedenheit und Glücksgefühle. Gleichzeitig können psychische Probleme und Ängste während

und nach dem Rolfing mutiger und leichter angegangen und bewältigt werden, da das erhöhte Vertrauen in den eigenen Körper und seine Flexibilität die Zuversicht auf einfache und schnelle Lösungen selbst von alten Problemen erleichtert.

2.4.1 *Rolfing hält jung*

Bevor sich verstehen läßt, auf welche Art und Weise Rolfing den Körper und damit auch den Geist jung und beweglich hält, soll deutlicher werden, was das Altern für die Körperstrukturen und das Gewebe bedeutet.

Betrachten wir als erstes ein Kleinkind. Das Körpergewebe von kleinen Kindern ist weich, hat eine homogene Qualität und enthält viel Flüssigkeit. Muskelfasern oder Sehnen gibt es noch wenig. Die Knochen sind ebenfalls weich und elastisch. Die Zirkulation der Körperflüssigkeiten ist schnell und mühelos. Der ganze Körper ist sehr beweglich. Wie sehen demgegenüber alte Menschen aus? Die Beweglichkeit ist sehr viel kleiner, da ehemalige Gelenkverbindungen verknöchert sind, und andere Gelenke sind durch Stoffwechselablagerungen, nicht ausgeheilte Verletzungen und verkürzte Sehnen in ihrem Bewegungsspielraum stark eingeschränkt. Muskeln und Gewebe sind von sehr unterschiedlicher Qualität. Manche Bereiche sind sehr hart, andere, oft benachbarte Regionen sind zu weich. Das gilt für Muskelgewebe und bewirkt eine Verlangsamung des Austausches von Körperflüssigkeiten, Sauerstoffen, Nähr- und Schlackstoffen. So eine Körperstruktur ist unflexibel und vermittelt Gefühle von Enge und Unbeweglichkeit, die sich auch auf die psychische Befindlichkeit niederschlagen.

Die soeben beschriebenen Rolfingziele wirken solchen Alterungsprozessen entgegen. Dadurch empfinden sich Rolfingklienten neben anderen positiven Effekten auch verjüngt. Der Verjüngungseffekt ist zudem in jedem Erwachsenenalter – auch bei sehr betagten Menschen – spür- und sichtbar.

„Die vierte Sitzung war ganz schön abenteuerlich, und ich beginne zu erspüren, was die innere Linie für eine grundlegende Veränderung für mich bedeutet. Mein Rolfer findet es toll, daß ich das jetzt schon wahrnehme, denn nicht alle Klienten spüren das so schnell wie ich. Außerdem fühle ich mich heute etwas unvollständig, da mein Rolfer hauptsächlich an der Innenseite meiner Beine und dem Bekken gearbeitet hat, und mein oberer Körper bis jetzt noch nicht so tief berührt worden ist wie der untere Teil heute. Deshalb ist meine fünfte Sitzung auch schon sehr bald und in einem kürzeren Abstand zur vierten als die Sitzungen sonst. Ich bin gespannt, wie mich die fünfte Sitzung weiter aufrichten wird und wie sich mein Gefühl für die innere Linie vervollständigen wird."

2.5 Was geschieht, um den Körper entlang seiner vertikalen Achse zu ordnen?

Die vertikale Achse ist nicht direkt mit der inneren Linie gleichzusetzen. Letzere ist in erster Linie eine subjektive kinästhetische Empfindung. Daß jemand dieses Empfinden hat, kann man mit geschultem Blick mit ziemlicher Sicherheit auch sehen, trotzdem kann genau nur der Besitzer dieses Gefühls entscheiden, ob und wie vollständig er es empfindet.

Demgegenüber kann man die Tatsache, daß eine Person entlang ihrer vertikalen Achse geordnet und aufgerichtet ist, wenn man will, sogar anhand eines Photos berechnen. Das heißt, die Ordnung um die vertikale Achse ist das, was man von außen sehen kann. Meistens hat jemand, der entlang seiner vertikalen Achse aufgerichtet ist, auch das Empfinden seiner inneren Linie – allerdings nicht zwangsläufig.

Da ein Rolfer nur von außen auf seinen Klienten einwirken kann, hat er als Zielrichtung für die Arbeit seiner Hände natürlich das Ordnen um die vertikale Achse. Gleichzeitig unterstützt er mit seiner Vorstellung und seiner eigenen Empfindung für seine innere Linie das tiefere Ziel, daß der Klient seine innere Linie empfinden kann.

So nun nochmal: Was also geschieht beim Rolfing, um den Körper entlang seiner vertikalen Achse zu ordnen und die anderen in Kapitel 2.4. beschriebenen Ziele zu erreichen?

Ein Rolfingklient durchläuft eine Serie von zehn Sitzungen. Jede Sitzung dauert zwischen fünfzig und neunzig Minuten. Die Abstände zwischen den Sitzungen betragen in der Regel etwa eine Woche. Jedoch sind auch kleinere Abstände bis ca. zweimal pro Woche möglich. Größere Intervalle – alle zwei Wochen oder noch länger –

können ebenfalls sinnvoll sein. Schließlich können die Abstände zwischen den Sitzungen auch ungleichmäßig sein. In diesem Falle kann man besonders nach der ersten, dritten, siebten und neunten Sitzung größere Abstände wählen, wogegen zwischen der vierten und fünften auf jeden Fall ein kleinerer Abstand wichtig ist (vgl. Kap. 2.4.1.).

Vor der ersten Sitzung führen der Rolfer und sein Klient ein Kennenlerngespräch, in dem die Wünsche und Ziele des Klienten in bezug auf sein Rolfing geklärt werden. Außerdem kann der Klient Fragen, die er an den Rolfer hat, besprechen.

Während der Sitzung liegt der Klient auf einem etwas niedrigerem Massagetisch, und der Rolfer bearbeitet mit viel Druck und sehr langsamen Bewegungen den Körper des Klienten. Mit Hilfe dieser Bewegungen löst und verschiebt der Rolfer Gewebepartien und -schichten so, daß die Gewebestrukturen, die den Körper in einer Fehlhaltung festhalten, neue Flexibilität erhalten, um eine Aufrichtung entlang der vertikalen Achse zu erlauben.

Bei dieser Behandlung wird normalerweise wenig gesprochen, damit die Konzentration ganz auf dem Körper ruhen kann. Auch nach der Sitzung ist es günstig, wenn der Klient sich noch etwas Zeit nimmt, um zu entspannen und in seinen Körper hineinzuspüren. Am besten bleibt er dazu noch ein paar Minuten liegen und macht direkt nach der Rolfingsitzung einen Spaziergang. Während er geht, kann er das neue Körpergefühl und die Wirkung der Sitzung auf die Empfindung seiner inneren Linie nachvollziehen und in der aufrechten Bewegung und unter dem Einfluß der Schwerkraft integrieren. Damit unterstützt der Klient nicht unwesentlich die Effektivität seiner Rolfingbehandlung.

Die zehn Sitzungen sind sorgfältig aufeinander abgestimmt und bauen aufeinander auf. Deshalb addiert sich ihre Wirkungsweise nicht, sondern potenziert sich teilweise, und zwar besonders in den letzten drei Sitzungen. In diesen Sitzungen wird das, was vorher intensiv gelockert und befreit wurde, nun in eine neue Verbindung zueinander gebracht. Dadurch erleben gerolfte Menschen besonders durch diese Sitzungen ihren Körper auf einer neuen Ebene von Ganzheit, Leichtigkeit und Integration. Diese Wirkungsweise der aufeinander aufbauenden Rolfingsitzungen beschrieb einmal ein Klient mit etwa folgenden Worten: „Wenn ich irgendwann zwischendurch mit dem Rolfing aufgehört hätte, ohne diese letzten Sitzungen zu erleben, hätte ich das, was Rolfing bewirken kann, nicht erfahren und verstanden."

„Wie gut, daß meine fünfte Sitzung so nah an der vierten lag. Irgendwie habe ich mich dazwischen etwas unvollendet gefühlt. Heute bin ich wieder ganz. Mein Oberkörper paßt wieder auf meinen Unterkörper, und ich fühle mich aufrechter als jemals. Außerdem scheinen meine Bewegungen beim Gehen tief aus dem Bauch zu kommen. Dort hat mein Rolfer heute auch gearbeitet. Er hat mich im wahrsten Sinne des Wortes tief berührt. Diese tiefe Berührung verbunden mit großer inneren Kraft und Ruhe empfinde ich auch jetzt noch. Mein Rolfer sagte, man sähe mein inneres Aufgerichtetsein auch von außen, und ich sei schon gut entlang meiner vertikalen Achse geordnet. Im Moment ist mir dieses Äußere wieder ziemlich unwichtig, weil mein Gefühl sooo gut ist."

2.6 In welchen Situationen ist Rolfing sinnvoll?

Diese Frage läßt sich in drei weitere Fragen untergliedern. Die erste Frage ist: Wie wirkt Rolfing in verschiedenen Altersgruppen? Die zweite Frage lautet: Bei welchen Beschwerden ist Rolfing besonders hilfreich?, und die dritte Frage ist: Für welche speziellen beruflichen und privaten Bedürfnisse ist Rolfing sinnvoll?

Ich beginne mit der Beantwortung der ersten Frage. Rolfing ist für Menschen aller Altersgruppen – von Babys bis zu ganz alten Menschen – sinnvoll und ist gleichzeitig für verschiedene Lebensphasen unterschiedlich zu betrachten.

Bei Babys oder Kleinkindern ist Rolfing deshalb so besonders wertvoll, da mit sehr leichten und wenigen Berührungen die körperliche und damit letztlich auch die geistige und emotionale Entwicklung eines ganzen Menschenlebens in eine günstigere Richtung gelenkt werden kann. Babys sind sehr flexibel, und ihr Gewebe ist weich und deshalb leicht beeinflußbar im negativen wie im positiven. Das bedeutet, daß kleine Kompressionen im Gewebe sowie in Knochen und Gelenken leicht hervorgerufen werden können. Zum Beispiel kann so etwas gleich bei der Geburt passieren oder durch kleine Unfälle, wie sie bei kleinen Kindern an der Tagesordnung sind, oder auch durch belastende Situationen, wie eine angespannte Beziehung der Eltern, wenn das Kind diesen Spannungen oft ausgesetzt ist.

Mit dem geschulten Blick eines Rolfers lassen sich beginnende Fehlhaltungen und ungünstige Bewegungsabläufe erkennen. Anschließend braucht der Rolfer in der Regel nur wenige Manipulationen, um das Problem zu beheben. Den Kindern macht solch eine Berührung Spaß, da ihr Körper noch so sensibel ist, daß er direkt spürt, was gut tut. Einige Rolfer haben sich im Rolfing mit Kindern spezialisiert und können so besonders schnell und wirksam mit ihnen umgehen.

Für Rolfing mit größeren Kindern von ca. sechs bis zwölf Jahren gibt es eine spezielle Rolfingserie, die nur sechs Sitzungen beinhaltet, da ein Kind in diesem Alter ebenfalls noch sehr flexibel ist, andererseits ursprüngliche Fehlhaltungen aber bereits zu Körperstrukturen geworden sind, die sich im gesamten Körper ausdrücken. Deshalb wird in dieser Altersgruppe wie beim normalen Rolfing der ganze Körper behandelt, was aufgrund der Beweglichkeit und Weichheit eines kindlichen Körpers in den erwähnten sechs Sitzungen vor sich gehen kann.

Die nächste Altersstufe ist die Pubertät. In dieser Zeit verändert sich der Körper naturgemäß sehr schnell und stark. In dieser Situation ist Rolfing sinnvoll, wenn deutliche Störungen in der Entwicklung, wie z.B. Skoliosen, auftreten, die so schnell wie möglich behandelt werden müssen, damit Langzeitschäden vermieden oder geringgehalten werden können. Bei mehr oder weniger normaler Entwicklung eines Jugendlichen ist Rolfing in der Regel überflüssig, da während der Pubertät kurzfristig körperliche Probleme auftreten können, die sich in kurzer Zeit von selbst lösen.

Gegen Ende des Erwachsenwerdens zwischen ca. achtzehn bis 25 Jahren kann Rolfing wieder sehr wichtig sein, um fehlerhafte Körperstrukturen, die sich nun „endgültig" einschleifen wollen, zu verbessern. Hier kann der Rolfer sozusagen mit dem letzten Schub von schnellem Entwicklungspotential dem jungen Menschen zu einem aufrechteren und entspannteren Erwachsensein verhelfen.

Bei erwachsenen Menschen ist Rolfing immer dann sinnvoll, wenn ursprünglich gelegentliche und leichte Verspannungen zu chronischen werden oder sich als Verschleißerscheinungen äußern.

Außerdem ist Rolfing in kleineren oder größeren Lebenskrisen, die oft auch mit körperlichen Veränderungen einhergehen, besonders sinnvoll, z.B. nach Schwangerschaften, Trennungen, Berufswechsel, Menopause, Midlifekrise, Rentenbeginn, Tod von Partnern und ähnlichem.

Bei alten Menschen ab 65 oder 70 Jahren hat Rolfing oft eine besonders heilsame und beglückende Wirkung, da ein alter Mensch seinen Körper oft schon „abgeschrieben" hat, besonders wenn er in seinen jungen Jahren ebenfalls sehr unbewußt mit seinem Körper umgegangen ist. Ein besseres Körpergefühl durch Rolfing wirkt auf einen alten Menschen dadurch überraschend und nachhaltig.

Die zweite Ausgangsfrage lautete: Bei welchen Beschwerden ist Rolfing besonders hilfreich?

Grundsätzlich ist Rolfing bei jedem körperlichen Problem hilfreich mit Ausnahme von Krebs und Glasknochen.

Folgende Beschwerden seien ausdrücklich erwähnt: Chronische Verspannungen, egal in welchem Körperbereich, Migräne und andere Kopfschmerzen, Durchblutungsstörungen, Bewegungseinschränkungen in Gelenken aufgrund nicht vollständig ausgeheilter Verletzungen, Wirbelsäulenprobleme wie Ischias, Hexenschuß, drohender oder bereits operierter Bandscheibenvorfall, Bandscheibenverschleiß, Skoliosen, Schleudertrauma und Schmerz im Bereich der Wirbelsäule, weiterhin: Menstruationsbeschwerden, Nervosität, Gelenkverschleiß, eingeklemmte Nerven und Neuralgien, Atemnot, Krämpfe, Schlaflosigkeit.

Inwieweit diese und andere Beschwerden durch Rolfing gebessert oder ganz behoben werden können, läßt sich vor der Behandlung nicht sagen. Je besser die Motivation des Klienten und die Zusammenarbeit und Harmonie zwischen Rolfer und Klient ist, um so mehr läßt sich erreichen. Normierbare Ergebnisse gibt es solange nicht, wie es keine normierten Menschen gibt.

Die dritte Frage war: Für welche speziellen beruflichen und privaten Bedürfnisse ist Rolfing sinnvoll?

Mit Rolfing kann man seine körperliche Leistungsfähigkeit verbessern, seine Bewegungen verfeinern und die Entspannungs- und Empfindungsfähigkeit erhöhen. Das wirkt sich positiv auf die Kommunikations- und Ausdrucksfähigkeit, die Konzentration sowie auf sportliche Fähigkeiten aus. Deshalb erhöht Rolfing den Erfolg in allen künstlerischen Berufen wie bei Schauspielern, Sängern, Tänzern, Clowns und Akrobaten. Berufs- und Freizeitsportler können durch Rolfing ihre Leistungen perfektionieren und/oder ihre Freude an der Bewegung und am Spiel erstaunlich vergrößern. In Berufen, wo es um Kommunikation und um Kontakt mit anderen Menschen geht, verbessert Rolfing ebenfalls die Fähigkeiten. Schließlich kann Rolfing bei allen Fähigkeiten, die mit körperlichen, geistigen und organisatorischen Höchstleistungen verbunden sind, eine wichtige Unterstützung sein und ist dort auch als Antistreßtraining geeignet. Persönliche Bedürfnisse nach größerer innerer Harmonie, mehr Selbstwertgefühl, befriedigender Sexualität, allgemeine Zufriedenheit, Glücksgefühle werden mit Rolfing ebenfalls leichter erfüllbar.

„Das beste Rückgrat für eine Therapie ist, daß sie nützlich und sinnvoll ist. Ebenso ging es in meiner sechsten Sitzung heute um meinen Rücken, und zwar richtig tief und von Grund auf. Wobei der Grund, wie ich jetzt spüre, die Beine, das Becken und das Kreuzbein sind. Ich hätte nicht gedacht, daß der Rücken soviel Rückhalt geben kann. Zudem ahne ich bereits, daß dieses gute Gefühl mir in vielen Lebenszusammenhängen Kraft und Gelassenheit geben wird."

2.7 Rolfing eine Kurzzeittherapie?

Ja und Nein. Ja, da die Anzahl der Rolfingsitzungen, die jemand bekommt, im Vergleich zu Langzeittherapien sehr gering ist. Nein, denn Rolfing kann einen Menschen über viele Jahre oder durch das ganze Leben begleiten.

Die Grundserie des Rolfing beinhaltet, wie bereits erwähnt, zehn Sitzungen, die in der Regel über einen Zeitraum von drei Monaten verteilt sind. Im Anschluß folgt eine ca. sechsmonatige Integrationsphase, während der die in den zehn Sitzungen gewonnenen Impulse im Körper wirken und zu weiteren Veränderungen führen. In diesem Zeitraum sollen keine weiteren Rolfingsitzungen genommen werden, damit sich die Wirkung der ersten zehn erst vollständig entfalten kann. Wenn das Becken beispielsweise durch das Lösen bestimmter Gewebestrukturen von einer nach vorn gekippten Position in eine entspannte, aufrechte gekommen ist, werden in der Integrationsphase bestimmte Muskeln durch normale Bewegungen stärker beansprucht und entwickeln sich dadurch stärker. Damit festigt sich die neue aufrechtere Beckenposition und bestimmte Körperformen verändern sich auch noch nach den Sitzungen.

Betrachtet man nur die zehn Sitzungen in ca. drei Monaten, so erscheint das Rolfing sicher als Kurzzeittherapie. Bezieht man die sechs Monate lange Integrationsphase mit ein, ist die Grenze einer Kurzzeittherapie bereits überschritten.

Darüber hinaus geht man heutzutage nicht mehr davon aus, daß ein Mensch nur einmal in seinem Leben gerolft werden kann. Zusätzlich zu den ursprünglichen zehn Sitzungen gibt es das sogenannte Advanced Rolfing, das aus einer Serie von fünf Sitzungen besteht. Diese Serie vertieft die Veränderungen der vorangegangenen Sitzungen. Bei den Advanced Sitzungen geht der Rolfer davon aus, daß der Klient bereits ein recht gutes ganzheitliches Körpergefühl hat. Deshalb arbeitet er mehr mit dieser Ganzheit, indem er den Klienten anleitet, sich öfter mitzubewegen, die Position zu wechseln, mehr in der Schwerkraft zu sein, also zu sitzen oder zu stehen und der Rolfer selbst arbeitet dabei über größere Körperpartien hinweg.

Wenn ein sehr großer Zeitraum zwischen der Grundserie des Rolfing und den Advanced Sitzungen liegt, kann es sinnvoll und hilfreich sein, in der Zwischenzeit ein paar Auffrischsitzungen zu nehmen, damit sich die positiven Veränderungen weiterentwickeln, z.B. der Brustkorb noch etwas mehr Raum bekommt und sich der Schultergürtel entspannt, oder daß das in den zehn Sitzungen Erreichte aufrecht erhalten bleibt.

Auch nach der Advanced-Serie kann man weiter Rolfingsitzungen nutzen, um seinen Körper jung zu halten, sich weiterzuentwikkeln, zur Entspannung oder während und/oder nach sehr belastenden Zeiten oder einfach, um sich regelmäßig etwas Gutes zu tun, und zwar etwa drei bis fünf Sitzungen pro Jahr.

Zählt man so die Anzahl der Rolfingsitzungen in ca. fünfzig Jahren zusammen, entspricht das dann doch der Anzahl der Sitzungen in einer Langzeittherapie. Eine Kurzzeittherapie bleibt Rolfing trotzdem, da man mit wenigen Sitzungen in kurzer Zeit viel an seinem Körper und gleichzeitig an Denken und Fühlen verändern kann.

„So wie Rolfing mit kleinem Zeitaufwand viel Gutes bewirken kann, hat mein Rolfer heute mit Kleinarbeit viel verändert. Diesmal war mein Kopf dran. Ich verstehe jetzt, was es heißt, eine Verbindung zwischen Kopf und Körper zu haben oder mit Kopf und Bauch oder Herz wahrzunehmen. Meine Gefühle im Körper sind nicht mehr getrennt von mir, und meine Gedanken und Wahrnehmungen scheinen auch aus meinem Körper zu kommen. Außerdem ist es ein großartiges Gefühl, den Kopf so hoch erhoben tragen zu können. So müssen sich Könige und Königinnen gefühlt haben."

2.8 Wie arbeitet ein Rolfer?

Ein Rolfer beobachtet sehr aufmerksam, um so viel Eindrücke von der Körperstruktur und der Funktion seines Klienten zu sammeln wie möglich. Dazu betrachtet er bereits beim Hereinkommen die Bewegungen und Haltungen seines Klienten. Nach der Sitzung schaut er ihm vielleicht noch hinterher, wenn der Klient schon auf der Straße geht. So kann er sofort überprüfen, wie die gerade beendete Sitzung gewirkt hat. Möglicherweise setzt er auch das beim Klienten Beobachtete in seinen Körper um. Das heißt, er ahmt eine Haltung oder Bewegung des Klienten nach und spürt dabei im eigenen Körper, welche Bereiche bei dieser Struktur verspannt sind. Diese Information hilft ihm in den nächsten Sitzungen, die Bereiche zu finden, die bearbeitet werden müssen, um möglichst gute und schnelle Veränderungen zu erzielen.

Seine visuelle Wahrnehmungsfähigkeit nutzt der Rolfer außerdem direkt vor der Sitzung. Nachdem der Klient sich bis auf seine Unterwäsche ausgezogen hat, betrachtet der Rolfer dessen Vorderseite, Rückansicht und beide Seiten. Das geschieht, um die Wirkungen der letzten Sitzung zu überprüfen und um eine genauere Vorgehensweise für die folgende Sitzung zu entwerfen. Auch während der Sitzung kann es sein, daß der Rolfer den Klienten bittet, aufzustehen, damit er die Effekte seiner Arbeit auf den gesamten Körper in der Schwerkraft beurteilen kann.

Gleichzeitig mit den Manipulationen seiner Hände am Körper des Klienten wirft der Rolfer immer wieder einen Blick über den gesamten Körper, um zu schauen, ob zum Beispiel die Atembewegung in Einklang mit seiner Modellierarbeit ist oder ob und welche Auswirkungen die Arbeit auf weitere Körperbereiche hat.

Schließlich hat der Rolfer zu jeder Sitzung eine bestimmte innere visuelle Vorstellung, die er im Laufe der Sitzung mit dem Klienten erreichen will. Diese Vorstellung ergibt sich aus dem sogenannten Rolfingrezept. In diesem Rezept ist für jede Sitzung ein Ziel formuliert, dem es gilt näherzukommen. Auf welche praktische Art und Weise der Rolfer das macht, bleibt seinen Ideen und Fähigkeiten überlassen.

Das bedeutet, daß ein Rolfer keiner vorgegebenen Serie von Griffen, Strichen oder Druckpunkten folgt, sondern das Sitzungsziel sehr individuell auf jeden Klienten abgestimmt erreichen kann. Die einzelnen Sitzungsziele bauen systematisch aufeinander auf, um das Gesamtziel des Rolfing, einem entspannten Aufrechtsein, einer Leichtigkeit beim Gehen, Sitzen, Stehen und anderen Bewegungen, näherzukommen.

Mindestens ebenso wichtig wie genaue visuelle Wahrnehmung ist beim Rolfing natürlich die Qualität und Differenziertheit der kinästhetischen Fähigkeiten des Rolfers. Die Berührungen der Hände eines Rolfers können so zart wie der Flügelschlag eines Schmetterlings sein und so hart, wie der Griff eines Bergsteigers, der sich an einen Fels klammert, um sein Leben zu retten. Alle Berührungsqualitäten dazwischen sind ebenfalls im kinästhetischen Repertoire eines Rolfers. Während ein Rolfer mit seinen Fingern, Knöcheln, Fäusten und gelegentlich mit den Ellenbogen arbeitet, stimmt er die Art seiner Berührung – Druck, Richtung, Dauer, Geschwindigkeit, u.a. – ständig auf die Beschaffenheit des Körpergewebes, an dem er sich gerade befindet, ab. Auf diese Weise ist er in einem Prozeß, in dem er fortlaufend kinästhetisch-taktile Eindrücke aus den Geweben des Klienten aufnimmt und mit der Berührung seiner Hände darauf eingeht. Die so gewonnene kinästhetische Information verbindet der Rolfer mit den gleichzeitig oder vorher aufgenommenen visuellen Wahrnehmungen und verfeinert dadurch weiterhin seine Arbeitsweise.

Weitere kinästhetische Informationen sammelt der Rolfer oft bereits vor der Sitzung bei seiner Körperanalyse. Dabei überprüft er nämlich die Ergebnisse seiner visuellen Analyse, indem er einen bestimmten Bereich abtastet. Zum Beispiel kann der Rücken eines Klienten sehr gleichmäßig und das Gewebe dort sehr weich und durchlässig wirken. Um jedoch ganz sicher zu gehen, ob sich darunter nicht doch harte Drahtseile verspannter Muskeln befinden, betastet der Rolfer den Rücken, um auch die tieferen Strukturen einschätzen zu können.

Auditive Information geht ebenfalls in die Rolfingarbeit mit ein. Der Klang und Rhythmus der Stimme des Klienten läßt den Rolfer wissen, wo tief im Körper mehr oder weniger Bewegung ist. Zusätzlich gibt der Klang und Rhythmus des Atems Auskunft darüber, ob es Blockaden in der Kehle oder der Brust gibt. Der Klang der Stimme und des Atems ist deshalb so aufschlußreich für die Beschaffenheit des Körpers, da letzterer den Resonanzkörper für die Stimme des Menschen darstellt.

Ebenso wie der Rolfer die kinästhetische mit der visuellen Information verknüpft, verbindet er diese beiden mit seinen auditiven Wahrnehmungen, um sein individuelles Eingehen auf den Klienten zu gestalten.

„Heute hat mein Rolfer mich vor der Sitzung noch eingehender betrachtet als sonst. Weil die achte Sitzung die erste Integrationssitzung ist und weil das Ziel der achten und neunten Sitzung austauschbar ist und es von meiner individuellen Struktur abhängt, was er zuerst macht. Er hat sich dann wie in achtzig Prozent der Fälle entschieden, erst an meinem Unterkörper, also von der Taille abwärts zu arbeiten. Außerdem habe ich heute besonders deutlich mitbekommen, wie fein mein Rolfer die Arbeit seiner Hände auf mich abstimmt. Ich mußte öfter aufstehen, damit er sehen konnte, ob das, was er gerade getan hatte, die richtigen Ergebnisse hatte. Dabei konnte ich genau hinspüren, ob sich mein Stehen, Sitzen oder Gehen besser und gleichmäßiger anfühlte. Dadurch habe ich mich auch mehr als Partner meines Rolfers gefühlt. Außerdem wurde mir heute besonders deutlich, daß ich durch die Rolfingsitzungen viel Sensibilität für die Vorgänge in meinem Körper dazugewonnen habe, so daß ich in Zukunft auch ohne den Rolfer besser für meinen Körper sorgen kann als bisher."

2.9 Rolfing und Schmerz

Ein Vorurteil gegenüber dem Rolfing ist, es sei sehr schmerzhaft und deshalb nur etwas für sehr hartgesottene Menschen. Immer wieder mal höre ich folgende Fragen: „Tut Rolfing nicht sehr weh?" oder

„Rolfing ist doch wohl nur was für Masochisten, oder?". Deshalb freue ich mich um so mehr, diesen Abschnitt schreiben zu können.

Die bangen Fragen nach der Schmerzhaftigkeit des Rolfing hatten in der Zeit als Ida Rolf begann, Rolfer auszubilden und Rolfing anfing, sich auszubreiten, eine gewisse Berechtigung. Dabei muß man bedenken, daß Ida Rolf eine der ersten war, die überhaupt davon ausgingen, daß der menschliche Körper speziell nach dem Erwachsenwerden positiv und systematisch veränderbar ist. Daher wußte sie noch nicht soviel darüber, daß durch Körperbewußtheit und sanftere Berührungen ebenfalls eine positiv verändernde Beeinflussung des menschlichen Organismus möglich ist. Da sie jedoch – vielleicht in weiser Voraussicht – ihren Schülern die Freiheit ließ, egal auf welche Weise, das jeweilige Sitzungsziel zu erreichen, solange sie das Rolfingrezept berücksichtigen, eröffnete sie die Möglichkeit zu experimentieren. So liegt es unter anderem in der Kreativität des einzelnen Rolfers, seine Arbeitsweise auf die Bedürfnisse und individuellen Schmerzempfindlichkeiten der einzelnen Klienten einzustellen. Dadurch kann er die Behandlung für jeden Klienten so angenehm wie möglich gestalten. Außerdem wissen die Rolfer und ihre Lehrer heutzutage, daß oft viel weniger Druck, als ursprünglich angenommen wurde, nötig ist, um den Körper eines Menschen zu verändern. In Situationen, wo er notwendigerweise dennoch stark sein muß, wird er besonders langsam gesteigert. Dadurch vermindert sich die Schmerzhaftigkeit eines starken Druckes rapide.

Ob Rolfing wehtut, und wenn wie stark, hängt außerdem von verschiedenen anderen Faktoren ab. Zum Beispiel davon, ob und wie der Klient ausdrückt, ob er Schmerz empfindet oder nicht. Besonders in der ersten Sitzung kann es sein, daß ein neuer Klient, der gehört hat, daß Rolfing wehtut, glaubt, sich beherrschen zu müssen. Aus diesem Grund versucht er dann, mehr Druck und Schmerz auszuhalten, als nützlich ist. Nützlich ist Schmerz nur so lange, wie er noch als befreiend erlebt werden kann. Andernfalls kann der Klient jederzeit stop sagen, sobald der Druck zu schmerzhaft wird.

Eine weitere Situation, die zu erhöhter Schmerzhaftigkeit führen kann, besteht, wenn Körperbereiche mit besonders alten oder traumatischen Verspannungen behandelt werden. Solche Bereiche erkennt man daran, daß ihre Bearbeitung tiefgreifende Gefühle wie Angst, Wut, Trauer oder Hilflosigkeit hervorruft. In so einem Fall ist es besonders wichtig, daß eine klare und direkte Kommunikation zwischen dem Klienten und seinem Rolfer besteht. Dadurch sind beide in der Lage, mit Geduld, Sensibilität und Sicherheit darauf hinzuwirken, daß das alte Trauma durch ein neues befreiendes Erlebnis ersetzt wird. Nach so einem Erlebnis und mit der lösenden Wirkung des Rolfings kann das Gefühl des Heilseins wiedergewonnen werden, das noch vor den negativen Erfahrungen bestand.

Eine dritte Gefahr erhöhter Schmerzhaftigkeit beim Rolfing besteht, wenn ein Klient mit Muskelkater zum Rolfing kommt.

Schließlich intensivieren erhöhte Erregungszustände und Erschöpfung nach übermäßigem Streß, wenig Schlaf, Medikamenten, viel Kaffee und Alkohol oder nach anderen Rauschzuständen die Schmerzempfindlichkeit. Das liegt daran, daß zu solchen Zeiten zusätzliche Reizungen des Nervensystems schnell unangenehm werden und so die Schmerzempfindung schnell über ein erträgliches Maß hinausgeht. Falls Sie in einer solchen Situation eine Rolfingsitzung bekämen, warnen Sie Ihren Rolfer davor und seien sie besonders wachsam, um rechtzeitig stop zu sagen. Ihre Schmerzgrenze ist diesmal schneller als Ihr Rolfer bei Ihnen gewohnt ist, erreicht.

„Meine Schmerzgrenze wurde heute wenig strapaziert, als mein Oberkörper seinen ‚letzten Schliff' bekam. Dazu hat mein Rolfer meinen Brustkorb, die Schultern und zum ersten Mal meine Arme gründlich bearbeitet. Ich dachte schon, er hätte sie vergessen. Ein bißchen Abschiedsschmerz spüre ich aber, denn die Zeit meiner Rolfingsitzungen ist fast vorbei. Außer vielleicht als Baby hat sich niemand mehr meines Körpers so intensiv angenommen und auch noch so wissend und geschickt. Das ist schon eine wunderbare Methode, dieses Rolfing. Mein Rolfer hat gesagt, ich solle mir schon mal gut überlegen, was ich in Zukunft selber Schönes und Gesundes für meinen Körper tun kann oder andere es tun lassen kann. Falls ich dafür schlecht sorge, könnte es sein, daß ich meine neue, gute Körperstruktur etwas aufgebe, nur um wieder die angenehmen, intensiven Gefühle bei den Rolfingsitzungen zu erleben."

2.10 Rolfing und psychische Veränderung

Eine weitere Kritik am Rolfing ist, daß die körperlichen Veränderungen nicht dauerhaft sein können, wenn man nicht ihre seelischen oder psychischen Ursachen beseitigt. Die Erfahrung der Rolfer und Gerolften zeigt, daß die meisten positiven Veränderungen erhalten bleiben, wenn auch das nach der einen oder anderen Sitzung erlebte „absolut göttliche Gefühl" kein Dauerzustand bleibt.

Wie erklärt sich diese Diskrepanz der Ansichten? Einerseits sicher einfach aus den verschiedenen Erfahrungen derjenigen, die diese Kritik äußern. Sie haben das Rolfing oft nicht am eigenen Körper erfahren und können sich die subtile Art, auf die während der Zeit des Rolfing auch die Psyche mit Einstellungen, Glaubenssätzen und Gefühlsabläufen sich ändert, nicht vorstellen. Andererseits beachten Rolfer natürlich im Sinne ihrer Arbeit besonders gern ihre Erfolge. Die kleinen Rückentwicklungen in Richtung auf die alten negativen Tendenzen sind dann eben ein Grund, weitere Rolfingsitzungen zu machen, bis die optimale Struktur erhalten bleibt. Diese Vorgehensweise entspricht auch den asiatischen Übungssystemen, in denen es ebenfalls nicht darum geht, psychische Probleme aufzuarbeiten, damit der Körper gesund wird, sondern man macht statt dessen einfach ständig gesundheitsfördernde Dinge, bis der Körper gesund ist. Weil man sich dann so daran gewöhnt hat, fährt man fort, Gesundes zu tun und bleibt dauerhaft gesund.

Nutzt man Rolfing auf diese Art und Weise, kann man sich des Erfolges sicher sein. Zugegebenermaßen reichen dazu jedoch die früher als Maximum betrachteten zehn Sitzungen nicht aus. Statt dessen sollte man je nach Bedarf vielleicht einmal pro Jahr ein paar Sitzungen bekommen (vgl. auch Kap. 2.7.).

Natürlich kann man die Dauerhaftigkeit der Rolfingerfolge auch durch zusätzliche – vorherige, gleichzeitige oder nachträgliche – Psychotherapie verbessern, wenn psychische Probleme mitverantwortlich für die Fehler in der Körperstruktur sind. Vielfach lösen sich während der Rolfingphase psychische Hindernisse durch intensivere Träume, neue Erfahrungen, überraschende Erkenntnisse oder ähnliches im ganz normalen Lebensalltag auf. Falls diese ganz gewöhnlich integrierende und Reifungsprozesse fördernde Funktion des Unbewußten nicht ausreicht, spürt das der Rolfer oft in seiner Arbeit, oder der Klient spricht mit ihm darüber. Nützlich ist in so einer Situation, entweder weniger intensiv zu arbeiten oder größere Abstände zwischen den einzelnen Sitzungen zu lassen, damit mehr Zeit zur Integration der Erfahrungen zwischen den Sitzungen bleibt.

Eine weitere Möglichkeit zur Umsetzung der neuen Verhältnisse im Körper in die Psyche und das Verhalten ist zusätzliche Psychotherapie. Allerdings sollte eine Therapiesitzung mit Gespräch nicht im nahtlosen Anschluß an das Rolfing geschehen, damit der Klient so lange wie möglich in seinem kinästhetischen Zustand bleiben kann.

Rolfing Movement ist ebenfalls sehr geeignet, die Integration körperlicher und psychischer Veränderungen zu unterstützen. Beim Rolfing Movement erspürt die Person, welche Spannungen im Körper einer guten Körperstruktur im Weg stehen und welche Gefühlsinhalte damit verbunden sind. Diese Gefühlsinhalte werden geklärt, und der Klient erlebt den ursprünglich verspannten Körperbereich nach zusätzlicher Manipulation entspannt und angenehm. Schließlich assoziiert er neue positive Gefühlsinhalte in Form von angenehmen Sätzen und Bildern zu dem wohlgespannten Körperbereich.

Manchmal ist eine psychische Integration der körperlichen Veränderungen völlig unnötig, da der Körper einer bereits vollzogenen psychischen Veränderung hinterherhinkt. Andersherum ausgedrückt, jemand ist erfolgreich durch eine psychische Krise gegangen, in der sich seine Einstellungen positiv verändert haben, er selbstbewußter und glücklicher geworden ist. Das einzige, was ihm noch Sorgen macht, ist, daß er immer noch so gebeugt geht. Diese Situation ist dann eine besonders schöne Ausgangsbasis für das Rolfing. Der Klient ist dabei sehr motiviert, froh über jede Sitzung, genießt jede Veränderung an seinem Körper und pflegt sie so, daß er sie mit Leichtigkeit aufrechterhält.

„Heute ist mein Rolfer nochmal alle Körperbereiche durchgegangen, mit besonderer Berücksichtigung der Gelenke. Ich bekam sozusagen den letzten Schliff. Das kann ich spüren. Ich fühle mich sehr, sehr wohl und gelassen. Mein Spaziergang nach der Sitzung wird heute besonders lang sein. Ich werde meine gesamte Rolfingerfahrung noch einmal im wahrsten Sinne des Wortes durchgehen. Meinem Rolfer gefällt das, er meint: „So kannst Du die sechsmonatige Integrationsphase besonders bewußt angehen.“

Abschlußübung zum zweiten Kapitel

Sie können nun das Kapitel noch einmal durchgehen, indem Sie die Berichte des Klienten am Ende jedes Unterkapitels hernehmen und anhand der dort erwähnten Körperbereiche eine – kinästhetische – Trancereise durch ihren Körper machen. Die kinästhetische Trance finden Sie am Ende vom ersten Kapitel.

Diese Übung läßt sich alleine und noch leichter mit einem Partner machen, der Ihnen die Körperbereiche langsam vorspricht. Den gleichen Dienst kann auch eine Kassette erfüllen, die Sie sich selbst besprechen.

Eine angenehme Reise!

3. Übereinstimmungen zwischen NLP und Rolfing auf den ersten Blick

3.1 Parallelen in der Art und Weise der Entwicklung

Der allererste Blick auf die Parallelen zwischen Rolfing und NLP führt direkt zur Betrachtung der Ursprünge beider Methoden.

Wie in Kap. 2.1. bereits ausführlich beschrieben, arbeitete Dr. Ida Rolf über 40 Jahre mit den Körpern ihrer Klienten, Verwandten und an sich selbst. Gleichzeitig erforschte sie das Bindegewebe vom Standpunkt der Biochemie und hatte reges Interesse und Austausch mit anderen Spezialisten und Methoden, die sich mit der Verbesserung und Heilung des menschlichen Körpers beschäftigten. Auf diese Weise verbesserte und verfeinerte sich ihre Arbeit mit Menschen mehr und mehr, so daß sie bereits über 60jährig von Kennern ihrer Arbeitsweise – besonders Fritz Perls sei erwähnt – dazu aufgefordert wurde, ihre Fähigkeiten weiter zu vermitteln, damit sie über ihren Tod hinaus bestehen bleiben.

Dazu analysierte und strukturierte Dr. Ida Rolf ihre Arbeitsweise und entwickelte die zehn Rolfingsitzungen als ein lehrbares System. Die in diesem System ausgebildeten Rolfer übernahmen damit weitgehend die in mehr als vier Jahrzehnten entwickelten Fähigkeiten von Dr. Rolf. Gleichzeitig können Rolfer, und sie sind vom Rolfinginstitut dazu angehalten, ihre Fähigkeiten und Fertigkeiten in der Körperarbeit auf der Grundlage der Rolfingausbildung ständig erweitern, verbessern und mit Kollegen austauschen und weiterentwickeln.

Die Entwicklung des NLP hat ähnliche Strukturen wie die des Rolfing. Grundlage ist auch beim NLP die jahrzehntelange Erfahrung von hervorragenden Therapeuten wie Fritz Perls, Virginia Satir und Milton Erickson. Deren Arbeit wurde von den Entwicklern des NLP, Richard Bandler und John Grinder, analysiert, strukturiert und so schrittweise lernbar gemacht.

Unterschiedlich ist der Arbeitsschwerpunkt, nämlich Psychotherapie statt Körperarbeit, und die Tatsache, daß Richard Bandler und John Grinder nicht nur aus ihren eigenen Erfahrungen schöpften, sondern die hervorragenden Fähigkeiten anderer und mehrerer Therapeuten zum Ausbildungskonzept entwickelten. Auf dieser Grundlage, wiederum ähnlich wie beim Rolfing, verfeinern NLP-Therapeuten und Trainer ihre Fähigkeiten im heilsamen Umgang mit Menschen und erweitern damit ständig die Qualität und Möglichkeiten des NLP und tauschen sie in Fortbildungen und Kongressen aus.

Eine weitere Gemeinsamkeit in der Entwicklung von Rolfing und NLP ist die Tatsache, daß beide Methoden in den USA und vor einem ähnlichen kulturellen Hintergrund entstanden. Gemeinsame Namen, die diesen Hintergrund prägen, sind besonders Fritz Perls, das Esalen Institut, Gregory Bateson und California. Darüber hinaus flossen bei der Entwicklung von NLP und Rolfing amerikanische Ideale wie Brauchbarkeit, Effektivität, Unkompliziertheit und Schnelligkeit mit ein.

3.2 Die Physiologie als Bezugssystem

Eine weitere, zunächst vielleicht überraschende Übereinstimmung zwischen NLP und Rolfing ist die Tatsache, daß sich beide Methoden sehr stark von physiologischen, also körperlichen Zuständen und Veränderungen des Klienten leiten lassen.

In bezug auf Rolfing scheint ein solches Vorgehen sehr einleuchtend. Der Körper soll sich verändern, also analysiert der Rolfer den Körper seines Klienten, indem er ihn anschaut und indem er bei der Arbeit am Gewebe mit seinen Händen ständig neue Informationen ertastet. Akustische Hinweise über den Zustand des Körpers gewinnt er durch den Klang der Stimme und des Atems, sowie durch Magen- und Darmgeräusche. Anhand solcher Körperanalysen kann der Rolfer entscheiden, ob die Arbeit in die gewünschte Richtung geht und wie weit und schnell der Fortschritt verläuft.

Die Aspekte, auf die ein Rolfer dabei achtet, sind das Verhältnis der Körperteile zueinander und im Verhältnis zur Schwerkraft, die innere Linie, die seitliche Linie, die Rechts-Links-Symmetrie, die Farbe und Durchblutung der Haut, Formen des Körpers, der Atemrhythmus, die Geschmeidigkeit des Gewebes und einiges mehr. Da die aufgezählten Aspekte des Körpers verändert werden sollen, werden sie zur Ausgangsanalyse und zur Erfolgskontrolle beobachtet.

Beim NLP betrachtet der Therapeut ebenfalls die Physiologie, also die körperliche Erscheinung. Da die Tastanalyse wegfällt und der Klient bekleidet ist, konzentriert sich der NLP-Therapeut besonders auf die Mimik, die Rechts-Links-Symmetrie des Körpers, den Atemrhythmus, die Mimik sowie die Durchblutung und Muskelspannung des Gesichtes, die Augenbewegungen und den Klang der Stimme.

Da jede gedankliche Veränderung eine wenigstens minimale Veränderung im Körper mit sich bringt (die Tatsache, daß Gedanken unmittelbar körperliche Prozesse beeinflussen, ist besonders durch Autogenes Training, Biofeedback, Focusing und NLP vielfach belegt und erfahrbar gemacht worden), und da es beim NLP keine Regeln darüber gibt, was ein geheilter oder integrierter Klient denken sollte, bleibt als Orientierung über Erfolg und Mißerfolg nur, daß eine Person so denkt, fühlt und handelt, daß sie sich gut fühlt und gut aussieht – symmetrisch, entspannt und gut durchblutet.

3.3 Strukturiertes Vorgehen

Ein dritter Bereich, in dem Rolfing und NLP deutlich übereinstimmen, ist die Tatsache, daß beide Methoden in ihrer Veränderungsarbeit klar vorgegebenen Strukturen folgen. Das Ausmaß der Strukturiertheit ist jedoch unterschiedlich.

Beim Rolfing ist die Struktur des gesamten Therapieablaufs besonders deutlich. Das Rolfingrezept, das in Kap. 2 genauer erläutert ist, beinhaltet diese Struktur. Letztere hat sich aus Ida Rolfs jahrzehntelanger Erfahrung mit Körperarbeit herauskristallisiert. Das praktische Vorgehen in der einzelnen Rolfing-Sitzung kann je nach Rolfer und nach den individuellen Bedürfnissen des Klienten stark variieren. Jedoch wird dabei auf jeden Fall ein Rhythmus von Spannung und Entspannung berücksichtigt. Das heißt, jede Sitzung hat intensive und beruhigende Phasen, um den natürlichen Körperrhythmen entgegenzukommen.

Beim NLP ist die Art des Strukturierens eher umgekehrt. Der Ablauf der Gesamttherapie ergibt sich aus der Situation und den

Wünschen des Klienten. Sobald jedoch ein Teilproblem analysiert ist, folgt dessen Bearbeitung den vorgegebenen Schritten der dafür geeigneten NLP-Technik. Zusätzlich werden bei beiden Methoden zunächst nicht strukturierte Ebenen – die Gesamttherapie beim NLP und beim Rolfing, die einzelne Sitzung – in der Interaktion mit dem Klienten individuell strukturiert.

Beim Rolfing funktioniert das folgendermaßen: Der Rolfer betrachtet vor jeder Sitzung seinen Klienten und stellt sich die Fragen: „Wie kann ich das durch das Rolfingrezept vorgegebene Ziel dieser Sitzung für und mit diesem Klienten erreichen? An welchen Körperstellen kann ich in welcher Reihenfolge und auf welche Art und Weise – Tiefe, Geschwindigkeit, Rhythmus – arbeiten?" Natürlich kann der Rolfer auch während der Sitzung sein Vorgehen jederzeit ändern, falls er neue Eindrücke wahrnimmt, die das nötig machen. Normalerweise vollzieht der Rolfer diesen Prozeß der Sitzungsstrukturierung weitgehend intuitiv und damit schneller als hier aufgeführt.

Beim NLP kann die Gesamttherapie ebenfalls strukturiert werden. Aus den ersten Gesprächen mit dem Klienten ergeben sich seine Wünsche und Ziele, für deren Erreichung einzelne NLP-Techniken durchlaufen werden. Es kann sich jedoch bei jedem Therapieschritt etwas Neues ergeben, so daß die bereits festgelegte Struktur wieder verändert werden muß. Das kann soweit gehen, daß sich selbst das Gesamtziel ändert. Die Flexibilität der Therapiegesamtstruktur bleibt auf alle Fälle sehr groß, da es keine Idealvorstellungen darübergibt, welche Lebens- und Verhaltensweisen, Denk- und Gefühlsinhalte für einen Klienten sinnvoll sind. Daraus ergibt sich eine unendliche Vielfalt von möglichen Zielen und Zwischenzielen, die sich zusammengenommen schwer in feste Strukturen fassen lassen.

Strukturierungsmöglichkeiten ergeben sich jedoch für bestimmte begrenzte Ziele, wie z.B. die Verbesserung einer bestimmten sportlichen Fähigkeit, bei der Gewichtsabnahme, der Schmerzbekämpfung, bei der Qualifizierung in einem bestimmten Arbeitsbereich, bei der Streßbewältigung, bei der Verbesserung einer Partnerbeziehung und anderes mehr.

3.4 NLP und Rolfing als Kurzzeittherapie

NLP wird explizit als Kurzzeittherapie bezeichnet – zuerst 1980 von Hilarion Petzold, außerdem im Titel des Buches „Neue Wege der Kurzzeit-Therapie" von Richard Bandler und John Grinder. Darüber hinaus führen in Deutschland verschiedene Institute und Therapeutische Praxen, die mit NLP arbeiten, den Begriff Kurzzeittherapie in ihrem Namen.

Besonders eindrucksvoll sind die Erfahrungen von NLP-Therapeuten, daß sich besonders klassische Phobien, wie z.B. Ängste vor Hunden, vorm Fahrstuhlfahren oder starke negative Reaktionen bei Zigarettenrauch, innerhalb von einer Sitzung „heilen" lassen. Auch die einfachen grundlegenden NLP-Techniken führen zu verblüffend schnellen Erfolgen, wie beispielsweise das Pacing und der Separator, wenn es darum geht, den Rapport zum Klienten aufzubauen. Manchmal bitte ich aufgrund meiner NLP-Erfahrungen beim Rolfing einen Klienten: „Betrachte, wenn es geht, Deine Erinnerungen doch später etwas genauer und konzentriere Dich jetzt bitte möglichst auf Dein Körpergefühl." Damit pace ich zunächst seinen momentanen Zustand, den ich an der Augenstellung als visuell erinnert identifiziert habe, was auch bei geschlossenen Augen möglich ist. Gleichzeitig dient der unerwartete Einsatz meiner Stimme als Separator, was dem Klienten den Wechsel zu einem anderen Sinnessystem erleichtert. Das Pacing vermittelt dem Klienten den Eindruck, daß ich ihn gut und genau verstehe. Der enge Zusammenhang mit dem Separator ergibt einen leichten Überraschungseffekt. Dadurch wird der Eindruck, in wissenden, verständnisvollen Händen zu sein, besonders gut geankert. Dies wiederum stabilisiert den Rapport. Weiterhin bringt die NLP-Technik zur Erarbeitung einer wohlgeformten Zieldefinition (vgl. Kap. 1.7.1.0) für viele Klienten bereits einen überraschend schnellen Einblick in vorher verschwommene Wunschträume oder verworrene unbehagliche Gefühle.

Neben den einzelnen Techniken des NLP, die eine schnelle Veränderung psychischer Probleme erlauben, fordert die Prämisse, daß „Widerstand" lediglich das Resultat der momentanen Kommunikation zwischen Klient und Therapeut ist und nicht ein grundsätzliches Problem des Klienten, ständig die Flexibilität und Kreativität des Therapeuten heraus. Das bedeutet: Der Therapeut ist bemüht, dem

Klienten in einer Weise zu begegnen, die es ihm schnell und einfach ermöglicht, seine gewünschten Veränderungen zu vollziehen. Der Therapeut hat also keine bestimmten Verhaltensregeln, wie zum Beispiel die klassische Forderung der Klientenzentrierten Gesprächstherapie, besonders die gefühlsbezogenen Äußerungen des Klienten hervorzuheben, oder die Forderung der Psychoanalyse nach therapeutischer Abstinenz. Der NLP-Therapeut kann sich also so verrückt und ungewöhnlich wie nötig verhalten, z.B. ist auch der Verhaltensspielraum der Provokativen Therapie nach Farrelly möglich. Wichtig ist nur, daß er einen respektvollen Rapport zum Klienten aufrecht erhält und das vom Klienten bestimmte Therapieziel im Auge behält. Die große Flexibilität und Kreativität, die es für NLP-Therapeuten ständig zu erweitern gilt, verkürzt therapeutische Prozesse und fördert damit die Anwendung des NLP als Kurzzeittherapie.

Rolfing wurde bisher nicht als Kurzzeittherapie bezeichnet. Implizit gibt es jedoch eine Reihe von Umständen, die es zu einer Kurzzeittherapie machen, was ich teilweise bereits vorangehend erläutert habe (vgl. Kap. 2). Für Ida Rolf stand der Kurzzeittherapieaspekt des Rolfing besonders stark im Vordergrund. Sie war der Ansicht, daß ein Mensch nur einmal in seinem Leben gerolft werden könnte und sollte. In diesen einmaligen zehn Sitzungen sollte alles, was an körperlicher Veränderung für den jeweiligen Klienten möglich ist, passieren. Was danach noch nicht dem Ideal einer aufrechten, entspannten Körperstruktur entsprach, war eben nicht zu ändern. Andererseits stellte sie selbst schon diese Prämisse in Frage, als sie in ihrem Ausbildungskonzept festlegte, daß jeder angehende Rolfer als erster Klient eines Mitauszubildenden die Rolfingsitzungen noch einmal bekommt. Diese Konzeption läßt annehmen, daß Ida Rolf davon ausging, daß ihre Prämisse, jeder Mensch könne nur einmal im Leben vom Rolfing profitieren, in Zukunft genauer untersucht und eventuell verändert werden müsse. Wie diese Veränderung heute aussieht, werde ich am Ende dieses Unterkapitels beschreiben, wo es um die Grenzen der Kurzzeittherapie und deren Überschreitung geht.

Ein weiteres Prinzip, das Rolfing zu einer Kurzzeittherapie macht, ist die Tatsache, daß die Integration der während der Sitzungen gemachten Veränderungen im Lebensalltag der Klienten ohne weitere therapeutische Interventionen vollzogen wird. Diese Phase der Integration dauert noch mindestens sechs Monate über das Ende der zehn Rolfingsitzungen hinaus an. Während dieser sechs Monate paßt sich das Körpergewebe den neuen statischen Gegebenheiten im Körper an, indem durch veränderte Bewegungen bestimmte Bereiche besser durchblutet werden und sich das Gewebe und die Muskulatur dort strafft, oder indem andere Bereiche weniger Druck oder Zug ausgesetzt sind und sich dort Gewebe und Muskulatur entspannt und verhärtete Fasern und Stoffwechselablagerungen abgebaut werden. Gleichzeitig wird den meisten Klienten noch lange nach den Rolfingsitzungen immer wieder ihr Atem, das Gefühl von Leichtigkeit oder es werden bis dahin kaum wahrgenommene Bereiche des Körpers bewußt.

Beim NLP gibt es bisher keine zeitlich festgelegten Erfahrungswerte für die Dauer einer Integrationsphase. Statt dessen wird zum Abschluß einer Veränderungsarbeit, die noch im Alltag erprobt werden muß, der Klient in der Regel gefragt, wie lange er brauchen wird, um die neuen Erfahrungen oder Verhaltensweisen im „richtigen Leben“ auf ihre Brauchbarkeit und Effektivität hin zu testen. Normalerweise ist jeder Klient schnell in der Lage, auf diese Weise die Dauer seiner Integrationsphase selbst zu bestimmen. Falls diese Zeitbestimmung einmal schwierig sein sollte, kann man mit Hilfe einer Trance unbewußte Teile zur Bestimmung dieses Zeitraumes bitten.

Wenn Sie mögen, probieren Sie es doch einmal: Legen Sie gleich das Buch einen Moment zur Seite und setzen oder legen Sie sich ganz bequem, entspannt und möglichst symmetrisch hin ... Wenn sich Ihr Körper angenehm warm und fließend anfühlt und Ihr Atem leicht fließt ... Wenden Sie sich bitte an den Teil in Ihnen, der für Zeitschätzung und Zeiteinteilung zuständig ist. Dieser Teil weiß z.B., wie lange Sie brauchen, um morgens aus dem Bett zum Frühstück zu kommen, um eine Postkarte zu schreiben, ein Brötchen zu essen, das Auto aus der Garage zu holen, eine Arbeit fertigzustellen, usw. Sprechen Sie diesen Teil bitte freundlich und genau mit dem Tonfall und den Worten und der Geschwindigkeit an, die es ihm erlaubt, Ihnen eine schnelle und präzise Antwort zu geben. Also bitten Sie nun diesen Teil, sich Ihnen mitzuteilen ... und lassen Sie sich überraschen, ob er Ihnen mit einem Bild, einer sprachlichen Aussage oder gar mit einem Gefühl, das Sie dann in eine sprachliche Aussage übersetzen müssen, antwortet ... wann Sie dieses Buch oder das, was Sie von diesem Buch lesen möchten, gelesen haben werden. Wenn Sie eine überraschende Antwort bekommen, lassen Sie sich noch etwas Zeit, um weiterzuträumen, was diese Antwort bedeuten mag, oder ob sich vielleicht ein kleiner innerer Kobold oder Spaßmacher in Ihre innere Unterhaltung eingemischt hat, um Sie etwas anderes als eine ernsthafte Übung machen zu lassen.

Viel Freude beim Üben und Träumen in jeder Situation, in der Sie Antworten auf Fragen zur Zeiteinteilung schnell und genau brauchen können.

Üben Sie bitte jetzt ... oder später ... oder wann Sie mögen.

3.4.1 Zielorientiertheit

Zielorientiertheit ist ein wesentlicher und gemeinsamer Faktor des Rolfing und NLP. Sie fördert die Qualität der beiden Methoden als Kurzzeittherapie besonders.

Ziele gibt es sowohl beim Rolfing als auch beim NLP auf vier verschiedenen Ebenen:

1. Die weitreichendste Ebene stellen bestimmte allgemeine und klar beschriebene Idealvorstellungen von guter Struktur und Funktion beim Menschen dar.
2. Die folgende Ebene ist das Therapieziel, das mit dem jeweiligen Klienten abgestimmt wird.
3. Dann folgen die Zielvorstellungen für jede einzelne Sitzung.
4. Schließlich können Rolfer und NLP'ler bei fast jeder Manipulation bzw. jedem Therapieschritt beurteilen, ob diese Intervention erfolgreich war und eine Veränderung in die richtige Richtung darstellt.

3.4.1.1 Ziele beim Rolfing

Die Idealvorstellungen des Rolfing sind bereits weiter oben ausführlich beschrieben worden. Deshalb sollen sie hier nur noch einmal knapp erwähnt werden.

Eine gute Körperstruktur im Sinne des Rolfing beinhaltet eine gerade, entspannte, aufrechte Haltung, so daß man eine gerade senkrechte Linie durch die Mitte des Fußknöchels, Knie-, Hüft- und Schultergelenkes und des Ohres ziehen könnte. Das Körpergewebe ist gleichmäßig in seiner Spannung und Farbe und besitzt eine seidige Qualität. Die Gelenke haben ihren vollen Bewegungsspielraum. Die Bewegungen sind graziös und fließen durch den ganzen Körper. Die Person hat das Gefühl für ihr Aufrechtsein tief im Körper bzw. spürt ihre „innere Linie" und fühlt sich leicht. Die bewußte Verfolgung dieser Ziele liegt besonders beim Therapeuten, da sie die Ziele seiner Methode sind. Der Klient wählt diese Ziele mehr oder weniger bewußt, indem er entscheidet, sich „rolfen" zu lassen.

Das individuelle Therapieziel wird stärker vom Klienten selbst bestimmt. Ich frage deshalb meine Klienten vor der ersten Sitzung, welche Probleme und Veränderungswünsche sie haben und beziehe diese in meine Vorgaben mit ein. Manche Klienten wünschen sich die Beseitigung oder Linderung von Rücken-, Gelenk- oder Kopfschmerzen. Andere wünschen eine größere Beweglichkeit, aufrechte Haltung und weniger Muskelverspannungen. Wieder andere Klienten nutzen die Rolfingerfahrung, um in ihrer Psychotherapie oder ihrer allgemeinen psychischen Weiterentwicklung den Körper mit einzubeziehen. Außerdem kann man Rolfing für bestimmte Personengruppen und berufliche Anforderungen gezielt anwenden:

Schauspieler und *Tänzer* bekommen durch Rolfing einen beweglicheren und geschmeidigeren Körper. Gleichzeitig fördert Rolfing eine kraftvolle Ausdrucksfähigkeit, die wichtig ist, um auch weit entfernt sitzende Zuschauer zu erreichen. Außerdem erhöht Rolfing das Bewußtsein für die eigene Ausstrahlung und die Bühnenpräsenz. Bei extremem Lampenfieber ist Rolfing hilfreich, da es das Vertrauen in den eigenen Körper stärkt. Aus diesen Gründen gibt es Schauspielschulen, die ihren Schülern empfehlen, sich rolfen zu lassen.

Bei *Sängern* erhöht Rolfing das Stimmvolumen und die Modulation.

Pianisten gelangen zu einer besseren, flexibleren Sitzhaltung und Finger, Hände und Arme werden beweglicher, sensibler und leichter. Dadurch erhöht sich die Qualität ihres Spieles. Analoges gilt auch für andere Musiker.

Bei *Sportlern* verfeinert Rolfing die Bewegungsabläufe und verbessert die ästhetische Qualität. Zusätzlich gewinnen Sportler ihren vollen Bewegungsspielraum und steigern damit ihre Wendigkeit, Reaktionsfähigkeit und ihre Leistung im Bereich Geschwindigkeit. Bei Verletzungen im Bewegungsapparat (Brüche und Risse ausgeschlossen) können Rolfer sowohl hervorragend Erste Hilfe leisten als auch während der Heilung diese beschleunigen. Durch ältere Verletzungen bereits eingeschränkte Beweglichkeit wird mit Rolfing ganz oder teilweise zurückgewonnen.

In Tätigkeitsfeldern, wo es um Kontakt mit anderen Menschen, um *Kommunikation* und *Präsentation* geht wie in der *Politik, vor Gericht*, im *Management, Beratung* und *Verkauf*, verbessert Rolfing die Fähigkeit, den eigenen Körper bewußt und elegant als Kommunikations- und Wahrnehmungsinstrument einzusetzen. Zudem läßt sich Rolfing dort als *Anti-Streß-Training* nutzen, indem man in den Rolfingsitzungen herausfindet, wie man im eigenen Körper mit Spannungen umgeht und wie man in gespannter Situation Ruhe im eigenen Körper finden kann, um einen kühlen Kopf zu bewahren.

Die nächste Ebene, auf der die Zielorientiertheit des Rolfing zum Ausdruck kommt und den Kurzzeittherapiecharakter dieser Methode unterstützt, ist die Ebene der Sitzungsziele. Beim Rolfing gibt es im Gegensatz zu den anderen Körperarbeits- oder Massagemethoden keine bestimmten Griffe, Punkte oder Bewegungen, die es von Sitzung zu Sitzung anzuwenden gibt. Statt dessen verfolgt ein Rolfer in jeder Sitzung ein bestimmtes Ziel. Das jeweilige Sitzungsziel ist im „Rolfingrezept" von Ida Rolf festgelegt und beschrieben. Die Aufgabe, dieses Ziel zu verfolgen, hat sinnvollerweise der Rolfer. Falls ein Klient mich fragt, „was denn heute dran" ist, gebe ich ihm vor der Sitzung oder danach gern eine kleine Beschreibung. Darüber hinaus ist es sinnvoll, wenn der Klient sich möglichst gut auf das, was während der Sitzung geschieht, kinästhetisch konzentriert und so wenig wie möglich durch theoretische, visuelle oder auditive Vorstellungen abgelenkt wird. Deshalb erscheinen Rolfer manchen Klienten etwas wortkarg.

Auf welche Art der Rolfer das jeweilige Ziel erreicht, ist gleichgültig. Der Geschicklichkeit und Kreativität sind keine Grenzen gesetzt. Dadurch kann es sein, daß die Arbeit von verschiedenen Rolfern recht unterschiedlich aussieht. Trotzdem ist das Ergebnis ähnlich. Nach Ida Rolfs Tod haben erfahrene Rolfer die „Rezepte" der einzelnen Sitzungen wiederholt kritisch geprüft und sind bisher immer wieder zu dem Ergebnis gekommen, daß es nach wie vor die sinnvollste Möglichkeit ist, den Körper in Richtung der beschriebenen Idealvorstellung zu verändern.

Die vierte und letzte Ebene, auf der sich die Zielorientiertheit des Rolfing verdeutlicht, sind die einzelnen Griffe und Manipulationen. Da der Rolfer weiß, wie sich ein gut funktionierendes Körpergewebe anfühlt und sich bewegt, kann er bei und nach jeder Bewegung, die er am oder im Gewebe des Klienten macht, feststellen, ob er sein momentanes Ziel erreicht hat, oder ob er die entsprechende Körperpartie noch einmal oder auf eine andere Art und Weise bearbeiten muß. Dadurch entsteht ein intensives Zwiegespräch oder anders ausgedrückt, ein feines, schnell funktionierendes Feedbacksystem zwischen den Händen des Rolfers und dem Körper des Klienten.

Die Wirkung dieses Feedbacksystems auf den Klienten können Sie mit Hilfe einer Übung mit sich selbst nachempfinden: Konzentrieren Sie sich bitte auf Ihren Brustkorb und spüren Sie einen Moment ... Schließen Sie jetzt bitte die Augen und spüren Sie weiter ... Legen Sie nun bitte eine Hand auf die Brust und spüren Sie wieder ... Danach begleiten Sie aktiv mit Ihrer Hand die Bewegung Ihres Brustkorbes und geben evtl. noch etwas Druck beim Ausatmen.

3.4.1.2 Ziele beim NLP

Ziele im Sinne von Idealvorstellungen sind für das NLP bisher weniger klar formuliert als beim Rolfing. Deshalb ist es mir besonders im vierten Kapitel ein Anliegen, für mehr Klarheit zu sorgen, unter dem Vorbehalt, daß es beim NLP gerade keine einschränkenden Ideologien darüber gibt, in welche Richtung sich ein Klient entwickeln sollte.

Trotzdem lassen sich an dieser Stelle bereits einige allgemeine Ziele beschreiben:

- eine möglichst große Genauigkeit der Wahrnehmung – visuell, auditiv, kinästhetisch, olfaktorisch, gustativ – von der äußeren Umgebung und inneren selbstproduzierten Reizen und
- die differenzierte und flexible Verarbeitung dieser Wahrnehmung und eine sich daraus ergebende Flexibilität im Verhalten.

- Schnelligkeit und Genauigkeit beim Erreichen eines Ziels, selbst wenn es darum geht, endlich langsamer zu essen oder endlich mal „fünfe gerade sein zu lassen".
- Jede Veränderung, die mit NLP angestrebt wird, soll ökologisch sein und ein selbstgewähltes Ziel des Klienten darstellen.
- Schließlich ist respektvolle Kommunikation zwischen Menschen ein NLP-Ziel.

Das Therapieziel wird vom Klienten mit Unterstützung des Therapeuten festgelegt. Dazu können NLP-Techniken wie die wohlgeformte Zieldefinition, der New Behaviour Generator oder der Balancebalken gewählt werden. Darüber hinaus ist NLP genauso wie das Rolfing besonders geeignet, um berufsbezogene Ziele und Tätigkeiten zu verbessern und zu erweitern.

Die Definition eines Sitzungszieles kann ebenfalls nur in Zusammenarbeit von Therapeut und Klient geschehen, wobei als NLP-Technik ebenfalls die wohlgeformte Zieldefinition in Frage kommt, da sie in relativ kurzer Zeit durchgeführt werden kann. Möglicherweise haben sich aber die Sitzungsziele bereits aus der vorhergehenden Sitzung ergeben, so daß eine genaue Formulierung unnötig ist. Statt dessen knüpft man mit Hilfe eines Ankers, der in der letzten Sitzung festgelegt wurde, an das bereits begonnene Thema an. Solch ein Anker kann ein Wort, ein Satz, eine Körperhaltung oder -bewegung oder ein Bild oder Anblick sein. Ein weiteres Sitzungsziel behält der Therapeut im Auge – nämlich daß der Klient in einer guten Physiologie die Therapie verläßt, um seinem Alltag unbeschwert nachgehen zu können.

Genauso wie beim Rolfing dient dem NLP'ler der Körper des Klienten als Quelle für Feedback darüber, wie die therapeutische Arbeit verläuft. Verschieden ist nur, daß der NLP-Therapeut sich in der Regel nur seiner Augen und Ohren als Wahrnehmungssysteme bedient. Er achtet darauf, ob der Klient im Verlaufe der Arbeit eine ressourcevollere Physiologie entwickelt. Welche neuen Informationen er durch das Auftreten problematischer Physiologien erhält, dient dem Therapeuten zur Informationsgewinnung über die Art, wie der Klient seine Schwierigkeiten erlebt und wie dieses Erleben verändert werden kann.

3.4.2 Prozeß und Struktur versus Inhalt und Ausdruck

Das kennen Sie vielleicht auch: Sie fühlen sich zur Zeit richtig gut. Es ist Ihr Tag. Die Arbeit war angenehm und das Wetter zum Feierabend hin schön. Nun treffen Sie einen Freund oder eine Freundin auf einen Kaffee oder ein Bier, nur mal so zum Erzählen. Dem Freund geht es eher schlecht, das sagt er Ihnen auch schon am Telefon. Das stört Sie gar nicht,bei Ihnen ist ja alles in Ordnung, und außerdem ist es manchmal auch ganz schön, jemanden beraten zu können. Nun sitzen Sie irgendwo bequem und genießen die Nachmittagssonne, und Ihr Freund beginnt zu erzählen. Sie hören zu und versuchen, ihn zu trösten, geben ihm vielleicht einen guten Rat. „Leider" – erklärt ihnen ihr Freund – „ist das alles nicht so einfach, wie du es dir vorstellst". Und er fährt fort, seine traurige Situation zu schildern. Sie werden etwas mutlos und neigen sich ihrem Freund zu, der sowieso schon ziemlich zusammengesunken dasitzt. Dabei beginnen Sie, ihn zu verstehen und fühlen sich ihm näher. Gleichzeitig erinnern Sie sich, daß Sie solche Probleme eigentlich auch haben. „Wie konnte ich das nur so verdrängen?", fragen Sie sich. „Eigentlich ist es wirklich wichtig, diese Schwierigkeiten einmal anzugehen." So reden Sie nun gemeinsam noch eine Weile, und die Probleme türmen sich vor Ihnen auf, trüben den blauen Himmel und sorgen für eine gedrückte Stimmung am Abend – auch wenn es doch wirklich ein sehr vertrautes und wichtiges Gespräch war – ...und wie die Zeit dabei verflogen ist.

So oder so ähnlich geht es manchmal in der Therapie und besonders mit den liebsten Klienten. Man „verheddert" sich im traurigen oder dramatischen Inhalt und entwickelt viel Empathie. Dabei ist Empathie sicher eine der schönsten Seiten der Arbeit als Therapeut. Auf der anderen Seite ist es wenig hilfreich, den Klienten und sich selbst länger als nötig mit schwierigen, unklaren und unangenehmen Gedanken zu belasten. Daher ist die Tatsache, daß man beim NLP auch mit wenig oder ganz ohne inhaltliche Kenntnis der Schwierigkeiten des Klienten hilfreich und effektiv Probleme bewältigen kann, eine der wesentlichen Verbesserungen und Erleichterungen, die NLP für die therapeutische Arbeit bietet. Gleichzeitig verkürzt sich durch inhaltserleichtertes, prozeßorientiertes Vorgehen die Bearbeitung eines Problems enorm.

Um das Beispiel vom Anfang zu benutzen, hätten Sie als NLP'ler Ihrem Freund Ihre Zuneigung schon ganz zu Anfang gezeigt und hätten ihn gefragt, ob er sein Problem gerne lösen möchte, damit Sie hinterher noch den Sonnenuntergang im Grünen bewundern können oder ins Kino gehen oder von Ihrem angenehmen Tag berichten können oder auch gleich noch ein zweites Problem lösen können.

Nehmen wir also an, Ihr Freund willigt ein. Dann bitten Sie ihn als nächstes, sich sein Problem innerlich noch einmal so richtig zu vergegenwärtigen und herauszufinden, ob es in eine Struktur zu fassen ist. Wie zum Beispiel: „Immer wenn das und das passiert, tue ich oder fühle ich mich ..." oder „Ich kann mich in diesem Konflikt einfach nicht entscheiden" oder „Ich weiß immer noch nicht genau, wie mein Ziel eigentlich aussieht". Als NLP'ler wissen Sie nun, daß Sie Ihren Freund im ersten Fall durch den Prozeß eines Six-Step-Reframings, im zweiten durch das Verhandlungsmodell und im dritten durch die wohlgeformte Zieldefinition begleiten. Das heißt, Sie beschäftigen sich mit der Art und Weise, wie Ihr Freund ein Problem erlebt, also mit dem Prozeß statt mit dem Inhalt, und damit, welche Arten darüber nachzudenken er außer acht läßt, um ihn zu unterstützen, die ausgelassenen Denkweisen mit einzubeziehen. Beispielsweise nimmt Ihr Freund wahrscheinlich ausschließlich die negativen Aspekte seiner Situation wahr und vergißt die sekundären Gewinne* oder positiven Absichten, die in jedem Problem stecken, oder bei der Suche nach einem Ziel bezieht er viele Erinnerungen ein, die ihm zeigen, wie es nicht sein soll, anstatt sich positive anziehende Zukunftsbilder zu konstruieren, die es ihm erlauben, aufzuatmen und sich wohl zu fühlen. Dabei genießen Sie die Sonne und tun weiterhin Dinge, mit denen Sie sich beide näherkommen und wohlfühlen.

Eine andere Möglichkeit, prozeßorientiert mit NLP zu arbeiten, nenne ich das „Sinnessystem** putzen". Dazu konzentriert man sich selbst oder einen Klienten auf je ein Sinnessystem und übt die Wahr-

---

* Sekundäre Gewinne sind indirekte Vorteile, die sich aus einem Problem ergeben. Zum Beispiel: Die Unfähigkeit (Phobie), alleine ein Fahrzeug zu steuern, hat den sekundären Gewinn, daß der Betroffene alle Dinge, zu dessen Erledigung er ein Auto braucht, in Gesellschaft machen kann.

** Diese ursprüngliche „Technik der Fünf Sinne" wurde von *Cora Besser-Siegmund* entwickelt und ist in „Easy Weight" beschrieben.

nehmung möglichst vieler Submodalitäten (vgl. Kap. 1.4.1.) Dabei beginnt man am besten mit denen, die „natürlicherweise" da sind und geht dann zu denen über, die schwieriger vorstellbar sind. Die Kreativität wird grenzenlos, wenn es um neue Kombinationen von verschiedenen Submodalitäten geht, die bisher noch nicht vorhanden waren. Mit dieser Methode kann man überraschende Veränderungen bei sich selbst oder bei Klienten erzielen, da veränderte Denkprozesse immer den Inhalt des Denkens und Handelns beeinflussen. Man denkt im wahrsten Sinne des Wortes nicht mehr so eingleisig oder eindimensional.

Wenn Sie mögen, probieren Sie es doch gleich einmal aus:
Schließen Sie die Augen und entspannen Sie sich so, wie Sie es am einfachsten können. Richten Sie Ihre Aufmerksamkeit auf Ihre momentanen inneren Wahrnehmungen. Achten Sie darauf, in welchen Sinnessystemen (VAKO) Sie leicht und in welchen Sie weniger leicht verweilen können. Pendeln Sie dann bitte eine Weile; immer wenn Sie die Wahl haben, in die Kinästhetik zu gehen und wenn Sie dazu in einem Körperbereich eine angenehme Wärme verspüren, beginnen Sie die Submodalitäten zu variieren: Die Ausdehnung größer oder kleiner, die Form rund, kugelförmig, flach, oval, punktförmig, eckig usw., den Rhythmus von fließend bis zuckend, den Ort vom Arm ins Bein, vom Kopf in die Füße oder umgekehrt usw., die Temperatur von heiß bis kalt, die Begrenzung von nahezu unmerklich, übergehend bis abgetrennt.

So, wie man die Flexibilität der einzelnen Sinnessysteme übt, kann man auch den Wechsel der bewußten Aufmerksamkeit von einem auf das andere Sinnessystem trainieren. Diese Übung dient dazu in Situationen, in denen man sich unflexibel oder anders, als man es sich wünscht verhält, neue Möglichkeiten zu entwickeln. Wenn zum Beispiel jemand im Streit normalerweise besonders seine Körpergefühle wahrnimmt und daraufhin seine Gegner verprügelt, kann man mit ihm die Fähigkeit entwickeln, bei einem Streit stärker als bisher auf das zu achten, was er hört und sieht. Dadurch ist sozusagen „automatisch" die Konzentration auf das Körpergefühl geringer und, es kommt eher zu verbaler oder visueller Auseinandersetzung.

NLP beschäftigt sich damit, wie man bestimmte einschränkende Denk- und Wahrnehmungsprozesse und Strategien ändern kann. Dadurch spart sich der Therapeut die Interpretation und Umbenennung der Geschehnisse und Verhaltensweisen im Leben des Klienten zu Symptomen oder Problemkomplexen. Zudem kann der Klient seine realen Probleme verbal ohnehin nur eingeschränkt darstellen. Deshalb versucht der NLP-Therapeut nicht, anhand langer Erzählungen die Probleme im Leben des Klienten zu verstehen und zu analysieren, um sie schließlich zu verändern. Statt dessen variieren Therapeut und Klient genau die persönlichen Wahrnehmungen, Verarbeitungsstrategien und Verhaltensweisen, die den Klienten bei Problemen oder in schwierigen Situationen stören. Die Umsetzung dieser neuen Möglichkeiten in inhaltliche Veränderungen findet im Lebensalltag mit Kollegen, Freunden, Familie und in der Auseinandersetzung mit Berufs- und Lebenszielen statt.

Ebenso wie beim NLP werden beim Rolfing direkt die Dinge verändert, die nicht oder eingeschränkt funktionieren. Übertragen auf Rolfing bedeutet diese Denkweise, daß genau die Körperbereiche und -stellen bearbeitet werden, die sicht-, spür- und tastbar verhärtet, zu weich, unbeweglich oder ähnliches sind.

Bei vielen anderen Körpertherapien, z.B. Bioenergetik, Reichsche Körperarbeit, Posturale Integration und Rebalancing, stehen dagegen die mehr oder weniger traumatischen Gefühle und Erfahrungen, die in bestimmten Körperbereichen oder Punkten festgehalten sind, im Vordergrund. In diesen Körperarbeitsmethoden geht es – sehr verkürzt dargestellt – darum, durch Körperübungen oder Manipulationen am Körper ein bestimmtes Trauma zu reaktivieren, die festgehaltenen Gefühle kathartisch zu entladen, um sie anschließend im Gespräch aufzuarbeiten. Dies führt zu einem freieren Fließen der Gefühle und langfristig auch zu einer Veränderung des Körpers.

Ida Rolf vertrat in bezug auf diese Arten der Körpertherapie lange Zeit eine sehr extreme, andere Meinung, die sie zusammenfaßte in der Aussage: „There is no psychology only Physiologie".

Meiner Ansicht nach sind es oft nicht einzelne dramatische Erlebnisse, die den Körper unbeweglich, gebeugt oder energielos machen, sondern vielmehr langfristige Unwissenheit, schlechte Angewohnheiten und die in jedem Augenblick wirkende Schwerkraft, die jede kleine Fehl- oder Schonhaltung negativ verstärkt. Dadurch fühlen sich nach Jahren kleine Verschiebungen oder Spannungen im Körper sehr hart und belastend an, und man kommt leicht auf die Idee, daß etwas Schreckliches dahinter stecken müsse. In solchen Fällen kann man mit Rolfing gezielt und dauerhaft den Körper verändern und mit dem Klienten gesündere Haltungsmuster einüben. Die Lösung von kleinen Traumata, die in jedem Menschen stecken, erlebt der Klient während und nach seiner Rolfingzeit vorzugsweise in Träumen, in neuen ungewohnten Gefühlen oder in neuen Gefühlsabläufen, in der Sexualität, beim Streiten, beim Spielen und Entspannen, in der Freizeit oder vor dem Einschlafen. Also in Alltagssituationen, in denen es nicht um feste Abläufe geht, sondern um Momente, in denen man dem Gefühl und der Kreativität freien Lauf lassen kann.

Auf der anderen Seite gibt es natürlich auch wirkliche Traumata wie Verletzungen, schwere Krankheiten, Vergewaltigungen und andere Mißhandlungen sowie langanhaltende Situationen mit psychischen oder seelischem Druck. In diesen Fällen arbeitet der Rolfer langsamer und besonders behutsam, so daß der Klient Schritt für Schritt seinen Körper entspannen kann, bestimmte Erinnerungsbilder oder Geräusche dabei wiedererlebt und gleichzeitig bewußt bleibt, daß diese Erfahrung der Vergangenheit angehört und daß heute nur noch kleine Teile seines Körpers und seiner Lebenserfahrung von diesem Trauma betroffen sind, oder daß er von nun an neue Erfahrungen mit einem besseren Körpergefühl machen kann. Auf diese Weise kann der Klient genau die Prozesse in seinem Körper verfolgen, die ihn flexibler und aufrechter machen, ohne sich in der Vielzahl und Intensität der Gefühle, Bilder und akustischen Eindrücke während einer Katharsis zu verlieren. Gleichzeitig halte ich kathartische Erlebnisse, noch dazu in liebevoller Begleitung durch einen anderen Menschen oder in der Gruppe, für wunderbare und wertvolle Erlebnisse, die Körper und Geist beleben, die Lebensfreude steigern, den Alltag unterbrechen und auch Veränderungen im Leben bewirken können. Gezielte körperliche Veränderungen, die sinnvoll in Beziehung zur Schwerkraft vom übrigen Körper unterstützt werden und dadurch aufrecht erhalten werden, sind jedoch so kurzfristig nicht zu erreichen, sondern dadurch, daß man sich wie beim Rolfing auf den Körper, so wie er zur Zeit funktioniert, konzentriert und die Verhärtungen, Verklebungen und Stoffwechselablagerungen löst, die einer frei beweglichen, aufrechten Körperstruktur im Wege liegen.

Rolfing und NLP sind „Kurzzeittherapien". Das ergibt sich aus folgenden Punkten:

Der erste ist die Zielorientiertheit beider Methoden. Nur wenn man weiß, wo das Ziel liegt, kann man es auf dem kürzesten Weg erreichen, und wenn man es ständig vor Augen hat, kann man jederzeit feststellen, ob man noch auf dem richtigen Weg ist. Dementsprechend verfolgen Rolfer und NLP'ler auf vier Ebenen festgelegte Ziele: Idealvorstellungen vom Menschen, Therapieziele, Sitzungsziele und ständige Feedbackschleifen während der Sitzungen.

Der zweite Punkt ist die Konzentration der beiden Methoden auf den Prozeß bzw. auf die Körperstruktur. Dabei kann weitgehend auf eine Auseinandersetzung mit dem Inhalt des Problems oder analog mit den Gefühlen, die im Körper festgehalten sind, verzichtet werden.

3.4.3 Die Grenzen der Kurzzeittherapie

Wie bereits beschrieben, ist es beim Rolfing nötig, langsamer und behutsamer zu arbeiten, wenn ein starkes Trauma der Grund für eine Verspannung im Körper ist. Ein starkes Trauma bedeutet, daß das Erlebnis eine starke schmerzhafte körperliche Verletzung war und gleichzeitig mit visuellen und akustischen und olfaktorisch/gustativen Eindrücken verbunden war, die zu dem Zeitpunkt und in der Situation für die Person nicht integrierbar waren. Dementsprechend geht die Veränderung des Körpers gemäß der Rolfingziele in solchen Fällen langsamer vor sich.

Genauso können auch schlechte Angewohnheiten im Umgang mit dem Körper von der Umwelt und den Lebens- und Arbeitsbedingungen immer wieder so unterstützt werden, daß die positiven Veränderungen durch Rolfing mit der Zeit etwas nachlassen. Beispielsweise kann es passieren, daß jemand durch Rolfing einen schönen, geraden Rücken und aufrechten Hals und Kopf bekommt und er zudem noch groß ist. Möchte er sein Aufrechtsein und seine Länge behalten, fällt es ihm nun schwerer, seinen Freunden und Bekannten im wahrsten Sinne des Wortes seine Zuneigung zu zeigen. Möglicherweise fühlt er sich ein bißchen einsam und gibt deshalb, auch wenn sein Körpergefühl dabei weniger angenehm ist, etwas von seinem Aufrechtsein auf.

Weitere Probleme können schlechte Arbeitsbedingungen wie ständige Schreibtischarbeit, Sitzmöbel, die die Funktion des Körpers eher hemmen als fördern, Schönheitsideale, die die Körperstruktur verschlechtern, wie das Hohlkreuz, das den Po betont, bodygebuildete Muskeln, die die Beweglichkeit der Gelenke einschränken und die Wirbelsäule unter Druck setzen, mit sich bringen.

Schließlich sei der Atem erwähnt: Das Atemvolumen gestattet nur bei sehr wenigen Menschen die volle Ausdehnung des Brustkorbes und eine Atembewegung, die von innen den Körper beweglich und lebendig erhält. In einem gut funktionierenden Körper mit idealer Entwicklung des Brustkorbes und des Atems wird bei jedem Atemzug jede Körperzelle ein wenig angespannt und wieder entspannt. Dadurch werden alle vitalen Prozesse aktiviert und in Gang gehalten. Da dies nur bei sehr wenigen erwachsenen Menschen der Fall ist und wir vom NLP wissen, daß Pacing gute Beziehungen erzeugt, liegt es nahe und ist für den geschulten Blick ständig zu beobachten, daß sich viele Menschen besonders auf subtilen Ebenen wie dem Atem unbewußt in für den Körper negative Prozesse pacen. Gerade solche subtilen Pacingprozesse, wie der gleiche Atemrhythmus, sind für guten Rapport und intensive Kontakte sehr wichtig. Die Wirksamkeit dieses Pacingprozesses können Sie, wenn Sie möchten, leicht überprüfen. Pacen Sie dazu den Atemrhythmus eines anderen Menschen, während Sie gemeinsam essen, fernsehen oder schweigend im Auto oder Zug sitzen. Solche Prozesse fördern im Alltag unbewußt sehr stark den Rapport zwischen Menschen. Gleichzeitig wird es dadurch leider für den einzelnen Menschen sehr schwer, eine durch Rolfing bewirkte und als sehr angenehm empfundene Feinabstimmung des Atems und der damit verbundenen Körperstrukturen vollständig beizubehalten.

Das gleiche, wie am Beispiel des Atems dargestellt, gilt für viele weitere kleine, für den Laien kaum wahrnehmbare Verspannungen und Fehlhaltungen – beispielsweise ständig leicht angespannte Schultern oder Nacken, Becken- und Bauch- und sogar Gesichtsmuskulatur. Überlegen Sie einmal, wann Sie ein wirklich entspanntes, gleichzeitig wohlgespanntes Gesicht haben und wie oft Sie solche Gesichter in Ihrer Umgebung sehen.

Wenn Sie mögen, können Sie Ihr Gesicht hier mit folgender Übung entspannen:

Am besten legen Sie sich auf den Rücken und beginnen damit, daß Sie Ihre Augen schließen. Dann lassen Sie Ihren Unterkiefer fallen ... und stellen Sie sich nun bitte vor, daß Ihre Wangen von der Nase aus nach hinten entspannen ... wenden Sie sich nun Ihren Augen zu und lassen Sie Ihre Augenlider ganz leicht werden ... so dann entspannen Sie Ihre Stirn, indem Sie sie erst etwas krausen und dann die Muskeln loslassen ... schließlich verweilen Sie noch ein bißchen und atmen sanft und leicht ...

Diese Übung funktioniert auch im Sitzen. Dazu setzen Sie sich bitte so aufrecht wie möglich hin und entspannen Sie Ihren Atem .... Als nächstes achten Sie auf Ihren Hals und besonders auf die Stelle, an der der Nacken in den Kopf übergeht und stellen Sie sich dort ein breites Lächeln vor ... führen Sie nun die Übung wie oben weiter.

Neben subtilen Pacingprozessen gibt es einschränkende Körperstrukturen, die die Rolfingveränderungen erschweren, weil sie mit der Identität oder mit sehr lange bestehenden Glaubenssätzen verbunden sind. In solchen Fällen läßt sich die Körperstruktur zwar dauerhaft verbessern, jedoch bleibt eine kleine Tendenz zu der betreffenden Körperstruktur erhalten, so daß die Person ihre Identität behält.

Für eine Identitätsveränderung lassen sich die meisten Menschen gerne viel Zeit – es sei denn, sie sind aufgrund von lebensbedrohlichen Krankheiten oder besonders reizvollen Zukunftsaussichten, für dessen Erreichung sie, ohne es zu wissen, ihre Identität ändern müssen, hochmotiviert, ihre bisherige Identität aufzugeben für eine andere, die, solange wie man noch in der alten ist, unfaßbar und unübersehbar bleibt und damit subjektiv ein hohes Risiko beinhaltet.

Die gerade beschriebenen Beispiele zeigen die Grenzen des Rolfing als Kurzzeitkörpertherapie. Deshalb ist der ursprüngliche strenge Anspruch von Ida Rolf, daß jeder Mensch nur einmal in seinem Leben gerolft werden soll, im Rolfinstitut seit langem aufgegeben. Statt dessen gibt es verschiedene Möglichkeiten, die Veränderungen weiter zu führen oder nach einiger Zeit wieder aufzufrischen.

Zur Unterstützung und Vertiefung der Rolfingerfahrung während oder auch kurz nach den zehn Sitzungen wurde das Rolfing Movement entwickelt. Damit lassen sich subtile einschränkende Bewegungen und Haltungen und die damit verbundenen Gefühle bzw. Gefühlsinhalte bewußt machen und verändern. Gleichzeitig wird herausgefunden, durch welche Bewegungsgewohnheiten jemand seine einschränkende Körperstruktur aufrecht erhält und wie sie geändert werden kann. Beim Rolfing Movement wird viel mit Bewegung – statt Manipulationen – und mit psychischen Aspekten der Körperstruktur gearbeitet.

Eine zweite Möglichkeit, die Rolfingerfahrung weiter zu führen, ist das Advanced Rolfing. Es besteht aus fünf Sitzungen, in denen ganz besonders tief und genau gearbeitet werden kann, da der Klient durch seine – selbst weit zurückliegenden – Rolfingsitzungen darauf vorbereitet ist. Außerdem unterscheiden sich diese Sitzungen von der Grundserie in der Weise, daß der Klient bei der Arbeit mehr in der Schwerkraft bleibt, also sitzt oder steht. Dadurch kann der Rolfer die Auswirkungen seiner Manipulationen direkter beobachten.

Schließlich besteht die Möglichkeit, entweder regelmäßig etwa einmal im Jahr oder nach besonders streßgeplagten Zeiten oder immer dann, wenn man es für an der Zeit hält, ein paar Auffrischsitzungen – ca. drei – nach Beratung mit dem Rolfer zu nehmen.

Auch mit NLP können und dürfen in bestimmten Situationen Veränderungen und Therapien länger dauern. Dies ist erstens der Fall bei Verhaltensweisen, kinästhetischen Prozessen oder Phantasien – visuell oder auditiv – die in sehr vielen Lebensbereichen auftreten und sehr lange bestehen und die Identität betreffen. Bei solchen Problemen gibt es nämlich nicht nur ein paar Erfahrungen, die man mit einer Change History, Six Step Reframing, Reimprinting usw. verändern kann. Statt dessen gibt es ein ganzes Netzwerk von Glaubenssätzen, inneren Bildern und Gefühlen, die es zu verändern gilt, dazu noch in einer ökologischen Zeit und Reihenfolge, so daß allein die Bearbeitung des Problems in den Sitzungen mehr als ein paar Stunden braucht, ganz abgesehen von der Integration der Veränderung in den Alltag, wo sich sozusagen an jeder Ecke etwas wandeln muß, um die vollständige Veränderung des Problems zu verwirklichen.

Ein zweiter Faktor, der es erforderlich macht, in der Therapie langsam zu arbeiten, ist gegeben, wenn die äußeren Ressourcen, wie Freunde, Familie, Wissen, Fähigkeiten, materielle Mittel des Klienten so klein sind, daß die gewünschte Veränderung in diesem Rahmen unökologisch wäre. In diesem Fall müssen eine ganze Reihe von

Fähigkeiten und Verhaltensweisen erarbeitet werden, die den Klienten motivieren und in die Lage versetzen, seine Ressourcen zu erweitern. Möglicherweise wird die Therapiesituation in diesem Falle für eine Zeitlang Modell und Ersatz für die nötigen Ressourcen.

Die dritte Möglichkeit, die eine NLP-Therapie verlängern kann, wenn sie nicht ohnehin abgebrochen wird, ist eine geringe oder stark schwankende Motivation. In dieser Situation hat der Klient oft besonders viel Ressourcen bzw. Möglichkeiten, sein Problem zu überbrücken oder sich davon abzulenken. Dadurch taucht es als Problem zwar immer wieder mal auf oder besteht ständig, aber unauffällig, jedoch gibt es jede Menge Gründe, es „doch nicht jetzt gleich" zu verändern.

Der vierte Faktor, der NLP-Therapien verlängern kann, sind Rapportschwierigkeiten. Hier geht es oft um ein altes Kontakt- und Vertrauensproblem. Dabei fällt es dem Klienten grundsätzlich schwer, Nähe und Vertrauen zu anderen Menschen zu entwickeln. Gleichzeitig ist letzteres aber Voraussetzung für eine schnelle, effektive Therapie. In dieser Situation werden Therapeut und Klient, unabhängig davon, was sonst in der Therapie bearbeitet wird, eine Menge Zeit auf die Bildung eines Vertrauensverhältnisses – Rapport – verwenden. Falls der Therapeut selbst den Eindruck hat, daß er nicht in der Lage ist, einen guten Rapport zum Klienten herzustellen, kann es zum Wohle des Klienten wichtig sein, ihm einen anderen Therapeuten zu empfehlen.

Eine andere Möglichkeit, um den Rapport bei Widerständen auf der Seite des Therapeuten doch noch herzustellen, ist, daß der Therapeut sich in Supervision begibt, um seine eigene Flexibilität zu erhöhen, so daß er seinem Klienten ein effektiver, vertrauenswürdiger Berater und Begleiter bei der angestrebten Veränderung sein kann.

In der tatsächlichen Interaktion zwischen Therapeut und Klient ist in der Regel nicht so eindeutig wie oben beschrieben festzulegen, wo die Rapportschwierigkeiten eigentlich liegen. Deshalb läßt sich zusammenfassend sagen, daß in einer Therapeut-Klient-Beziehung mit problematischem Rapport der Therapeut herausgefordert ist, besonders sorgsam und aufmerksam auf allen Ebenen seiner Wahrnehmung – VAKO – zu sein, um auch bei gegenseitigen oder mehr oder weniger einseitigen Widerständen hilfreich zu sein.

Um den begrenzenden Rahmen des NLP als Kurzzeittherapie in den vier soeben beschriebenen Situationen zu erweitern, gibt es verschiedene Möglichkeiten. Gemeinsam ist allen Möglichkeiten, daß sich die Zeit der Therapeut-Klient-Beziehung verlängert. Je nach Art der Schwierigkeit geschieht letzteres auf unterschiedliche Weise.

Bei Problemen der ersten Kategorie – lange bestehende, die durch viele Lebensbereiche gehen – muß der Gesamtzeitrahmen groß sein, Monate oder ein Jahr und länger. Der Abstand der Sitzungen kann variieren. Immer wenn für einen Bereich neue Erlebens- und Verhaltensmöglichkeiten innerhalb von ein paar eng beieinanderliegenden Sitzungen – ein- oder zwei pro Woche – erarbeitet sind, kann der Abstand bis zur nächsten Sitzung groß sein, damit die neuen Möglichkeiten erprobt werden können. Therapeut und Klient legen dazu einen entfernten Termin fest. Gleichzeitig sollte der Klient die Chance behalten, vorher weiterzumachen, wenn Schwierigkeiten, die für ihn allein unüberwindlich erscheinen, auftreten, oder wenn er die neuen Verhaltens- und Empfindungsmöglichkeiten schneller integriert hat und er weiterarbeiten möchte.

Im zweiten Fall – der Klient besitzt wenig äußere Unterstützung und Ressourcen* – muß der Therapeut für eine längere Zeit diesen Mangel ausgleichen, indem die Sitzungen regelmäßig und in kleineren Abständen stattfinden. Nach einigen Monaten, wenn der Klient sich mehr Rückhalt verschafft hat, können die Zeitabstände zwischen den Sitzungen größer werden.

Wenn der Klient, wie in der dritten Situation, wenig motiviert ist, kann man sich dieser Gegebenheit anpassen, indem die Sitzungen weit auseinanderliegen – z.B. einmal im Monat. Gleichzeitig sollten die Termine so gewählt sein, daß der Klient zur Sitzung selbst mit möglichst viel Motivation, sein Problem zu lösen, erscheint. Zum Beispiel: bei latenten Eheproblemen, die dadurch, daß Kinder und Arbeit davon abhalten, verdrängt werden, könnte die NLP-Sitzung vor oder nach einem Abend oder Tag allein mit dem Partner terminiert werden. Darüber hinaus kann es hilfreich sein, die Motivationsstrategie des Klienten zu verbessern. Dazu kann der Therapeut den

* Falls, wie es vorkommt, wenig äußere Ressourcen wenig Geld bedeutet, muß der Therapeut die Rapportfähigkeiten des Klienten so erhöhen, daß letzterer so schnell wie möglich einen so guten Rapport zu seinem Therapeuten herstellt, daß dieser bereit ist, den Klienten umsonst zu behandeln.

Klienten fragen, ob er motiviert ist, seine Motivation zu verbessern. Ist er das, kann man gemeinsam die Bedingungen dafür klären und entsprechende Maßnahmen in die Tat umsetzen.

Im vierten Fall – bei Rapport-Schwierigkeiten – kann der Therapeut die NLP-Therapie dadurch verlängern, daß er vermehrt Phasen von „normaler Kommunikation", also inhaltsbezogene Sitzungen besonders am Anfang der Therapie nutzt, um die Stimmung zwischen sich und dem Klienten für die eigentliche therapeutische Arbeit vorzubereiten. Solche Rapport- und Erzählsitzungen können auch zwischen „richtigen" NLP-Sitzungen mit viel Prozeßarbeit eingestreut werden. Dadurch wird entweder der Rapport aufgefrischt und gehalten oder diese Stunden können dem Klienten als „Spielwiese" für seine neuen Kontaktfähigkeiten dienen. Im letzten Fall sollte der Therapeut am Ende der Sitzung nicht versäumen, mit Hilfe eines Futurpaces dem Klienten die Übertragung seiner in der Sitzung gemachten Erfahrungen in den Alltag zu erleichtern.

Lassen Sie mich für eine Übung davon ausgehen, daß die Erfahrung, dieses Buch zu lesen, irgendwelche positiven Aspekte für Sie hat. Vielleicht ist irgend etwas interessant oder macht Spaß oder der Ort, an dem Sie sich befinden und wie Sie dort sitzen, stehen oder liegen, ist angenehm, oder Sie lesen, um mit jemandem später darüber zu sprechen usw., usw. ... Egal, welche positiven Aspekte es auch sein mögen, überlegen Sie einmal, wo und wann in der Zukunft Sie das, was Sie jetzt erleben, gerne so ähnlich wiedererleben möchten. Wie wird es dort aussehen, was wird zu hören sein, wie werden Sie sich fühlen, und wie wird es dann dort riechen und was für ein Geschmack gehört zu dieser Situation in der Zukunft, so daß Sie eine mindestens ebenso schöne Erfahrung machen wie das, was Sie im Moment an positiven Aspekten erleben.

Finden Sie bitte noch zwei weitere Situationen in der Zukunft, auf die gerade beschriebene Art und Weise, damit Sie eine kleine Auswahl an Möglichkeiten haben. Wenn Sie die Übung beenden, bedanken Sie sich bei ihrer Kreativität und Ihrem Unbewußten für die gute Zusammenarbeit.

Zusammenfassend können NLP und Rolfing in vielfältigen Situationen als schnelle und gezielt wirkende Veränderungsmethoden angewandt werden. Ebenso ist es jedoch möglich, mit NLP und Rolfing langfristige therapeutische Veränderungen zu begleiten. Dabei wird der Therapeut zwar trotzdem bemüht sein, möglichst bald die für den Klienten nötigen Entwicklungs- oder Lernschritte mit ihm zu vollziehen. Gleichzeitig wird das Bedürfnis und/oder die Notwendigkeit des Klienten nach Kontinuität, Vertrauen und Sicherheit berücksichtigt. Außerdem werden NLP und Rolfing als begleitende oder erweiternde Methoden zu klassischen Langzeitverfahren wie Gestalttherapie, Klientenzentrierte Gesprächstherapie und Psychoanalyse genutzt. Hierbei dienen sie zur Strukturierung und Beschleunigung in festgefahrenen Situationen. Last not least möchte ich hier schon auf meinen eigenen Umgang mit NLP und Rolfing als Kombination hinweisen, den ich in den Kapiteln vier und fünf vorstellen werde.

3.5 Personenbezogen und systemisch: Ökocheck und Gravitation

Meine erste große Liebe war ein großer 18jähriger junger Mann mit schulterlangen leuchtend roten Haaren. Außerdem beeindruckten mich seine großen Hände, mit denen er ausgezeichnet Klavierspielen konnte. Mit dieser Fähigkeit sollte er ein Konzert in der Aula seiner Schule bestreiten, zusammen mit seinem Freund, der Querflöte spielte. Der Termin stand Monate vorher fest, so daß er viel Zeit hatte, eine anspruchsvolle Klaviersonate einzuüben. Er spielte jeden Tag und die Sonate klang besser und besser. Nach einer Weile gab es kaum noch etwas zu korrigieren. Er übte aber weiter, um das Stück auch wirklich zu beherrschen. Am Ende hätte man ihn wohl zu jeder Tages- und Nachtzeit in jeder Verfassung ans Klavier setzen können und er hätte die Sonate ohne Probleme spielen können. Das Schulkonzert rückte näher und falls er mal nervös wurde, spielte er Klavier. Außerdem übte er gelegentlich das gemeinsame Spielen mit seinem Freund. Der mit Freude erwartete Tag des Konzertes endete mit einer Enttäuschung. Trotz all der Brillianz und Sicherheit, mit der mein Freund zu Hause an seinem Klavier gespielt hatte, machte er beim Konzert ein paar Fehler und spielte hörbar verkrampft. Was hatte nur gefehlt?

Mein Freund hatte zwar geübt, gut Klavier zu spielen, aber er hatte sich die ganze Zeit nicht auf ein erfolgreiches Konzert in einem großen Saal vor einhundertfünfzig Menschen eingestellt. Er war sich nicht sicher gewesen, ob er mit dem Erfolg hätte umgehen können, ohne in seiner nächsten Umgebung Schaden anzurichten. Er hatte den Ökocheck vergessen. Hätte er sich gefragt, ob es außer gutem Klavierspielen noch etwas gibt, was er dazulernen muß, um ein Schulkonzert erfolgreich geben zu können, hätte er sich umfassender auf diese Situation vorbereiten können.

Die gleiche Schwierigkeit gibt es in der Therapie. Ein Klient begibt sich zu einem Therapeuten, weil er mit bestimmten Dingen in seinem Leben nicht mit seinen normalen Gefühls- und Verhaltensweisen fertig werden kann, oder weil er etwas in seinem Leben besonders gut schaffen oder erleben möchte. Also konzentrieren sich Therapeut und Klient auf die Person des Klienten und besonders auf die Bereiche, die verändert werden sollen. Der Klient entwickelt und erfährt neue Ideen, Gefühle und Verhaltensweisen in der Interaktion mit seinem Therapeuten und sieht seine Vergangenheit in einem anderen Licht. Möglicherweise macht ihn all dies aber eher unzufrieden, unglücklich und handlungsunfähig, wenn er seine gegenwärtige Realität, seine Beziehungen und Arbeits- und Lebenssituation betrachtet. Seine individuellen Veränderungen müssen in das größere System seines Lebensalltages passen, und er muß zusätzliche Fähigkeiten gewinnen, um seine Lebensbedingungen, falls nötig, seiner eigenen Veränderung anzupassen.

Demzufolge ist der erste Teil eines therapeutischen Schrittes beim NLP sehr stark auf die Entwicklung der optimalen Einstellungen oder Fähigkeiten des Klienten selbst ausgerichtet. Ohne ihn in irgendeine – „vernünftige", moralische oder weltanschauliche – Richtung zu drängen, also klientenzentriert. Der zweite Teil ist der Ökocheck. Hier wird untersucht, ob die für den Klienten positiven Fähigkeiten oder Einstellungen so in seiner realen Lebenssituation umzusetzen sind, daß sie keinen Schaden für andere Menschen oder Dinge beinhalten. Diese Verbindung von klientenzentrierter und systemischer Denk- und Arbeitsweise wird beim NLP in jeder Therapie wiederholt mit einbezogen. Diese Ökochecks werden am Ende einer Therapie oder eines Therapieabschnittes gemacht und ermöglichen die reibungslose Realisierung therapeutischer Veränderung im „richtigen Leben".

Eine sehr ähnliche Denk- und Handlungsweise gibt es beim Rolfing. Einerseits wird sehr genau und auf die individuellen körperlichen Gegebenheiten des jeweiligen Klienten bezogen gearbeitet, das heißt systemisch. Gleichzeitig wird der Körper immer in seiner Bewegung und Funktion im Schwerefeld der Erde, der Gravitation, betrachtet und behandelt, also in seinem ökologischen Umfeld. Das heißt jede Veränderung des Körpers muß von der Schwerkraft unterstützt werden, sonst ist sie nicht dauerhaft aufrecht zu erhalten.

Entspannt und befreit man zum Beispiel den Nacken- und Schulterbereich, indem man das Gewebe und die Muskeln massiert und wärmt, was die Beweglichkeit und die Durchblutung fördert, dauert dieser Effekt nur kurze Zeit an – je nach Belastung Stunden oder ein paar Tage. Der Grund liegt darin, daß das Gewicht eines etwas vorgeschobenen Nackens, Kopfes und der Arme die Nacken- und Schultermuskulatur auch ohne Belastung durch Arbeit allein durch die ständige Wirkung der Schwerkraft immer wieder neu verspannt. Eine dauerhafte Entspannung dieses Bereiches ist nur dann möglich, wenn die Wirbelsäule und der Brustkorb den Schultergürtel und Kopf so unterstützen, daß Nacken und Schulter im Gehen, Sitzen und Stehen ihre Position ohne nennenswerte Muskelspannung beibehalten können. Wird die Wirkung der Schwerkraft nicht mit in die Bearbeitung des Körpers miteinbezogen, ergeben sich wie beim Shiatsu und bei der Polaritäts- und Bindegewebsmassage sehr angenehme Körpergefühle und -prozesse, die jedoch nur durch regelmäßiges Behandeln aufrecht erhalten werden können.

Beim Rolfing wird die Wirkung der Schwerkraft als eine den Körper ständig beeinflussende Gegebenheit, besonders gegen Ende der Therapie – in den letzten drei Sitzungen – theoretisch und praktisch in die Arbeit mit einbezogen. Theoretisch, indem der Rolfer bei der Körperanalyse große Körperbereiche in ihrem Verhältnis zur Schwerkraft betrachtet, um herauszufinden, an welchen speziellen Stellen er arbeiten muß, um den Körper insgesamt günstiger zur Schwerkraft hin auszurichten. Praktisch wird in den letzten drei Sitzungen öfter als vorher im Sitzen und Stehen gearbeitet, und der Klient wird ab und zu gebeten aufzustehen, um die Wirkung der Arbeit im Stehen oder Gehen überprüfen zu können.

Zusammengefaßt stimmen NLP und Rolfing insofern überein, daß beide Methoden neben klienten- bzw. körperzentrierter Denk- und Arbeitsweise die Person in bezug auf ein größeres System betrachtet und behandelt wird. Dadurch werden Veränderungen schnell praktisch umsetzbar und können aufrecht erhalten werden.

Vielleicht eine *Übung:*

Stellen Sie sich bitte eine schöne Situation vor, ohne Rücksicht auf Ökologie (Anmerkung: Ökologie wird oft bereits unbewußt mit einbezogen, daher bitte erstmal „kühnste Träume-Situation", wo Ökologie noch nicht mit eingeht), danach beziehen Sie bitte die Ökologie mit ein.

3.6 Gleiche Zielvorstellungen auf verschiedenen Ebenen

Der Schwerpunkt der Veränderungsarbeit ist beim NLP und Rolfing unterschiedlich. Beim NLP wirkt der Therapeut mit Hilfe der Sprache auf innere – visuelle, kinästhetische, auditive, olfaktorische, gustative – Prozesse des Klienten ein. Dabei entscheidet der Klient selbst, welchen Inhalt das Ziel seiner Veränderung hat. Der Therapeut verfolgt dabei das Ziel, daß die angestrebte Veränderung des Klienten seine Funktionsfähigkeit erweitert und daß sie ökologisch ist. Das heißt, der Therapeut verfolgt Prozeßziele, und der Klient füllt sie mit dem für ihn richtigen Inhalt.

Beim Rolfing bearbeitet der Rolfer den Körper seines Klienten mit den Händen und zwar ebenfalls, um seine Funktionsfähigkeit ökologisch zu erweitern. Jedoch geht es dem Rolfer zunächst um die Verbesserung der körperlichen Funktionen. Die Ökologie beinhaltet dabei, daß die körperliche Verbesserung unter Berücksichtigung des Schwerefelds der Erde, der Gravitation, geschieht. Die Manipulationen des Rolfers sind sozusagen kinästhetische Prozeßanweisungen, die dem Klienten neue Bewegungs- und Funktionsabläufe bringen, die er selbst mit neuen Gefühls- und Verhaltensinhalten belebt.

Dementsprechend sind die Ziele beim NLP und Rolfing gleich, jedoch beziehen sie sich schwerpunktmäßig auf verschiedene Ebenen – die geistige und die körperliche – und ergänzen sich dadurch. In diesem Zusammenhang ist anzumerken, daß die Unterscheidung in eine körperliche und geistige Ebene etwas Künstliches hat, da sich in einem ganzheitlichen System, wie es der Mensch ist, der Geist verändert, wenn sich der Körper verändert und umgekehrt. Gleichzeitig wird jedoch durch diese Trennung der Verschiedenartigkeit der Arbeits- und Wirkungsweise von Rolfing und NLP Rechnung getragen. Das gemeinsame Ziel von Rolfing und NLP, die gute

Funktion, beinhaltet für beide Methoden die gleichen Prinzipien, nämlich *Flexibilität* und *Ökologie*. Letzeres wird für den Körper sowie für Wahrnehmung und Denken durch *Balance* und *Symmetrie* erreicht.

3.6.1 Flexibilität

Flexibilität ist beim Rolfing besonders auf den Körper und seine Funktionen bezogen. Das beinhaltet elastische Muskeln und geschmeidiges Bindegewebe, die Gelenke haben ihren vollen Bewegungsspielraum, das Atemvolumen ist so groß, wie es der Knochenbau des Brustkorbes ermöglicht, die inneren Organe haben genug Raum, um gesund zu funktionieren. Der Transfer von Flüssigkeiten, Gasen und festen Stoffen durch das Bindegewebe zu Organen, Gefäßen, Muskeln und Knochen funktioniert ungehindert.

In diesem Sinne verstandene körperliche Flexibilität fühlt sich subjektiv sehr angenehm an, erhöht die Empfindungs- und Entspannungsfähigkeit und die Fähigkeit, bewußt mit dem Körper wahrzunehmen. Dieses angenehme Körpergefühl verschafft Gelassenheit, Glücksgefühle und Handlungsfähigkeit, da man sich leicht fühlt und beweglich ist. Außerdem: Wenn man sich schon gut fühlt, braucht man nichts mehr dafür tun, außer den natürlichen körperlichen Impulsen nach Bewegungen und Nahrung zu folgen.

Die oben erwähnte erhöhte Empfindungsfähigkeit gestattet der Person unangenehme Gefühle wie Trauer, Ärger, Wut und anderes leichter und kürzer bewußt wahrzunehmen oder „zuzulassen" und auszudrücken, um relativ schnell in einen ressourcevolleren Zustand wechseln zu können, um sich mit den praktischen Schwierigkeiten dieser Situation gelassen und konkret auseinandersetzen zu können oder um sich angenehmeren Dingen zuzuwenden. Die erhöhte Empfindungsfähigkeit bei positiven Gefühlen, wie Liebe, Spaß, Vertrauen und ähnlichem verbessert den Kontakt mit der Umwelt, die Genußfähigkeit und die allgemeine Zufriedenheit mit sich selbst und dem eigenen Leben.

Die Fähigkeit, mit dem Körper wahrzunehmen, verbessert die Intuition und die Fähigkeit, schnell und genau auf sehr subtilen Ebenen zu pacen und dadurch andere Menschen auf einer nichtverbalen Ebene zu verstehen und falls sie selbst auch mit ihrem Körper bewußt wahrnehmen, ohne Worte und direkte Blicke zu kommunizieren. Hierzu ein kleines Beispiel: Bei einem Rolfertreffen saß ich neben einem Kollegen, zu dem ich bis dahin, ohne genau zu wissen warum, ein ambivalentes Verhältnis hatte. Während des gesamten Vortrages sprachen wir kein Wort miteinander, sahen uns nicht an, berührten uns nicht und machten auch keine gemeinsamen Bewegungen, mit denen wir uns erkennbar gepaced hätten. Trotzdem verabschiedeten wir uns am Ende des Vortrages in freundlichem Einvernehmen, als hätten wir ein gutes Gespräch miteinander geführt. Was hat zu diesem Einklang beigetragen? Einerseits war es sicher ein zeitweise gleicher Atemrhythmus. Zusätzlich haben aber die meisten Rolfer noch subtilere körperliche Gemeinsamkeiten, die in einer Situation, in der andere Kommunikationswege nicht benutzt werden, zu einem Gefühl von Verständnis und Einklang führen können. Solche Gemeinsamkeiten sind eine möglichst gleichmäßige Gewebespannung, die Empfindung für die innere Linie und beim Zuhören während des Vortrages ein aufmerksamer Trancezustand. In diesem Zustand ist man sehr entspannt und alle Sinneskanäle – Sehen, Hören, Riechen und Schmecken – sind aufnahmebereit.

So etwas ähnliches haben Sie vielleicht auch schon einmal erlebt. Falls nicht, oder wenn Sie es wieder einmal bewußt ausprobieren möchten, können Sie folgendes tun:

> Wenn Sie sich in der Nähe einer Person befinden, spüren Sie zunächst gut Ihren eigenen Körper, besonders die Temperatur und die Atembewegung. Es sollte Ihnen angenehm warm sein und der Atem möglichst tief gehen. Als nächstes defocussieren Sie Ihren Blick und nehmen so Bewegungen Ihres Partners auf und pacen diese jedoch mit minimalen Bewegungen, die so klein sind, daß man sie sichtbar nicht mehr wahrnimmt, und so daß jede Verringerung der Bewegung auch für sie selbst nicht mehr spürbar ist.
>
> Eine andere Möglichkeit ist es, die Augen zu schließen und auf Geräusche zu achten, die vom Partner ausgehen und diese akustische Information in ihrem Körpergefühl nachzuvollziehen. Dabei kommt es besonders auf die Wahrnehmung und Umsetzung von Rhythmen im Körper an.
>
> Lassen Sie sich etwas Zeit bei dieser Art von Übung bis sich Ihre Wahrnehmung verfeinert. Etwas gezielter und schneller können Sie auch nur den Atemrhythmus eines Partners pacen. Dadurch erhalten Sie jedoch etwas weniger Information als in den anderen Versionen der Übung.

Solche Übungen erhöhen die Flexibilität Ihrer Wahrnehmungs- und Kommunikationsfähigkeit auf subtile und zugleich sehr effektive Weise.

Flexibilität beim NLP bezieht sich weiterhin besonders auf geistige – Wahrnehmen und Denken – und verhaltensmäßige Prozesse. Geistige Flexibilität beinhaltet die Fähigkeit, leicht zwischen der eigenen Welt der inneren und äußeren Wahrnehmung hin- und herpendeln zu können und zwischen beiden klar unterscheiden zu können. Gleichzeitig kann die Person sich entscheiden, in innerer oder äußerer Wahrnehmung zu verweilen. Das bedeutet, sie kann sich gut auf das konzentrieren, was ihr gerade wichtig erscheint.

Weiterhin bedeutet Flexibilität beim NLP, daß man jederzeit auch in schwierigen Situationen bewußt alle Wahrnehmungsweisen – Sehen, Hören, Fühlen, Riechen und Schmecken – benutzen kann, um zu denken oder sich zu verhalten. Außerdem zeigt sich Flexibilität bei den Submodalitäten der Sinnessysteme. Das bedeutet, jemand kann die Submodalitäten seines inneren Sehens, Hörens, Fühlens, Riechens und Schmeckens bewußt variieren, um Situationen auf jeder Ebene in allen Farben, in voller Breite und Tiefe, in jedem Licht, usw. betrachten zu können, oder analog zu hören oder zu erspüren.

Darüber hinaus beinhaltet Flexibilität eine Vielfalt in der Wortwahl, den Physiologien und den Verhaltens- und Entscheidungsstrategien jeweils bezogen auf das, was die Situation verlangt oder das, was man erreichen will.

Zusammengefaßt erhöht Flexibilität beim Rolfing und NLP die Wahrscheinlichkeit, daß Menschen in vielen verschiedenen Situationen möglichst nützliche und erfreuliche Verhaltensweisen erfinden und hervorbringen können.

3.6.2 Balance und Symmetrie

Balance und Symmetrie sind zwei Prinzipien, die beim Rolfing und NLP als wesentliche Faktoren in die Arbeit einfließen.

Balance beim Rolfing ist wichtig für das subjektive Wohlbefinden, unabhängig davon, ob ein Körper nach Rolfingkriterien gut oder problematisch ist, d.h. jemand macht insgesamt eine „gute Figur" oder er ist krumm und verhärtet. Ergänzen sich die Fehlhaltungen in balancierter Weise, kann das subjektive Gefühl durchaus harmonisch sein und diese Person sagt sich, wenn sie mit Rolfing-Idealbildern konfrontiert wird, die aufrechte Körperhaltung favorisieren, „Ich bin eben anders". Beispielsweise läßt sich mit einer zusammengedrängten balancierten Struktur – Hohlkreuz und Rundrücken – länger symptomarm oder -frei leben als mit geradem Rücken und einem Knick über dem Kreuzbein. Im letzten Fall konzentriert sich die gesamte Fehlbelastung auf eine Stelle. Dieser Bereich wird dadurch überbelastet, beginnt zu verschleißen und schmerzt, weil das Problem nicht balanciert verteilt ist, sondern speziell auf einer Körperstelle lastet.

Ebenfalls unangenehm für das subjektive Wohlbefinden ist es, wenn ein Körperbereich gut funktioniert, gut durchblutet und beweglich ist und zudem gut von darunterliegenden Körperbereichen unterstützt wird, und wenn ein anderer Teil eingeschränkter, schlechter durchblutet und zusammengepreßter ist. Die Gewebenerven des ersten Teiles senden nämlich ständig andere Informationen an das Gehirn als die des zweiten Bereiches. Damit ist ein dauerhaftes Konfliktpotential im Körper vorhanden, das sich leicht durch äußeren Konfliktstoff – Lebensumstände und Ereignisse – aktualisieren läßt. Dadurch wird das Konfliktpotential zudem ständig als real bestätigt und stabilisiert. Probleme, die aus der Umwelt kommen, werden so durch den körperlichen Zustand unterstützt und scheinen dadurch besonders schwer zu lösen. Auch in diesem Beispiel wäre ein insgesamt schlapper aber gleichmäßig verteilter, also balancierter Zustand des Körpers und der Seele angenehmer.

Das positive Beispiel

Demgegenüber steht ein Mensch, der sich körperlich balanciert und integriert fühlt. Einerseits kann er einer Problemsituation ganzheitlicher begegnen, zum anderen empfindet er in seinem Körper wenig, was ein gefühlsmäßiges Pendant zu einem Konflikt darstellt. Dadurch ist die Motivation, einen Konflikt schnell zu lösen oder ihn im voraus zu meiden, besonders groß.

Beim NLP ist das Balanceprinzip ebenfalls wichtig. Zum Beispiel muß man, wenn man ein Problemverhalten ändern will, jede positive Absicht, die mit dem Problemverhalten befriedigt wird, durch eine neue Möglichkeit ersetzen. Diese neuen Möglichkeiten befriedigen das gleiche Bedürfnis auf eine neue angemessene Weise. Daraufhin kann auch das Problemverhalten leicht verändert werden.

Analog gilt das Balanceprinzip beim NLP auch für besonders gute Fähigkeiten. Eine hohe Fähigkeit muß durch andere vergleichbar gute balanciert werden. Hat beispielsweise jemand eine besondere visuelle Begabung und kann damit vor seinen inneren Augen wunderbare Bilder und Visionen entstehen lassen, macht ihn diese Fähigkeit nur dann glücklich, zufrieden und erfolgreich, wenn er in der Lage ist, diese Fähigkeit nach außen zu bringen. Dazu kann er die inneren Bilder in entsprechend schöne, klare Worte fassen oder sie durch körperliches Geschick in Fotos, Filme, Gemälde, Skulpturen, Aktionen usw. umsetzen.

Symmetrie stellt Balance in Vervollkommnung dar und führt zu einer großen subjektiven und objektiven Ästhetik, zudem zu Strukturiertheit im körperlichen Erscheinungsbild und Empfinden, sowie im Denken und Handeln in der Umwelt. Absolute Symmetrie ist jedoch auf körperlicher Ebene nicht möglich, da die Organe nicht symmetrisch im Körper verteilt sind. Auf der Denk-, Wahrnehmungs- und Handlungsebene ist absolute Symmetrie schwer zu definieren. Auf alle Fälle bergen allzu „symmetrische Verhaltensweisen" die Gefahr der Indifferenz und der Langeweile: Überlegen Sie, Sie wären z.B. in jeder Situation gleich aufmerksam und gelassen oder führten jede Tätigkeit mit dem gleichen Einsatz durch.

4. Wie erweitert und differenziert NLP-Wissen das Verständnis von Rolfing und Rolfingwissen das NLP-Verständnis

4.1 Rolfing in NLP-Begriffen

NLP ist heutzutage die am weitesten entwickelte Therapiemethode. Keine andere Therapieform erlaubt es, so bewußt und genau das psychische und psychophysiologische Geschehen beim Klienten wahrzunehmen, zu differenzieren und gezielt zu verändern. Deshalb ist NLP nicht nur für sich genommen eine hervorragende Methode, sondern auch als ergänzendes Werkzeug für Rolfer und Körpertherapeuten ideal. Rolfer werden intensiv geschult, ihre Wahrnehmung von körperlichen Gegebenheiten und Veränderungsprozessen ihrer Klienten zu verfeinern. Benutzt ein Rolfer zusätzlich NLP-Wissen, wie z.B. die Unterscheidung der Augenmuster zu seiner Wahrnehmungsfähigkeit, kann er auch ohne Worte noch besser die inneren Prozesse seines Klienten verstehen und therapeutisch auf sie eingehen. Selbst erfahrene, erfolgreiche Rolfer, die viele NLP-Grundfertigkeiten intuitiv anwenden, erlangen mit NLP-Wissen mehr Bewußtheit darüber, womit genau sie ihre therapeutische Wirksamkeit erzielen. So reagierte zum Beispiel einer meiner erfahrenen Rolferkollegen, dem ich NLP vorstellte, mit den Worten: „Ah, das ist interessant. Jetzt weiß ich endlich, was ich die ganze Zeit schon immer tue."

Der erste Teil des folgenden Kapitels wird verdeutlichen, wie und in welchen Situationen NLP die Arbeit eines Körpertherapeuten bzw. Rolfers erleichtert, durchschaubarer macht und verbessert. Eine Reihe von Beispielen aus meiner Praxis werden die Erläuterungen illustrieren sowie schmackhafter und leicht verdaulich gestalten.

4.1.1 Die Grundannahme und Vorgehensweise des NLP bezogen auf Rolfing

Ein Rolfer greift aktiv in den Organismus seines Klienten ein. Dabei ist er sehr aufmerksam und hält einen ständigen Feedbackkreislauf zwischen seinem Tun und der Reaktion des Klienten aufrecht, wodurch ein wechselseitiges Agieren und Reagieren entsteht. Jedoch kann durch die meistens liegende (passive) Position des Klienten und die stehende (aktive) Arbeitsweise des Therapeuten beim Rolfer der Eindruck des Verantwortlichseins für den Klienten entstehen. Er kann das Gefühl haben, etwas für den Klienten tun zu müssen, was dieser selber nicht erreichen könnte. Daraus erwächst die Verantwortung, „alles richtig zu machen", die sich in einem Druck äußern kann, der die therapeutische Fähigkeit des Rolfers blockiert.

In dieser Situation kann die erste Grundannahme des NLP – „Jeder Mensch besitzt alle Fähigkeiten, die er braucht, um jedes seiner Probleme zu lösen und jedes gewünschte Ziel zu erreichen" – sehr nützlich sein. Dieser Glaubenssatz richtet die Aufmerksamkeit von der Angst vor der eigenen Verantwortlichkeit oder Hilflosigkeit gegenüber einem therapeutischen Ziel, das der Klient noch nicht erreicht hat, zurück auf die besonderen Gegebenheiten dieses Klienten, der die angestrebte Veränderung zur Zeit nicht wirklich wünscht oder braucht. Beispielsweise kann ein junger, großer, schlaksiger Klient eine aufrechte Haltung anstreben, weil seine Eltern das lieber sähen. Trotz guter Rolfingarbeit erreicht er aber nur geringe Verbesserungen, da er, sobald er ganz aufgerichtet ist, einen unangenehm weiten Abstand zu seinen kleinwüchsigeren Freunden und Freundinnen erlebt. Aus diesem Grund gibt er dann die Länge, die er nach der Rolfingsitzung hat, weitgehend wieder auf.

Mit diesem Beispiel wird gleichzeitig die Nützlichkeit der dritten Grundannahme des NLP für Rolfer und Körpertherapeuten deutlich. Sie lautet (vgl. Kap.1.2.): „Jedes Verhalten, und scheine es auch noch so falsch, krankhaft oder absurd, hat positive Funktionen bzw. sekundäre Gewinne". Mit NLP werden neue sinnvolle Verhaltensweisen zur Erreichung dieser positiven Funktionen gesucht. Eigentlich ist es absurd, daß der junge Mann aus dem Beispiel seine erreichte aufrechte Körperhaltung so schnell wieder verliert, trotzdem sie sich gut anfühlt und ihm ein besseres Aussehen verleiht. Das Verstehen des sekundären Gewinnes seiner schlaksigen Haltung, nämlich ein vertrautes Gefühl zu seinen Freunden zu haben, das er bisher nicht auf andere Weise erreichen kann, macht sein Rückfallverhalten dem Therapeuten verständlich und ist dadurch zum Beispiel mit einem Reframing behandelbar.

Der vierten Grundannahme hätte die frühe Ida Rolf wahrscheinlich energisch widersprochen. Sie besagt: Es gibt ein Unbewußtes, das mehr kann und weiß als das Bewußtsein. Beide, das Unbewußte und das Bewußte, haben positive Absichten. Manchmal gibt es jedoch Verständigungsschwierigkeiten zwischen beiden Bereichen. Deshalb geht es beim NLP oft darum, das Bewußtsein mit dem Wissen des Unbewußten in Einklang zu bringen und so zu erweitern.

Die ursprünglich starre medizinisch orientierte Haltung von Ida Rolf läßt sich folgendermaßen zusammenfassen: „Wenn der Körper balanciert ist und gut funktioniert, sind alle Fragen beantwortet". Das bedeutete für sie, daß man sich um die Psyche nicht zu kümmern brauche. Heute teilt kein Rolfer diese Ansicht so uneingeschränkt. Im Gegenteil, Rolfer wissen und berücksichtigen, daß während der Zeit, in der ein Klient seine Rolfingsitzungen erhält, sich neben den körperlichen Funktionen und Gefühlen auch Träume, Phantasien und Verhaltensweisen ändern werden. Darüber hinaus weisen Rolfer ihre Klienten auch darauf hin, ob und welche psychotherapeutische Hilfe sie in schwierigen Situationen in Anspruch nehmen können. In sehr seltenen Fällen wird ein Klient nicht zum Rolfing angenommen, weil er in einer zu kritischen psychischen Situation ist, zum Beispiel am Rande einer Psychose.

Eine therapeutische Grundhaltung, die Rolfern und NLP'lern gemeinsam ist, ist, daß zu Beginn der Behandlung der Rapport hergestellt werden muß. Beim Rolfing ist die Etablierung eines guten Kontaktes zwischen Rolfer und Klient ein explizites Ziel der ersten Sitzung. Allerdings gibt es beim NLP genauere Aussagen dazu, wie der Rapport hergestellt werden kann. Hier kann das Pacing (vgl. Kap. 4.1.2.2.) des NLP als effektive Methode des Rapportgewinns bewußt eingesetzt werden. Deshalb kann NLP-Wissen über das Rapportherstellen Rolfingarbeit sinnvoll erweitern. Zum Beispiel kann der Rolfer die erste Körperanalyse, die für manche Klienten unangenehm, aber für die meisten zumindestens ungewohnt ist, vorbereiten und erleichtern, indem er sich, wenn der Klient noch angekleidet ist, gemeinsam mit ihm vor einen großen Spiegel stellt und mit dem Klienten ein paar Aspekte der Körperanalyse bespricht. Dabei sollten beide über die Wahrnehmungen vom eigenen und vom Körper des anderen sprechen. Auf diese Weise entsteht ein gegenseitiges Pacen, das eine partnerschaftliche Beziehung fördert und die

Situation der Körperanalyse entschärft. Darüber hinaus paced der Rolfer besonders während der ersten Sitzung die Gewebespannung des Klienten mit der Intensität der Berührung seiner Hände.

Eine weitere NLP-Vorgehensweise, die sich leicht und hilfreich ins Rolfing und andere Therapien einbauen läßt, ist das Eliminieren aller Negativ-Formulierungen. Dieses Vorgehen ermöglicht es, in kurzer Zeit und mit wenigen Worten zum eigentlichen Kern eines Wunsches, Problems oder Ziels zu kommen. Da es beim Rolfing wichtig ist, wenig zu sprechen, um die Aufmerksamkeit auf die Kinästhetik richten zu können, ist auch die prozeßorientierte Kommunikation (vgl. Kap. 3.4.2.) des NLP eine nützliche Erweiterung der therapeutischen Fähigkeiten eines Rolfers. Von Zeit zu Zeit ist es nämlich während des Rolfingprozesses nötig, ein durch die Körperarbeit aktiviertes psychisches Problem zu bearbeiten oder so zu „verpakken", daß es in einer gesonderten Psychotherapie behandelt werden kann. Dies muß schnell geschehen, damit möglichst viel Zeit für das eigentliche Rolfing bleibt. Die prozeßorientierte Vorgehensweise bietet die einfachsten und schnellsten Möglichkeiten dazu.

4.1.2 Wo finden sich die therapeutischen Grundelemente des NLP beim Rolfing?

Jeder Rolfer besitzt aufgrund seiner Ausbildung und/oder intuitiv eine Reihe von Fähigkeiten und Verhaltensweisen, die beim NLP als therapeutisch wirksame Variablen erkannt und benutzt worden sind und bewußt gelehrt und gelernt werden. Wenn ein Rolfer ebenfalls bewußt mit diesen Variablen umgehen kann, hat das den Vorteil, daß er bei Störungen in der Therapie den Grund dafür schneller erkennen und beheben kann oder bereits im voraus seine therapeutischen Fähigkeiten gezielt zum Nutzen des Klienten einsetzen kann. Falls er sich in bestimmten Bereichen seiner Tätigkeit noch verbessern will, bietet die bewußte Anwendung der NLP-Grundelemente eine gute Übungsanleitung.

Im folgenden Abschnitt wird erläutert, wie und wo die therapeutischen Grundelemente des NLP – Rapport, Pacing und Leading, Separator und Ankern – beim Rolfing impliziert oder mit anderen Benennungen bereits angewendet werden und wie die bewußte

Anwendung dieser Elemente das Rolfing und die Körperarbeit allgemein bereichern und optimieren können.

4.1.2.1 Rapport (Qualität der Beziehung)

Jeder Rolfer führt, bevor er seine Arbeit mit einem Klienten beginnt, ein Vorgespräch. Entweder direkt vor der ersten Sitzung oder zu einem gesonderten Termin vorher. Genauso wie bei jedem anderen, der beruflich mit Menschen zu tun hat, ist der Rolfer von Anfang an – also eigentlich schon beim ersten Telefongespräch – darum bemüht, einen guten Kontakt zu seinen Klienten zu gewinnen. Deshalb dient das Vorgespräch einerseits dazu, Informationen über Ziele, Wünsche und Vorerfahrungen des Klienten und über das Rolfing allgemein auszutauschen. Gleichzeitig geht es aber auch darum, ob Rolfer und Klient miteinander arbeiten wollen und können. Das gleiche gilt auch für die erste Sitzung. Die zehn Rolfingsitzungen sind so aufgebaut, daß sie nur als Ganzes die volle Wirkung entfalten können. Aus diesem Grund soll ein Klient sich möglichst bereits zu Beginn entschließen, alle zehn Sitzungen zu nehmen. Um diesem Entschluß eine gute Grundlage zu geben, dient die erste Sitzung zum Kennenlernen und Kontaktherstellen und ist so beschaffen, daß die Körperarbeit, die dort geschieht, auch dann sinnvoll ist, wenn der Klient danach nicht weitermacht. Außer der ersten Stunde bietet keine Sitzung mehr diese Möglichkeit. Manche Rolfer bieten die erste Sitzung sogar kostenlos an und stellen damit die Wichtigkeit des Rapportherstellens in den Vordergrund, weil der Klient dadurch ohne finanziellen Druck die Möglichkeit hat, eine Beziehung zum Rolfer aufzubauen.

Darüber hinaus wird in der Rolfingausbildung bei der Behandlung der ersten Sitzung das Thema „Rapport herstellen“ besonders intensiv behandelt, um eine gute Basis für die weitere Zusammenarbeit zu erreichen. Die angehenden Rolfer werden für die möglichen Schwierigkeiten, die der Klient in der für ihn neuen und ungewohnten Situation erleben mag, sensibilisiert. Die Rolfingausbilder geben Hinweise, wie die Rolfer für den Klienten ungewöhnliche Berührungen besonders langsam und vorsichtig durchführen können. Beispielsweise wird in der ersten Sitzung – und auch später – am

Rücken gearbeitet, während der Klient auf dem Rücken liegt. Einerseits muß der Rolfer aufpassen, daß er die Hände so langsam in den Rücken drückt, daß der Klient nicht vom Tisch springt. Andererseits sind viele Klienten bemüht, sich leicht zu machen und dem Rolfer zu helfen, wenn er unter dem Rücken arbeiten will und heben sich etwas an. Dabei spannen sie ihre Muskulatur an, was die Arbeit des Rolfers erschwert. Deshalb braucht letzterer für diese Rückenarbeit besonders viel Fingerspitzengefühl.

Da der Rapport beim Rolfing hauptsächlich über die Kinästhetik hergestellt wird, müssen Rolfer deshalb bereits, um zur Ausbildung zugelassen zu werden, im Variieren ihrer Berührung geübt sein und massieren können. Ihre Berührungsqualitäten müssen sozusagen von „der Zartheit des Flügelschlages eines Schmetterlinges bis zur Härte der Finger des Todes" reichen, wie es Charles Swanson, einer der Rolfingausbilder, einmal formulierte.

Zusammenfassend bestätigt der hohe Stellenwert, der im Rolfing dem Thema Rapport gewidmet wird, einmal mehr die Wirksamkeit und Nützlichkeit dieses NLP-Konzeptes, besonders, wenn man, wie in beiden Methoden angestrebt, in kurzer Zeit effektive Veränderungen erzielen will. Außerdem können besonders Körpertherapeuten nicht genug Fähigkeiten besitzen, Rapport herzustellen, da sie ihren Klienten schnell und respektvoll nahekommen können müssen. Deshalb sind die speziellen NLP-Rapporttechniken für Rolfer und andere „Körperarbeiter" besonders wertvoll (vgl. Kap.1.3.1.).

4.1.2.2 Pacing und Leading (Begleiten und Führen)

Wie im vorhergehenden Abschnitt besprochen, sind für die Rolfingtherapie Rapporttechniken sehr nützlich und ihr Einsatz im kinästhetischen Bereich auch weitgehend ausgereift. Im visuellen und auditiven Verhalten gibt es allerdings keine genauen Aussagen darüber, WIE der Rapport hergestellt werden kann, sondern nur die Aufgabe, DASS er etabliert werden soll. Aus diesem Grund ist das Pacing als Rapporttechnik für Rolfer eine wunderbare Ergänzung zu ihrem Fähigkeitsrepertoire.

Wie in Kap. 1.3.2. bereits ausführlich beschrieben, paced man einen Interaktionspartner visuell und auditiv, indem man sein eigenes Verhalten und die Sprache an die des Partners angleicht, z.B. die Mimik, Gestik, Körperhaltung, Bewegungs- und Atemrhythmus sowie den Tonfall, Höhe, Sprachrhythmus und Wortwahl. Beim ersten Telefonat etwa kann der Rolfer bereits seine Sprechweise auf die seines Klienten einstellen. Dadurch ergibt sich Sympathie und Verständnis, und indem der Rolfer sich auf die „Wellenlänge" seines Gesprächspartners einstimmt und sie selber nachvollzieht, gewinnt er auf subtile Weise Informationen über die Erlebniswelt des Klienten. Dadurch erweckt also der Pacende nicht nur den Eindruck im Gesprächspartner, daß er ihn gut versteht, sondern die Annäherung und das Verständnis, kurz der Rapport, verbessert sich beiderseits.

Das visuelle Pacing kann der Körpertherapeut natürlich erst beim ersten persönlichen Treffen einsetzen. Da der Therapeut nicht wissen kann, wie der Klient gekleidet ist, ist es sinnvoll, sich möglichst bequem – um Körperbewegungen zu pacen und um der Rolfingarbeit selbst willen –, neutral und hell – um der Persönlichkeit des Klienten Raum zu geben und um aus einer neutralen Grundwirkung Bewegung, Mimik und Gestik pacen zu können – zu kleiden. Will der Rolfer die Chance einer ähnlichen Ausgangsbasis noch erhöhen, kann er den Klienten bitten, ebenfalls mit bequemer Kleidung zu kommen, damit er die Veränderungen an seinen Körper nach der Sitzung besser spüren kann, als in Kleidung, die durch Schnitt und Material die Empfindungs- und Bewegungsfreiheit einschränkt. Eine weitere Möglichkeit, den Klienten zu pacen, die für Rolfer und Körpertherapeuten interessant und sinnvoll ist und ganz nebenbei noch den Rapport fördert, ist folgende: Man empfängt den Klienten direkt an der Eingangstür und begleitet ihn in den Therapieraum. Dabei kann man seine Gangart und Haltung pacen, was Informationen über den Körper des Klienten gibt, die man in der Sitzung nutzen kann. Schrittlänge, Gleichmaß und Rhythmus geben Auskunft über die Beschaffenheit der Füße, Beine und des Beckens, indirekt auch über die Wirbelsäule und den ganzen Körper. Die Haltung läßt besonders Rückschlüsse auf den Atem und den Zustand von Brustkorb und Bauch zu.

Zurück zum kinästhetischen Pacing, in dem Rolfer und Körpertherapeuten sozusagen Meister sind. Was tun sie, um die Körperempfindungen der Klienten zu pacen? Besonders wenn am Oberkörper gearbeitet wird, paßt der Rolfer seine Berührung dem Atemrhythmus des Klienten an. In dem Moment, wo der Klient maximal eingeatmet hat, nimmt der Rolfer mit seinen Händen den Kontakt zum Körper auf und steigert seinen Druck mit dem Ausatmen des Klienten. Beim erneuten Einatmen behält er den Druck bei oder steigert ihn langsamer. Beim nächsten Ausatmen kann er wieder schneller den Druck intensivieren, bei gleicher Intensität das Körpergewebe bewegen oder den Druck intensivieren und bewegen. Den Kontakt zum Körper des Klienten löst man am besten wieder mit dem vollendeten Einatmen, da dies ein besonders angenehm weites Gefühl vermittelt.

Wie bereits erwähnt, pacen Rolfer auch die individuelle Elastizität und Festigkeit des Körpergewebes ihrer Klienten. Hier wird nun die Frage beantwortet, wie sie das tun. Grundsätzlich gilt: Je weicher und elastischer das Gewebe ist, desto schneller und mit wenig Druck kann man es behandeln. Je fester und unelastischer ein Körper ist, desto langsamer und mit mehr Druck muß der Rolfer arbeiten. Frauen haben weicheres Gewebe und Männer festeres. Je jünger ein Mensch ist, desto elastischer ist das Körpergewebe. Je älter Menschen werden, desto unelastischer wird es. Kinder und Babys haben gleichmäßig weiches Gewebe, ältere Menschen haben an der Oberfläche weiches und in den tieferen Schichten sehr festes, unelastisches, oft faseriges Körpergewebe.

Grafik zur Qualität des Körpergewebes und der dementsprechenden pacenden Körperarbeit

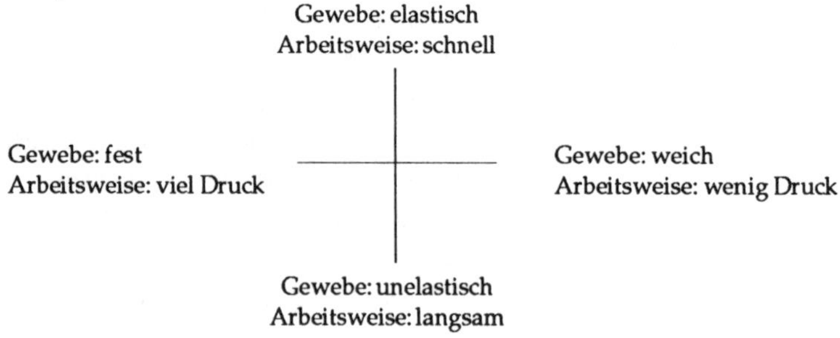

Auf der Grundlage dieser Faustregeln kann ein Körpertherapeut nun die individuelle Gewebequalität eines Klienten ertasten und den

Druck und die Bewegungsgeschwindigkeit seiner Hände darauf einstellen. Dazu einige Beispiele:

a) Wenn ich mit einem Baby oder Kleinkind Rolfing mache, brauche ich, nachdem ich durch Spielen Rapport hergestellt habe, ein paar gezielte leichte und (relativ) schnelle Griffe, um Bewegungsunregelmäßigkeiten, die später zu in der Körperstruktur festgelegten Fehlhaltungen führen würden, zu beheben. Da Babys weiches und elastisches Gewebe haben, ergibt sich leichter und schneller Druck der Hände, Finger oder Knöchel.

b) Arbeite ich mit einer älteren Frau, so benötige ich (relativ) wenig Druck, da das Gewebe weich ist und gehe mit meinen Händen langsam tiefer, da der Körper wenig elastisch ist. In der Tiefe an Gelenken und Bändern benötige ich mehr und langsameren Druck, da bei älteren Menschen diese Bereiche fest und unelastisch sind.

c) Bei einer jungen, sportlichen Frau ist das Gewebe gleichmäßig fest und elastisch, deshalb kann ich schnell und mit viel Druck arbeiten.

d) Bei einem entsprechenden Mann ist die Elastizität des Gewebes gleich, aber die Festigkeit größer. In dieser Situation muß ich meinen Druck vergrößern, und die Geschwindigkeit bleibt gleich, wenn ich die Qualität des Körpergewebes mit der Art, wie ich es behandle, pace.

Zusätzlich ist zu beachten, daß jeder Mensch unterschiedlich feste und elastische Bereiche an seinem Körper besitzt. Das bedeutet für den Rolfer, daß er bei seiner Arbeit mit Hilfe des „Fingerspitzengefühls" seiner Hände ständig neue Informationen über die Beschaffenheit des gerade bearbeiteten Körperbereiches seines Klienten erhält und einsetzt, um kinästhetisch pacend zu arbeiten. Je besser dies dem Rolfer gelingt, desto wohler fühlt sich der Klient, was den Rapport fördert. Gleichzeitig wird die teilweise anstrengende Veränderungsarbeit an seinem Körper für den Klienten dadurch dennoch zu einer angenehmen Erfahrung.

Eine besonders verfeinerte Form des kinästhetischen Pacens beinhaltet der „Pelvic Lift". Beim Pelvic Lift liegt der Klient auf dem Rücken mit aufgestellten Füßen, und der Rolfer hat eine Hand unter dem Kreuzbein des Klienten und kann dort auf verschiedene Weise arbeiten. Die Art des Pelvic Lift, um die es hier geht, stammt ursprünglich aus der Craneosacraltherapie. Die Craneosacraltherapie befaßt sich mit dem Ausbalancieren des Kopfes und des Kreuzbeines als Anfang und Ende der Wirbelsäule und des Nervensystems. Der aus dieser Therapie entlehnte Pelvic Lift ist ein besonders gutes Beispiel für feinstes kinästhetisches Pacing. Dabei erspürt der Rolfer zuerst, ob der craneosacrale Puls ausgeglichen ist. (Der Craneosacralpuls wird durch Bewegung des Liquor, also der Gehirnflüssigkeit erzeugt. Diese Flüssigkeit umgibt das Gehirn und das Rückenmark, das durch die Wirbelsäule bis ins Kreuzbein reicht. Der Rhythmus des Pulses ist langsam, etwa acht Mal pro Minute.) Falls der Puls nicht ausgeglichen ist, folgt der Rolfer mit minimalsten Bewegungen diesem Puls, wodurch letzterer sich in kürzester Zeit normalisiert. Das heißt, das Kreuzbein schwingt wieder im gleichen Rhythmus wie der Kopf. Daraus ergibt sich ein äußerst angenehmes, harmonisches Körpergefühl.

An den Schluß der Ausführungen über das Pacing beim Rolfing möchte ich ein Fallbeispiel stellen, in dem Pacen ein wichtiger Schlüssel zum Erfolg der Therapie war.

Meine Klientin Hanne* war zwölf Jahre alt und hatte eine starke pathologische Veränderung des Rückens, die nicht heilend, sondern nur unterstützend behandelt werden kann. In Verbindung mit der köperlichen Krankheit stand ein sehr verschlossenes, reaktionsarmes Verhalten. Hanne sprach kaum, war oft abwesend und reagierte selten und langsam auf mein Fragen oder Ansprechen. Ihre Augen waren oft bewegungslos und sie hatte wenig Kontrolle über ihren Körper. Das äußerte sich z.B. darin, daß sie einfache Bewegungen sehr langsam lernte und ihr Mund oft leicht geöffnet war. Ihre Eltern erklärten, daß ihr schüchternes und ängstliches Verhalten nichts Ungewöhnliches sei. Zu Beginn fiel es mir schwer, einen Kontakt zu Hanne herzustellen. Nachdem mir meine Einstellung bewußt wurde, die besagte, daß man mit mehr oder weniger autistischen Menschen „nun mal keine echte Kommunikation haben kann", besann ich mich einiger einfacher Pacingtechniken. Ich pacede ihren flachen Atem, ihre starre Blickrichtung, ihren Gesichtsausdruck und ansatzweise ein paar von den Verschiebungen in ihrem Körper. Dadurch

---

* Name ist geändert.

bekam ich den Hauch eines Wissens davon, wie und vor allem daß man auch in der Erlebniswelt eines solchen Körpers sinnvoll leben kann. Auf meiner Seite verschwand dadurch die Angst, Hanne zu nahe kommen zu müssen, und ich bekam Verständnis für die Art, wie sie lebte und erlebte. Hanne selbst öffnete sich von dem Moment an mehr, reagierte in den Sitzungen schneller, erzählte mir jedesmal etwas von sich und fragte mich etwas zu dem, was wir machten oder zu meiner Person. Auch in der Schule wurde sie besser, meldete sich von selbst, konnte antworten und freute sich darüber. Arztbesuche, bei denen sie Spritzen bekam – was sie bis dahin sehr verängstigt hatte – machte sie plötzlich ohne ihre Eltern, zur freudigen Überraschung derselben.

Die Vorgehensweise beim Rolfing beinhaltet eine Vielzahl von Situationen, die die Möglichkeit des LEADING voraussetzen. Diese Tatsache unterstreicht noch einmal, wie wichtig das Pacen für Rolfer ist, da man nur leaden kann, wenn man durch Pacing Rapport hergestellt hat. Zum zweiten verdeutlicht dies, will man bewußt und erfolgreich rolfen, wie hilfreich es ist, diese Leadingprozesse zu kennen und sinnvoll anwenden zu können. Beim Rolfing muß der Klient sich auf eine Reihe von Dingen einstellen, die Grundvoraussetzung für die Sitzungen sind, die aber kaum jemand ungefragt tun würde, wenn er mit einem mehr oder weniger fremden Menschen zusammentrifft. Zum Beispiel muß der Klient sich bis auf die Unterwäsche ausziehen. Ich habe bisher niemanden getroffen, der am Ende des Vorgesprächs nicht erst nach einer Bitte, dies zu tun, damit begonnen hätte. Um in dieser Situation respektvoll zu leaden, erkläre ich dem neuen Klienten schon eine Weile vorher, daß er sich ausziehen muß, ich vier Fotos von ihm machen werde, und daß er sich dann auf den Massagetisch legen kann. Am Ende des Vorgesprächs frage ich, ob wir jetzt anfangen können oder sollen. Wenn ich den Klienten bitte, sich auszuziehen, begründe ich das mit „damit wir die Fotos machen können“. Danach stelle ich zur Auswahl, ob ich, während der Klient sich auszieht, hinausgehen soll oder im Raum bleiben kann. Zusätzlich drehe ich mich manchmal, wenn es mir aufgrund des Verhaltens meines Klienten erleichternd für ihn erscheint, um und beschäftige mich mit dem Fotoapparat. Solche Fragen und Überleitungen beschäftigen die Gedanken und lenken von möglichen Peinlichkeiten ab und entspannen den Anfang. Wenn diese

Situation bei der ersten Sitzung gut gelaufen ist, ist damit meistens ein festes Ritual etabliert, als dessen Auslöser bereits ein Satz wie „dann laß uns einfach anfangen" oder mein Griff zum Fotoapparat ausreicht.

Eine weitere Situation, auf die der Rolfingklient sich einstellen muß und wohin ihn der Rolfer deshalb führen (leaden) muß, ist die jeweilige Position, in der der Klient auf dem Massagetisch liegt. Besonders wenn der Klient während der Sitzung seine Position ändern soll und er sehr entspannt ist, pace ich zunächst die Entspannung, indem ich mit langsamer ruhiger Stimme und wenig Worten spreche. Dann führe ich den Klienten mit kurzer genauer verbaler Beschreibung in die nächste Position und berühre nacheinander leicht die Körperteile, die sich in Bewegung setzen müssen, um diese Position zu erreichen.

Ebenfalls festgelegt sind beim Rolfing die Körperbereiche, in denen in den verschiedenen Sitzungen gearbeitet wird. In der Regel lassen sich die Klienten auf diese Reihenfolge ein, weil sie, bevor sie Rolfing machen, eine Menge Informationen über die Art des Vorgehens und die Gründe dafür erhalten. Manchmal kommen jedoch Klienten mit dem besonderen Wunsch, bestimmte Beschwerden, z.B. Nackenverspannungen, schnell behandelt zu bekommen. Zunächst pace ich diesen Wunsch und gehe in der Körperanalyse genauer darauf ein und berichte dem Klienten, mit welchen darunterliegenden Strukturen die Nackenverspannungen in Verbindung stehen. Dann kann ich darauf hinweisen, daß eine dauerhafte Veränderung nur dann möglich ist, wenn die unteren Strukturen – also Füße, Beine, Becken und Brustkorb – so weit neugeordnet sind, daß sie eine gute Basis für eine entspannte aufrechte Position des Nacken bilden. Daraufhin kann ich im Einverständnis mit meinem Klienten den für die Sitzung vorgesehenen Bereich bearbeiten und gebe gegen Ende der Sitzung dem Nacken zusätzliche Aufmerksamkeit. Das heißt, ich massiere ihn so, daß mein Klient eine kurzfristige Erleichterung verspüren kann. Zudem weise ich den Klienten auf die kurzfristige Wirkung hin und erinnere ihn an die Sitzungen, in denen ich strukturverändernd arbeiten werde. Anhand dieses Beispiels wird noch einmal deutlich, wie wichtig es für den Rapport und den Erfolg der Zusammenarbeit ist, daß Pacing und Leading in einem guten Verhältnis zueinander stehen bzw. sich abwechseln.

Eine weitere Veränderung, zu der Rolfer und andere Körpertherapeuten ihre Klienten führen, ist die Entspannung. In den meisten Sitzungen funktioniert dies sehr leicht, indem der Rolfer selbst sehr entspannt ist und er durch die Wärme und das Fließen in seinen Händen diese Qualitäten durch Berührungen auf seine Klienten überträgt. Die Beteiligten werden hierbei durch eine ruhige, angenehm sichere Atmosphäre und Wärme im Therapiezimmer unterstützt.

Kurze Entspannungspausen zwischen den Sitzungen helfen den Rolfern, die eigene Entspannung beizubehalten. Darüber hinaus sind die Bewegungen des Rolfings selbst sehr langsam und fördern dadurch ebenfalls die Entspannung des Klienten und auch des Therapeuten.

In Situationen, in denen ein Klient sehr aufgeregt in eine Sitzung kommt, reicht es nicht aus, ihn in der üblichen Weise in die Entspannung zu leaden, sondern hier wird wieder ein Wechsel von Pacing und Leading benutzt; dazu pace ich die Empfindungslage des Klienten erst, indem ich schneller und mit relativ viel Druck arbeite, um den Klienten zu einer kleinen Katharsis zu leiten. Letztere zeigt sich in heftigerem tieferen Atmen, ein paar Tränen oder Lachen, durch mehr Körperaktivität oder Zucken, so wie sich beim Einschlafen die Muskeln durch kleine Zuckungen entspannen. Wenn auf diese Weise eine kleine Katharsis erreicht und wieder abgeklungen ist, kann ich ruhiger und tiefer arbeiten und meinen Klienten in einen entspannteren Zustand leaden.

Ähnlich, wie ich einen besonders gestreßten Klienten durch verschiedene Zustände hin zur Entspannung führe, hat jede Rolfingsitzung einen Rhythmus oder eine Choreographie, durch die der Klient geführt wird. Besonders anschaulich läßt sich diese Choreographie, die jeder Sitzung innewohnt, anhand der fünften Sitzung erläutern. Der zentrale Bereich, um den es in dieser Sitzung geht, ist der Iliopsoas. Dies sind zwei Muskelgruppen, die sich tief im Bauch befinden und die Wirbelsäule mit dem Becken und den Oberschenkeln verbinden. Diese Muskeln unmittelbar zu erreichen, wäre sehr unangenehm, eventuell sogar sehr schmerzhaft für den Klienten. Deshalb bereite ich den gesamten Brust- und Bauchbereich vor, indem ich zunächst die oberflächliche Bauch- und Brustmuskulatur vom Schlüsselbein bis zum Schambein lockere; dabei leite ich die

Aufmerksamkeit meines Klienten besonders in den Bauchbereich, indem ich dort etwas langsamer und intensiver arbeite. Nach dieser Vorbereitung drücke ich mit allen Fingern einer Hand langsam und tief in den Bauch des Klienten und bitte ihn um eine unterstützende Bewegung der Beine, so, daß er wahrscheinlich erstmalig in seinem Leben bewußt diesen Muskel wahrnimmt. Dieser Griff berührt jeden Menschen im wahrsten Sinne des Wortes sehr tief. Daher ist eine einführende Vorbereitung unerläßlich, um diese Berührung zu einem angenehmen und die Vitalität fördernden Erlebnis zu machen. Im Anschluß an diesen Höhepunkt der fünften Sitzung wird die Arbeit am Oberkörper mit den Beinen in Verbindung gebracht, und die Griffe und Berührungen werden wieder leichter und oberflächlicher, um einen Ausklang der Sitzung herzustellen.

Zum Abschluß des Themas „Leading" beim Rolfing möchte ich zwei grundlegende, rolfingspezifische Leadingarten ansprechen. Das erste ist jede Rolfingmanipulation an sich. Es wird Körpergewebe gelöst und verschoben – in einer Weise, wie es ohne die Manipulation nicht geschehen wäre – und der Körper wird dazu gebracht, sich ökonomischer zu bewegen und besser zu funktionieren. Der Rolfer leadet also den Körper des Klienten in eine positive Richtung.

Der zweite grundlegende Leadingprozeß beim Rolfing tritt auf, wenn es um die Veränderung des Atmens geht. Beispielsweise ist bei sehr vielen Menschen die Atmung im Bereich der Schlüsselbeine zu gering, und der Brustkorb ist dort nicht weit genug, um dem Schultergürtel eine entspannte Basis zu bieten, die gestattet, daß Schultern und Arme entspannt ruhen. In diesem Falle arbeite ich folgendermaßen: Ich bewege und rolfe den Brustkorb erst allgemein, bis der Atem intensiver und tiefer wird. Dadurch füllt sich auch der Schlüsselbeinbereich bereits etwas mehr mit Luft. Ich lasse dann mit dem Druck und der Geschwindigkeit meiner Hände nach und berühre schließlich den Bereich der Schlüsselbeine nur noch sehr leicht und lenke die Aufmerksamkeit des Klienten dorthin. Dadurch spürt der Klient kaum noch meine Hand, nimmt aber den eigenen Körper in diesem Bereich intensiver wahr. Dieses kinästhetische Bewußtsein eines relativ unlebendigen Bereiches ist eine der wichtigsten Voraussetzungen, um ihn zu verändern. Falls das soeben Beschriebene nicht ausreicht, um die Veränderung dauerhaft herbeizuführen, gibt es weitere Möglichkeiten mit Rolfing und NLP in Kombination, die ich in Kapitel 5.3 beschreiben werde.

4.1.2.3 Separator (Unterbrecher)

Der Seperator ist dann vollständig wirksam, wenn der Klient daraufhin die Winkel aller Gelenke im Körper verändert. Diese Veränderung ist die Garantie, daß er seine Physiologie vollständig gewechselt hat. Solch ein Physiologiewechsel mit Hilfe eines Separators ist in der Therapie besonders am Anfang und am Ende der Sitzung sinnvoll, damit der Klient einen klaren Unterschied zwischen seinem Alltag und der therapeutischen Situation wahrnehmen kann.

Beim Rolfing sind diese beiden Separatoren sozusagen automatisch gegeben, da der Klient sich zu Beginn der Rolfingsitzung hinlegt und am Ende wieder aufsteht. Darüber hinaus sind auch das Ausziehen und Fotografiertwerden Separatoren, und der Klient hat damit die Möglichkeit, in eine gute „Therapiephysiologie" zu kommen und vom Alltag abzuschalten.

In den letzten drei Rolfingsitzungen – Nummer acht, neun und zehn – gibt es im Gegensatz zu den anderen eine ganze Reihe mehr Separatoren. Zwischen den dort stattfindenden Manipulationen wird der Klient immer wieder gebeten, aufzustehen, damit der Rolfer direkt sehen kann, ob sich die Veränderungsarbeit unter normaler Belastung des Körpers beim Gehen, Sitzen und Stehen auch in die gewünschte Richtung verändert. Gleichzeitig bereiten diese Separatoren den Klienten darauf vor, sich von der fast immer als sehr angenehm empfundenen Situation, den dem Körper intensiv Zuwendung vermittelnden, regelmäßigen Rolfingsitzungen zu verabschieden.

Beim Rolfing kommt es oft darauf an, möglichst wenige Separatoren zu bewirken, damit sich der Klient auf das Fließen seiner Körpergefühle einstellen kann. Die Tatsache, daß der Rolfer zu sprechen anfängt, verursacht in dieser Situation bereits einen Separator; deshalb muß der Rolfer bewußt abwägen, wann ein Separator nützlich ist, zum Beispiel, um dem Klienten besonders während der ersten

Sitzung – die Auswirkungen der Rolfingarbeit sind ihm ja noch nicht bekannt – die Möglichkeit zu geben, ihn bewußt zu registrieren. Deshalb frage ich in der ersten Sitzung, nachdem ich die eine Seite des Brustkorbes behandelt habe, ob der Klient einen Unterschied zwischen den beiden Seiten verspüren kann.

Ebenfalls einen auditiven Separator verwende ich, wenn ich sehe und spüre, daß der Klient in einen uneffektiven, schlafähnlichen Trancezustand gleitet. (Zur Unterscheidung effektiver und uneffektiver Trancezustände vgl. Kap. 4.2.) Ich spreche ihn dann an, indem ich ihn bitte, sich jetzt einmal besonders gut auf den bearbeiteten Körperbereich zu konzentrieren. Wenn der Rapport besonders gut ist, sage ich einfach „Hallo, aufwachen!" oder „Hiergeblieben!" oder „Bitte zurückkommen!"; meistens lachen meine Klienten dann ein wenig, weil sie angenehm überrascht sind darüber, daß ich so genau wissen kann, daß sie fast eingeschlafen wären. Das fördert das Vertrauen in die genaue und aufmerksame Behandlung ihres Körpers. Das Vergnügen ist dabei auch auf meiner Seite, da ich es als angenehm empfinde, genau und wachsam zu sein und sensibel und spielerisch mit anderen Menschen zu kommunizieren. Insgesamt fördern solche Momente meiner Erfahrung nach den Rapport sehr und verbessern so die Voraussetzungen für eine effektive Fortsetzung der Sitzungen.

Zum Abschluß des Themas Separator noch ein Beispiel aus meiner Praxis, wo der Separator einen entscheidenden Therapieschritt ermöglicht hat. Mein Klient Karl hatte bereits einige Rolfingsitzungen von mir erhalten, und bisher geriet er jedesmal, wenn wir am oberen Brustkorb und mit dem Atmen gearbeitet hatten, in einen unangenehmen Zustand. Sein Hals verkrampfte sich; er hatte das Gefühl, nicht mehr weiteratmen zu können und berichtete, daß ihm dies immer passiere, wenn er sich mit dem Atmen in diesem Bereich beschäftigte (...er hatte vorher schon Rebirthing gemacht). Wenn er in diesen Zustand geriete, konnte ich ihn bisher nicht stoppen, sondern nur mit der Behandlung an seinem Körper aufhören und eine Weile warten, bis die Verkrampfung nachgelassen hatte; das Muster dieses für ihn unangenehmen Ablaufs war bisher nicht zu verändern.

In der fünften Sitzung, in der ebenfalls teilweise am oberen Brustkorb behandelt wird, arbeitete ich wieder auf das oben beschriebene

Ereignis hin, auf dessen Wahrnehmung ich mich vorher kalibriert hatte. In dem Moment, als das Verkrampfungsmuster wie gewohnt einsetzte, sorgte ich für einen Separator, indem ich Karl aufforderte, die Augen zu öffnen, und gleichzeitig meine Hände von der Vorderseite seines Körpers auf die Rückseite legte – eine Hand in den Nacken und eine unter das Kreuzbein. Ich sprach danach weiter mit ihm in ruhigem, leisem Ton über die Empfindungen, die er im Hals- und Brustbereich hatte.

Nach ein paar Sätzen fanden wir einen Begriff für die Gefühlsqualität, die ihm dort fehlte. Während ich diesen verbalen Anker einige Male in meine folgenden Aussagen eingeflochten hatte und noch ein paarmal leicht die Stelle von vorher berührt hatte, erlebte Karl das bisherige Verkrampfungsmuster noch einmal mit sehr schwacher Intensität, und er blieb die ganze Zeit über aufmerksam und sehr gerührt, also in einer Versöhnungsphysiologie. Karl erlebte in dieser Situation eine kinästhetische Trance (vgl. Kap. 4.2.), gemischt mit inneren Bildern. Dabei spürte er wohl, daß das eigentlich Dramatische nicht die aktuelle Spannung in seinem Hals war, sondern die (visuellen und auditiven) Erinnerungen, die mit einer bewußten Empfindung dieser Stelle in Verbindung stehen. Da er die Erinnerungen und sein Körpergefühl nun als unabhängig voneinander wahrnehmen konnte, steigerte er sich nicht mehr in sein Verkrampfungsmuster hinein.

4.1.2.4 Ankern

Das, was zu Beginn einer Rolfingsitzung passiert und für einen Rolfer ganz alltäglich ist, ist eigentlich ein sehr ungewöhnliches Geschehen und funktioniert nur deshalb so leicht und selbstverständlich, weil der Rolfer mit Hilfe von Pacing und Leading und mit Ankern einen ritualisierten Ablauf schafft. Im folgenden wird dieser Ablauf eingehend beschrieben, wobei der Einsatz von Ankern im Mittelpunkt stehen soll.

Am Anfang steht ein meist kurzes Gespräch zur Begrüßung und über Veränderungen, die sich durch die letzte Sitzung ergeben haben. Danach zieht sich der Klient aus, und es werden Fotos gemacht und gleichzeitig die Körperanalyse, um die Rolfingziele der jeweiligen Sitzung auf die individuellen Gegebenheiten des Körpers des Klienten abzustimmen. Die Körperanalyse wird deshalb vor jeder Sitzung gemacht, auch ohne die Fotos; erst danach beginnt die eigentliche Sitzung.

Diese Anfangsrituale lassen sich durch einige Anker unterstützen, die ihren reibungslosen Ablauf sicherstellen. Das kurze Gespräch findet im Sitzen statt, wobei der Klient immer an der gleichen Stelle und auf demselben Stuhl sitzt. Mein Aufstehen ist ein Anker für das Beenden des Gespräches und das Ausziehen des Klienten. Der Griff zum Fotoapparat und/oder die Bitte an den Klienten, sich an eine bestimmte (immer gleiche) Stelle im Raum zu stellen, um die Körperanalyse machen zu können, sind Anker für den nächsten Vorbereitungsschritt. Insgesamt unterstützen diese Anker den Klienten dabei, Schritt für Schritt in eine gute „Therapiephysiologie" zu kommen.

Gegen Ende einer jeden Rolfingsitzung gibt es bestimmte Körperbereiche und -griffe, die die Anker für den Abschluß der Sitzung bilden. Oft wird gegen Ende einer Sitzung am Rücken in einer sitzenden Position gearbeitet. Immer gibt es kurz vor Schluß oder als Abschluß einen Pelvic Lift. Dabei liegt der Klient auf dem Rücken, und der Rolfer hat seine Hand unter dem Kreuzbein. Ebenfalls in jeder Sitzung arbeitet der Rolfer gegen Ende mehr oder weniger lange am Nacken; diese kinästhetischen Anker helfen dem Klienten, sich auf das Ende der Sitzung einzustellen und dienen als Vorbereitung für den nächsten Schritt. Dies ist die Entspannungsphase, in der der Klient eine Weile allein ausruhen kann. Fast alle Klienten nehmen diese Zeit allein gerne wahr. Die soeben beschriebenen kinästhetischen Anker unterstützen den Ausstieg aus der Therapiesituation und den Übergang in den Alltag.

Neben kinästhetischen Ankern benutze ich während der Sitzung besonders auditive Anker, um die positive körperliche Veränderung zu unterstreichen. Zum Beispiel gibt es eine bestimmte Art des Atmens, die anzeigt, daß die gerade vollzogene Manipulation am Körper des Klienten sein Nervensystem erreicht hat und daß er sich weiter entspannt. Dieser Atemzug sieht folgendermaßen aus: Während einer Phase recht gleichmäßiger Atemzüge entsteht eine sehr tiefe und lange Einatmung mit ebenfalls langem und tiefem („seufzerähnlichem") Ausatmen. Solche Atemzüge ankere ich im Moment ihres Auftretens mit einer Bemerkung wie „Mmmh!", „Ja!", „Gut!" oder „Schön!". Genauso kann man bei der Arbeit an den Füßen in der zweiten Sitzung dann ankern, wenn die kleinen Fußbewegungen, die der Klient als Unterstützung der Neuprägung seines motorischen Nervensystems macht (vgl. Kap. 2.2.), die richtige Form gefunden haben.

Eine Reihe anderer bei der Rolfingarbeit gewünschter Körperreaktionen kann man in ihrer Auftretenshäufigkeit und -leichtigkeit durch ähnliche auditive Anker fördern; zum Beispiel werden beim Loslassen unbewußter Anspannungen in den Armen und Schultern bei der Körperanalyse oder bei der Rolfingarbeit sich gegen den Druck der Hände aufbauende Spannungen im Moment des Wiederlösens auditiv geankert. Wenn diese Anker funktionieren, erreiche ich später an empfindlichen Stellen weniger Gegendruck, wenn ich zusammen mit dem auditiven Anker meine Hände in das Körpergewebe drücke. Dadurch erleichtere ich dem Klienten (und mir) die Arbeit.

Auch visuelle Anker sind beim Rolfing sehr hilfreich, da die meisten Menschen sich, wie einer meiner Klienten einmal treffend bemerkte, „Körpergefühle so schlecht merken kann". Genau genommen ist es sowieso unmöglich, sich ein Körpergefühl exakt zu merken, da der Körper ständig in Bewegung ist und sich verändert. Dadurch kann es nie wieder dasselbe Gefühl geben, nur sehr ähnliche. Nach einer gelungenen Rolfingsitzung, wenn die Körperstruktur im Stehen besonders entspannt und aufrecht ist und der Klient seinen Körper als gut funktionierend und angenehm empfindet, kann man ihn bitten, erst die Augen zu schließen und sein Gefühl so optimal und intensiv wie möglich zu machen und im besten Moment die Augen zu öffnen und sich genau seine Art, in diesem Moment zu sehen, einzuprägen. Er kann sich die Perspektiven, die Sehschärfe, die Dimensions- und Farbwahrnehmung und die Blickweite merken bzw. ankern. Später kann er sein Körpergefühl, indem er diesen visuellen Anker herstellt, wieder optimieren. Auf eine etwas andere Art läßt sich ein gutes Körpergefühl visuell ankern, wenn man sich in diesem Moment das eigene Spiegelbild, wenn möglich ganz oder in Ausschnitten, einprägt.

Nun zu den kinästhetischen Ankern beim Rolfing. Allgemein kann man das gesamte Rolfing als einen großen kinästhetischen

Ankerungsprozeß betrachten. Je nach dem, was für ein bestimmter Körperbereich jeweils wichtig ist, kann die Berührung des Körpertherapeuten entspannend oder stimulierend wirken, und gleichzeitig wird die Art der Berührung zum Anker des angeregten Prozesses.

In der Folge reagiert der gerolfte Körper immer leichter mit Entspannung oder Aktiviertheit auf die entsprechenden geankerten Berührungsqualitäten. Deshalb kann ein Rolfer auch meistens, ohne daß der Klient es ihm sagt, an der Körperreaktion feststellen, ob er bereits Rolfing oder andere ähnlich wirkende Körperarbeit bekommen hat. Für den bereits gerolften Menschen bedeutet das, daß er nach Zeiten, in denen er seinen Körper belastet oder vernachlässigt hat und sich unwohl fühlt, mit viel weniger Sitzungen als ein Nichtgerolfter einen ähnlich guten Körperzustand zurückerlangt oder eine weitere Verbesserung des Körpers schneller und leichter möglich ist.

Ein weiterer sehr positiver Effekt des Rolfing, der durch kinästhetisches Ankern bewirkt wird, wird im folgenden beschrieben. Bei der Rolfingbehandlung wird oft mit großem bis an die Schmerzgrenze reichenden Druck gearbeitet. Dabei achtet der Rolfer jedoch ständig darauf, daß der Körper des Klienten trotzdem entspannen kann oder der Druckschmerz zu einer durch entspanntes, tieferes Atmen herbeigeführten Aktivierung des ganzen Körpers führt. Auf diese Weise wird also eine schmerzhafte Spannung im Körper zu einem Anker für zwei gleichermaßen heilsame Reaktionen. Dadurch lernt der Klient, auch später entschieden effektiver mit Spannungen umzugehen.

Ein gutes Beispiel war meine Klientin Inge. Ihr Körper war bereits vor dem Rolfing in einem sehr gesunden und vitalen Zustand, was in dem bei ihr vorhandenen Ausmaß mit über vierzig eher selten ist. Deshalb profitierte sie auch sehr und mit interessanten Erfahrungen vom Rolfing. Den oben beschriebenen Atmungs- und Entspannungsprozeß nahm sie bewußt an sich wahr und testete ihre neue Fähigkeit, auf Schmerz mit Entspannung zu reagieren, bei einem Zahnarztbesuch. Einen Eingriff, den sie sonst nur mit Betäubungsspritzen hatte über sich ergehen lassen, meisterte sie zur Überraschung ihres Arztes ohne Betäubung und in guter entspannter Physiologie. Wir waren beide begeistert, als sie mir davon berichtete.

4.1.3 *Wie wirkt sich das Verständnis der NLP-Repräsentationssysteme auf die Körperanalyse beim Rolfing aus?*

Die Körperanalyse vor jeder Rolfingsitzung – und deren Kurzform, die manchmal während oder nach der Sitzung stattfindet – ist, bzw. bleibt für fast alle Klienten, selbst wenn sie die Analyse schon einige Male erlebt haben, eine ungewöhnliche Situation. Das liegt daran, daß eine besondere Aufmerksamkeit auf den eigenen Körper gerichtet ist und man dabei ruhig steht, von allen Seiten betrachtet wird, also sich nicht verstecken kann. Gleichzeitig ist die Körperanalyse eine Chance, Informationen über den eigenen Körper zu bekommen. Einerseits durch den Rolfer, der den Klienten auf Stellen im Körper hinweisen kann, die unnötigerweise angespannt sind, was dem Klienten aber nicht bewußt ist. Andererseits kann letzterer beim ruhigen Stehen ein Gefühl dafür bekommen, wie er entspannt und aufrecht steht, und er kann vom Rolfer Rückmeldung bekommen, ob sein Gefühl mit der Realität übereinstimmt, das heißt, ob er wirklich aufrecht ist, wenn er es so wahrnimmt. Gerade darüber täuschen sich viele Menschen, weil Aufrechtstehen oft mit Anspannung der Muskulatur assoziiert wird, wie beim Posieren vor einer Modekamera oder beim Aufruf „Stillgestanden" beim Militär. Außerdem besitzen viele Menschen keine Referenzerfahrung für aufrechtes Stehen, da die Sensibilität für die Körperwahrnehmung wenig geschult und/oder wenig in natürlicher Weise verbreitet ist. Diese Sensibilität für die Wahrnehmung der eigenen Körperhaltung kann der Rolfer mit Hilfe der NLP-Fähigkeit, an der Augenbewegung erkennen zu können, in welchem Sinnessystem der Klient sich gerade befindet, unterstützen und einüben. Man kann den Klienten bitten, sich so aufrecht und entspannt wie möglich hinzustellen und gleichzeitig dessen Augenbewegungen beobachten. Wenn die Augenstellung beim Hinstellen in die Kinästhetik geht und viel dort ist, hat die entsprechende Person oft bereits ein Gefühl für dieses innere Aufgerichtetsein. Falls der Rolfer sieht, daß der Klient, obwohl seine Augenmuster in der Kinästhetik sind, sich nicht aufrichten kann, weiß er, daß der Klient auf dem richtigen Weg dazu ist. In diesem Falle kann der Rolfer den Klienten auf die Stellen im Körper aufmerksam machen, in denen noch Anspannungen sind, die das Aufrechtsein verhindern. Der Klient, da er in der Kinästhetik gut wahrnimmt, spürt diese

Stellen sofort auf und kann sie entspannen. Dadurch verbessert sich sein Gefühl, und er wird aufrechter.

Nimmt ein Klient, wenn er versucht, sich aufzurichten, besonders den visuellen oder auditiven Bereich wahr, kann der Rolfer ihn erst in die Kinästhetik leiten und ihn dann unterstützen, die nötigen Bereiche zu entspannen. Respektvoll in die Kinästhetik kann man den Klienten z.B. mit den Worten führen: „Ja, das kommt der Vorstellung vom Aufrechtsein schon sehr nahe und spüre jetzt einmal genau, ob sich dein ganzer Körper gut anfühlt" oder „Das sieht schon sehr gut aus. Fühlt es sich auch wirklich gut an?". Meistens gehen dann die Augen tatsächlich in den Bereich der Kinästhetik, falls nicht, kann man den Klienten auch bitten, um sich selbst beim Fühlen zu helfen, die Augen nach unten rechts zu bewegen und noch einmal nachzuspüren. Gelegentlich funktioniert auch das nicht, weil der Klient sich seit langer Zeit kaum bewußt mit seinen Sinnen in der Kinästhetik aufhält und sein Körper vernachlässigt oder sogar krank ist. In diesem Fall ist das Bewußte In-der-Kinästhetik-Sein sozusagen eine unangenehme Überraschung für den Klienten, und sein Bewußtsein hat eine Menge Widerstände dagegen. Hilfreich ist es dann, bevor man wieder versucht, den Klienten in die Kinästhetik zu leiten, ihn zu bitten, eine Zeitlang besonders liebevoll mit seinem Körper zu sein und viel Angenehmes und Gesundes für ihn zu tun oder tun zu lassen. Verbessert sich dadurch der allgemeine körperliche Zustand des Klienten, fällt es ihm leichter, „in die Kinästhetik zu gehen" und sich dann von innen her aufzurichten.

Die Tatsache, daß jemand Widerstände hat, Körperempfindungen bewußt zu erleben, ist aber nicht nur vom Körperzustand abhängig, sondern eher vom Konflikt, der zwischen den Sinnessystemen besteht.

Zum Beispiel Franz. Er ist Dozent an der Universität und schon aus beruflichen Gründen liest er viel. Darüber hinaus genießt er auch in seiner Freizeit das Bücherlesen. Seine Erlebniswelt ist sehr stark auditiv und visuell geprägt, bzw. ist er viel in Gedanken. Die Art, wie er sich mit Gedanken und Büchern befaßt, ist für ihn sehr positiv und bereichernd. Im Gegensatz dazu ist sein Körper ihm eher fremd, und er findet sich eher unattraktiv, d.h. die Beschäftigung mit dem eigenen Körper bringt ihm eher Unangenehmes statt Lust und Freude, obwohl er gesund ist und er nur durch einen Mangel an

Bewegung und anderen körperlichen Erfahrungen eine Reihe von Verspannungen hat. Da er sich leicht und mit viel Spaß in seine Gedankenwelt zurückziehen kann, fällt es ihm besonders schwer, in die Kinästhetik zu gehen. Zusätzlich zum Rolfing empfahl ich Franz, viele Dinge zu tun, die angenehm für den Körper sind, wie Sauna, Spazierengehen, Sport, Zärtlichkeit usw. Außerdem übten wir bei der Körperanalyse wie oben beschrieben die Sensibilität für seine Kinästhetik. Nach und nach erschloß sich Franz dadurch eine ganz neue Lebens- und Erlebensweise, und der Erfolg des Rolfing wurde entschieden sichtbarer.

4.1.4 Beobachtung der Physiologie und Kalibrierung

Die genaue Wahrnehmung von Physiologien und die Kalibrierung auf die jeweilige Physiologie und deren Veränderung bei einem Partner oder Klienten sind Fähigkeiten, die ein Rolfer intensiv trainiert. Allerdings kalibriert sich der Rolfer nicht auf Physiologien als Ausdruck des Erlebens des Klienten, sondern er analysiert die Physiologie seines Klienten daraufhin, ob sie Ausdruck einer guten Struktur und damit auch Funktionsweise des Körpers ist. Die Dinge, die diesem Ziel widersprechen, werden bearbeitet. Die Kriterien für eine gute Physiologie sind beim Rolfing und NLP gleich, mit der Einschränkung, daß der Rolfer den ganzen Körper ohne Kleidung betrachtet und einige zusätzliche Kriterien zur Wahrnehmung und Einschätzung von Physiologien besitzt.

Ebenso wie NLP-Therapeuten achten Rolfer auf rechts-, linksseitige Symmetrie, auf die Durchblutung der Haut, die Muskelspannung und die Atembewegungen. Darüber hinaus betrachten Rolfer die Verteilung der Körpermasse vor und hinter der seitlichen Lotlinie, die idealerweise gleichmäßig verteilt sein sollte, die Symmetrie der Knochenvorsprünge wie Fußknöchel, Fersen, Knie, Hüftknochen, Ellenbogen, Schlüsselbeine und Schulterblätter; und schließlich achten sie auf die Form und Verteilung des Körpergewebes und die Spannungsverhältnisse in den Muskelgruppen des Körpers und auch des Gesichtes. Im Gegensatz zum NLP'ler betrachtet der Rolfer die Physiologie seines Klienten bei der Körperanalyse in einem möglichst neutralen Zustand, um die sich langfristig entwickelten Asymmetrien im Gesicht und am Körper wahrzunehmen. Während der Rolfingarbeit kalibriert sich der Rolfer auch auf Verhalten und Bewegungsaspekte und ist – wie z.B. in der ersten Sitzung – bemüht, den Klienten zu einem tieferen und gleichmäßigeren Atemrhythmus zu leiten.

Vor der ersten Sitzung kalibriert der Rolfer sich auf die Körperstruktur des neuen Klienten und betrachtet ihn deshalb von allen Seiten, um sich ein genaues Bild von der Ausgangssituation zu machen.

Nach bestimmten Arbeitsschritten vergleicht der Rolfer sein Bild von der Ausgangssituation mit dem, wie ihm der Bereich nun erscheint. Ist eine positive Veränderung bewirkt, merkt er sich die neue Situation ebenfalls. Auf diese Weise begutachtet und überprüft ein Rolfer immer wieder die Auswirkungen des Rolfing, zum Beispiel auch zu Beginn jeder neuen Sitzung, um einzuschätzen, ob die Veränderungen, die sich in der vorhergehenden Sitzung ergeben haben, erhalten geblieben sind oder ob sie teilweise zurückgegangen sind. Seine Wahrnehmungsfähigkeit für den menschlichen Körper muß für diese Form der Kalibrierung sehr gut sein, da er Veränderungen wahrnehmen können muß, die der Ungeschulte nur nach Vergleichen von Photos und ausdrücklichem Hinweis erkennen könnte. Deshalb wird in der Rolfingausbildung eine Menge Zeit auf gemeinsame Wahrnehmungsübungen und Kalibrierungen verwandt. Ein Rolfer, dem die genaue Kalibrierung auf die Physiologie der Klienten schwerfällt, hat zwar noch die Möglichkeit, durch Tasten genaue Informationen über den Körper des Klienten zu gewinnen, aber in der Regel ist die Arbeit für ihn ohne visuelle Kalibrierung entschieden mühevoller.

Abschließend zum Thema Physiologien und Kalibrierung beim Rolfing ist anzumerken, daß Rolfer ihre Wahrnehmungen aus ihrer visuellen Kalibrierung immer durch Tasten, also kinästhetische Information, vervollständigen und überprüfen. Auf diese Weise bekommen sie einen umfangreichen Eindruck vom Körper, einschließlich dem Knochenbau und den inneren Organen und deren Funktion. Solche Informationen sind natürlich auch in einer ausschließlich psychotherapeutischen Behandlung hilfreich.

4.1.5 Öko-Check und Futurepacing beim Rolfing (Ökologische Veränderungen und Brückenschlagen in die Zukunft)

Beim Rolfing gibt es einen Öko-Check im NLP-Sinne nicht. Die Konzentration ist sehr stark auf die möglichst große Veränderung des Körpers innerhalb der zehn Sitzungen gerichtet, daß die Gefahr besteht, daß ökologische Überlegungen außer Acht gelassen werden, obwohl sie in manchen Fällen der Grund für Probleme bei der Körperarbeit sein können, oder wenn die körperliche Veränderung stattfindet, kann sie zu eventuell unökologischen Veränderungen im Leben der Klienten führen – dazu zwei Beispiele: Sybilles Fall illustriert die erste Situation. Auf den ersten Blick erschien sie wie eine ideale Klientin. Sie war gesundheits- und körperbewußt und hatte ein dementsprechend gutes Körpergewebe, so daß das Rolfing normalerweise einen schnellen und guten Effekt hätte zeigen können. Außerdem hatte sie ein Hohlkreuz mit Rundrücken, ein typisches Problem, bei dem sich die Rolfingbehandlung besonders eignet. Die ersten Sitzungen verliefen auch gut und mit effektiven Veränderungen. Nach der fünften, oft sehr wichtigen und tiefgehenden Sitzung brach sie jedoch die Therapie vorläufig ab, mit der Begründung, daß ihr die Veränderungen viel zu schnell gingen und daß es auch Schwierigkeiten in ihrer Beziehung brächte. Ein Öko-Check kann solchen Situationen vorbeugen. Mit der Frage, ob auch neben den körperlichen Veränderungen alles in Ordnung ist, läßt sich ein kurzes Gespräch einleiten, ob oder wie die äußere Lebenssituation für die Rolfingarbeit geeignet ist oder nicht; das heißt, ob die Arbeit und die Beziehungen, die ein Klient hat, Zeit und Energie für körperliche und psychische Veränderungen übrig lassen. Ist dies nicht der Fall, muß geklärt werden, wie die Rolfingsitzungen in Einklang mit den anderen Faktoren gebracht werden können, die das Leben des Klienten ausmachen.

Eine weitere Art, wie sich das Fehlen eines Öko-Checks beim Rolfing bemerkbar machen kann, demonstriert das nächste Beispiel. Jörg war verheiratet und hatte ein kleines Kind mit seiner Frau und arbeitete mit ihr zusammen als selbständiger, gut ausgelasteter Designer. Durch die vielen gemeinsamen Aufgaben war Jörgs Ehe schon etwas unter Druck. Durch jede neue Rolfingsitzung wurde er sensibler für die Bedürfnisse seines Körpers und seiner Person.

Schließlich war er nicht mehr bereit, die gemeinsam mit seiner Frau geschaffenen Belastungen auszuhalten und trennte sich von ihr, dem Kind und der gemeinsam aufgebauten Existenz. Möglicherweise wäre dies ohnehin geschehen, und vielleicht war es tatsächlich das „Beste für alle Beteiligten". Andererseits hätte ein Öko-Check vielleicht Möglichkeiten deutlich werden lassen, wie er sich auf weniger aufwendige und gleichzeitig für alle Beteiligten positive Weise von seinem Druck hätte befreien können.

Beim Rolfing kann ein NLP-Öko-Check aufgrund des Schwerpunktes auf der Körperarbeit natürlich nur knapp ausfallen. Falls weitere gesprächsorientierte Therapie oder Beratung aufgrund der Erkenntnisse im Öko-Check nötig erscheinen, muß dies an anderer Stelle oder zu einer anderen Zeit geschehen. Auf alle Fälle kann ein Öko-Check besonders bei stark körperzentrierten Methoden wie Rolfing den langfristigen Erfolg der Körperarbeit stabilisieren und die positiven Effekte für den Körper in eine gute Verbindung zum gesamten Existenzbereich des Klienten stellen.

In etwas anderer Form als beim NLP gibt es auch beim Rolfing ökologische Überlegungen. Sie beziehen sich auf das Zusammenwirken der Veränderungen in verschiedenen Körperbereichen. Beispielsweise kann es bei einem Klienten möglich sein, den Rundrükken zu fünfzig Prozent während der zehn Rolfingsitzungen zu verbessern und die Beine und das Becken in der verbleibenden Zeit nur um zehn Prozent. Im ersten Moment würde sich diese fünfzigprozentige Verbesserung großartig für den Klienten anfühlen. Sie würde sich allerdings schon bald auf maximal zehn Prozent zurückentwikkeln, da die Basis, also Becken und Beine, eine Aufrechterhaltung nicht erlauben würden. Deshalb verhält sich ein Rolfer ökologisch und strebt eine gleichmäßige Verbesserung von zwanzig Prozent in beiden Körperbereichen an, die dann mit großer Wahrscheinlichkeit vollständig aufrechterhalten bleibt und dem Klienten dadurch insgesamt und langfristig ein besseres Körpergefühl bereitet.

Das Futurepacing ist im Gegensatz zum Öko-Check beim Rolfing bereits gut integriert. Bereits von der ersten Sitzung an achtet der Rolfer darauf, daß die positiven Effekte des Rolfing nicht nur momentan sind, sondern so auf den Körper des Klienten wirken, daß er sich langfristig besser fühlt und bewegen kann. Deshalb wird beim

Rolfing der Körper im wesentlichen von unten nach oben durchgearbeitet, damit die Basis (Füße, Beine, Becken) die späteren Veränderungen am Oberkörper auch aufrechterhalten kann. Außerdem wird die Rolfingbehandlung zwar im Liegen durchgeführt, aber so, daß der Körper des Klienten im Gehen, Stehen und Sitzen ebenfalls besser funktioniert. Die Themen der einzelnen Sitzungen (vgl. Kap. 2) sind außerdem so aufgebaut, daß die volle Wirkung des Rolfing sich erst durch das Zusammenwirken aller Sitzungen und ganz sogar erst eine Weile nach der letzten Sitzung zeigt, nämlich nach der sechs Monate dauernden Integrationsphase.

Besonders deutlich wird das Futurepacing in den letzten drei Sitzungen acht, neun und zehn. Der Klient steht während der einzelnen Sitzung öfter auf, um sein neues Körpergefühl wahrzunehmen und um sich auf seine zukünftige, veränderte Art, mit seinem Körper umzugehen, einzustellen. Die Rolfingveränderungen werden quasi von der liegenden Position in die normalen Bewegungsabläufe gefuturepaced. Deshalb beobachtet der Rolfer seinen Klienten nun auch öfter im Gehen, also in Bewegung, damit er seine nächsten Arbeitsschritte genauso auswählen kann, daß der Klient in Zukunft dauerhaft besser und leichter geht, sitzt und steht. Mit Gehen, Sitzen und Stehen sind natürlich auch alle anderen Bewegungsweisen, die im Leben des Klienten vorkommen, angesprochen. Außerdem unterstützt der Rolfer seinen Klienten bei der Sensibilisierung für neue, effektivere Bewegungsabläufe, indem er Veränderungen mit dem Klienten erörtert und ihn immer wieder anregt, zwischen den Rolfingsitzungen besonders auf veränderte Bewegungen zu achten und sich das dazugehörige Körpergefühl einzuprägen.

4.1.6 Beziehungen zwischen den zehn Rolfingsitzungen und einigen NLP-Techniken

In diesem Abschnitt geht es um eine Verbindung von verschiedenen NLP-Techniken mit der jeweilig genannten Rolfingsitzung. Die entsprechende Rolfingstunde hat ein Thema, das Probleme oder Fragen aufwerfen kann, zu deren Lösung oder Beantwortung sich die in Beziehung gesetzte NLP-Technik eignet. Die Probleme haben eine gewisse erfahrungsmäßige Wahrscheinlichkeit, im Zusammenhang mit der entsprechenden Sitzung aufzutreten. Es ist nicht zwingend nötig, die Rolfingsitzung mit der im folgenden genannten NLP-Technik zu ergänzen, und es können auch andere Themen sein, die die Sitzung beim Klienten anregen. Eine zusätzliche NLP-Sitzung kann die Integration der Rolfingveränderung in geistige und gefühlsmäßige Bereiche intensivieren. Das ist besonders für Menschen interessant, die sozusagen „voll im Leben stehen", viel zu tun haben und sich für sich allein oft wenig Zeit für ihre körperliche und emotionale Gesundheit und Entwicklung nehmen. Ebenfalls wichtig kann eine zusätzliche NLP-Psychotherapie sein, wenn der Klient Schwierigkeiten hat, die Rolfingarbeit psychisch zu „verdauen".

4.1.6.0 Vorgespräch und Pene Trance (Wohlgeformte Zieldefinition)

Ein Rolfingvorgespräch, aber auch andere Therapievorgespräche sind ein idealer Anlaß, ein oder mehrere Wünsche des Klienten mit Hilfe einer Wohlgeformten Zieldefinition genau zu bestimmen. Das hat den Vorteil, daß der Klient am Ende seiner Therapie neben anderen Veränderungen und intensiven positiven Erfahrungen auf ein oder mehrere gesteckte Ziele zufrieden und als erreicht zurückblicken kann. Natürlich sind auch allgemein formulierte Vorerfahrungen, Wünsche und Ziele während des Vorgespräches als richtungsweisende Information für die gemeinsame Therapiezeit interessant und wichtig. Deshalb gehe ich beispielsweise folgendermaßen vor. Nachdem ich meinen neuen Klienten begrüßt habe, frage ich ihn, welche Beschwerden er mit seinem Körper hat und welche Vorerfahrungen in Körper- oder Atemarbeit er besitzt und welche Wünsche und Erwartungen er an das Rolfing hat und ob er noch irgendwelche Fragen an mich hat. Nachdem wir uns eine Weile unterhalten haben, frage ich ihn, ob ihm ein Wunsch ganz besonders am Herzen liegt und ob wir den noch genauer besprechen sollen. Wenn er dies möchte, gehe ich nach den Pene Trance-Regeln (vgl. Stahl, Triffst du 'nen Frosch unterwegs...) vor und definiere mit ihm den Wunsch so, daß seine Erreichung überprüfbar ist. Ein häufiger Wunsch beim Rolfing ist die Aussage: „Ich möchte mehr Energie haben", darauf die Frage des Therapeuten: „Wie wirst Du wissen, daß Du mehr

Energie hast", die Antwort des Klienten: „Das werde ich fühlen". Therapeut: „Wo und wie wirst Du das fühlen?". Klient: „Ja, am ganzen Körper". Therapeut: „Und wie fühlt es sich an?". Klient: „Hmm ... ja also meine Füße und Hände sind meistens warm, mein Atem fließt gleichmäßig und tiefer als bisher, mein Körper ist überall gleichmäßiger warm als bisher, und ich habe mehr Lust, mich zu bewegen." Therapeut: „Wodurch wirst Du feststellen, daß Du mehr Lust hast, Dich zu bewegen?". Klient: „Also, das heißt für mich, ich gehe mindestens einmal in der Woche joggen und einmal spazieren. Außerdem möchte ich öfter mit meinen Kindern spielen." Therapeut: „Wie oft wäre das genau?". Klient: „Ja, sagen wir mal mindestens fünfmal in der Woche eine halbe Stunde. Ja, wenn ich das alles tue, habe ich sicher das Gefühl, mehr Energie zu besitzen."

4.1.6.1 Erste Sitzung und Chaning Anchor Technique (Verkettung von Ankern)

Eine der wichtigsten Aufgaben in der ersten Sitzung ist es, die oberflächlichen Gewebestrukturen am ganzen Körper zu öffnen, d.h. zu lockern, um den Körper auf tiefere Arbeit in den folgenden Sitzungen vorzubereiten. Je mehr dies während der ersten Stunde Stück für Stück gelingt, verbessert sich nicht nur das Gefühl und die Durchlässigkeit an den jeweils behandelten Stellen, sondern auch das Gefühl im ganzen Körper, da immer ausgedehntere Bereiche der Körperoberfläche entspannt und dadurch in besserer Verbindung zueinander sind. Dieses Gefühl des Verbundenseins im ganzen Körper ist sehr angenehm. Ein sehr ähnlicher Prozeß findet bei der Chaning Anchor Technique statt. Es werden nacheinander z.B. mehrere kinästhetische Anker gesetzt. Der erste in Verbindung mit einer problematischen Situation, der zweite mit einer ähnlichen aber abgeschwächten Problemsituation, der dritte mit einer neutralen Situation, die nichts mit der Problemsituation zu tun hat, der vierte mit dem positiven Gegenteil der Problemsituation, der fünfte mit einer beliebigen, besonders angenehmen Situation. Werden diese Anker, nachdem sie im ersten Durchgang etabliert worden sind, im zweiten miteinander verbunden, indem sie der Reihe nach ausgelöst werden,

werden durch diese Verbindung alle geankerten Situationen positiv, da der Klient Verbundensein von angenehmen und weniger positiven Erlebnissen und Lebenserfahrungen in wenigen Momenten direkt spürt. Ähnlich entwickelt sich beim Rolfing durch die Arbeit an allen Einzelkörperbereichen ein im Ganzen sehr gutes Körpergefühl dadurch, daß die Bereiche nun spürbar miteinander in Verbindung stehen.

Auf diese Weise stellt also die erste Sitzung implizit eine Chaning Anchor Technique dar, und zwar insofern, als daß negative Anker – verspannte Körperstellen – mit positiven – Bereiche, die sich fließend anfühlen – verbunden werden und dadurch die negativen relativer – angenehm fließend und verbundener mit dem gesamten Körper – und dadurch positiv werden. Um dies zu erreichen, muß die unangenehm verspannte Stelle – der negative Anker – nicht völlig entspannt sein, sondern in der ersten Sitzung nur wieder spürbar mit anderen angenehmen Körperpartien – positiven Ankern – in Verbindung stehen.

Durch das Erleben dieses der Chaning Anchor Technique entsprechenden Prozesses ist der Organismus unbewußt – auf der Ebene körperlicher Erfahrungen – und, je nach Person, mehr oder weniger bewußt – durch die gedankliche Verarbeitung des Erlebten – sensibilisiert für die Zusammenhänge zwischen angenehmen und unangenehmen Erfahrungen. Falls in nächster Zeit – solange diese Sensibilisierung besteht – Probleme auftauchen, deren Lösung durch einen Chaning Anchor Prozeß möglich ist, fällt es der Person leicht, diese Problemlösung – teils bewußt, teils unbewußt – durchzuführen. Darüber hinaus ist die explizite Bearbeitung einer Schwierigkeit mit der Chaning Anchor Technique durch einen NLP-Therapeuten nach der oben beschriebenen Sensibilisierung natürlich besonders einfach.

4.1.6.2 Zweite Sitzung und Change History (Veränderung der Geschichte)

Am Zustand der Wirbelsäule kann man erkennen, inwieweit ein Mensch gealtert ist. Dieses Alter muß nicht mit den tatsächlichen

Lebensjahren übereinstimmen. Körperschulen wie z.B. das Yoga zielen deshalb besonders darauf ab, die Wirbelsäule mit ihren Wirbelkörpern, Bandscheiben, Sehnen und Muskeln gut durchblutet und flexibel zu erhalten. Das fördert die Funktion der inneren Organe und des Nervensystems und hält so den ganzen Körper jung.

In der zweiten Sitzung werden zum ersten Mal in der Rolfingserie die Wirbelsäule und die Beine als deren Basis intensiv bearbeitet. Wie beim Yoga hat diese Arbeit für den Körper eine verjüngende Wirkung. Das bedeutet für den Klienten, daß er Zustände erlebt, die in seiner Lebensgeschichte bereits eine Weile zurückliegen. Dadurch kann es sein, daß der Gerolfte sich spontan an etwas erinnert oder durch Träume auf Dinge und Erlebnisse aufmerksam wird, die für die gerade beseitigten Verspannungen verantwortlich gewesen sind. Dadurch können die Gründe und Erlebnisse, die für die Verspannungen ursächlich waren, bewußt werden, und der Klient kann sich nun ebenfalls bewußt anders verhalten und seine Geschichte neu schreiben. Das heißt, die zweite Sitzung kann besonders gut einen Prozeß wie beim Change History bewirken und stellt durch die Sensibilisierung für diesen Prozeß gleichzeitig eine gute Vorbereitung für weitere Change-History-Veränderungen dar.

4.1.6.3 Dritte Sitzung und Reframing (Einen neuen Rahmen finden)

In der dritten Sitzung findet der Körper zum erstenmal während der zehn Sitzungen einen neuen Empfindungs- und Bewegungsrahmen; weil der Rolfer nun alle äußeren Strukturen einmal durchgearbeitet hat und die in den einzelnen Sitzungen veränderten Bereiche in eine neue sinnvolle Beziehung zueinander gesetzt sind. Genauso werden beim Reframing scheinbar negative Verhaltensweisen, nachdem sie auf ihre eigentlichen positiven Absichten untersucht und diese durch angemesseneres Verhalten ersetzt worden sind, in einen Zusammenhang gebracht, in dem sie positiv wirken. Durch diese Parallelwirkungen kann wiederum das Rolfing entweder spontan einen Reframingprozeß im Klienten bewirken und / oder eine gute Einstimmung für zusätzliche Reframingtherapie darstellen.

4.1.6.4 *Vierte Sitzung und Phobietechnik*

In der vierten Sitzung wird die Innenseite der Beine bis zu den Ramie, das sind die unteren Ränder der Beckenknochen – dazwischen liegen die Geschlechtsorgane – bearbeitet; diese Körperbereiche sind sehr empfindungsreich. Diese Empfindungen sind jedoch oft mit Emotionen verbunden, die belastet sind mit Verboten, Bedrohungen, Versagens- und Unzulänglichkeitsängsten. Deshalb ist die vierte Sitzung für manche Klienten oft die anstrengendste, bedrohlichste und abenteuerlichste von allen. Der Rolfer muß daher sehr vorsichtig und empfindsam arbeiten und darauf vorbereitet sein, daß der Klient durch die Manipulationen plötzlich starke gefühlsmäßige Erlebnisse hat. Um damit umzugehen, kann der Rolfer wie bei der Phobietechnik den Klienten anleiten, eine visuell-kinästhetische Dissoziation vorzunehmen, damit er die inneren Bilder, die sein Erleben beeinflussen, bewußt von den momentanen Körpergefühlen unterscheiden kann. Dadurch wirkt dann die Rolfingarbeit wieder erleichternd statt bedrohlich. Darüber hinaus ist für Rolfingklienten, die tatsächlich eine Phobie haben, erfahrungsgemäß die vierte Sitzung besonders kritisch; deshalb eignet sich diese Sitzung auch als Vorbereitung für eine NLP-Phobiearbeit, da sich durch die Aktivierung der empfindsamen Körperbereiche, die in der vierten Sitzung behandelt werden, teilweise verschüttete Ängste ins Bewußtsein drängen.

4.1.6.5 *Fünfte Sitzung und New Behaviour Generator (Neues Verhalten entwickeln)*

Durch die fünfte Sitzung hat der Rolfingklient zum ersten Mal eine große Chance, seine innere Linie zu spüren. Nachdem in der vierten Sitzung am unteren Teil der Körperstrukturen gearbeitet worden ist, deren Entspannung und Geordnetheit Voraussetzung für diese Empfindung der inneren Linie ist, werden in der fünften Sitzung die entsprechenden oberen Körperstrukturen behandelt. Das Gefühl für die innere Linie beim Gehen, Stehen und Sitzen ermöglicht es dem Menschen, von innen heraus eine aufrechte und entspannte Körperhaltung zu haben, und ist, wenn der Klient es zum ersten Mal erlebt, ein überwältigend neues und angenehmes Gefühl. Ähnliche Gefühle – allerdings etwas mehr auf den Augenblick bezogen – kann ein NLP-Klient beim New Behaviour Generator erleben. Dies geschieht in dem Moment, in dem der Klient in sein Zielbild oder seinen Film hineingeht bzw. sich damit assoziiert und das neu entwickelte Verhalten voll durchlebt. Oft ergibt sich daraus eine intensive Ressourcenphysiologie oder sogar die eines „Moment Of Excellence". Aufgrund der Gemeinsamkeiten „Neuheit" und „positive Intensität" nach der fünften Sitzung und dem New Behaviour Generator kann eine Durchführung beider Therapieelemente in zeitlicher Nähe die positive Wirkung der einzelnen Sitzungen noch verstärken und festigen. Außerdem kann die körperliche Veränderung der fünften Sitzung einen spontanen New Behaviour Generator auslösen, d.h., der Klient kommt aus dem guten Gefühl nach der Sitzung auf neue Ideen, die er, da sein Wahrnehmen, Denken und Fühlen aufgrund der Sitzung besonders gut übereinstimmen, mit sicherer Leichtigkeit umsetzen kann.

4.1.6.6 Sechste Sitzung und Verhandlungsmodell

Ein wesentliches Ziel der sechsten Sitzung ist es, das Kreuzbein so auszubalancieren, daß es als ein beweglicher Teil der Wirbelsäule funktionieren kann. Damit wird der Unterkörper – Füße, Beine und Becken – mit dem Oberkörper – Brustkorb, Arme und Kopf – in eine funktions- und gefühlsmäßige Einheit gebracht. Durch das Erleben dieser Einheit zwischen Ober- und Unterkörper vereinen sich oft auch widersprüchliche Teile in der Person in gleicher Weise, wie es beim NLP-Verhandlungsmodell geschieht. Das heißt z.B., daß der Klient erfährt, daß er seinen Drang nach körperlicher Aktivität durch Spazierengehen oder Tanzen und sein Bedürfnis nach kreativer Selbstverwirklichung in der Arbeit oder in sozialen Kontakten durch Gespräche, Briefeschreiben oder Therapie-Machen in Einklang bringen kann. Desweiteren kann ein Konflikt zwischen sexuellen und liebevoll-herzlichen Empfindungen sich nach der sechsten Sitzung auflösen, da die Verbindung zwischen Becken, Brustkorb und Kopf nun durchlässiger und lebendiger ist. Darüber hinaus kann eine NLP-Verhandlungsmodellsitzung den Prozeß der Auflösung dieses Konfliktes zusätzlich schneller und vollständiger gestalten.

4.1.6.7 *Siebte Sitzung und Veränderung von Glaubenssätzen*

In der siebten Sitzung wird ein sehr sensibler Teil des Körpers in den Prozeß seiner Aufrichtung mit einbezogen, nämlich Hals und Kopf. Dr. Rolf formulierte dies kurz mit der Aussage: „In der siebten Sitzung wird der Kopf auf den Körper gesetzt".

Mit der Bewegung und Haltung des Kopfes drücken Menschen sehr differenziert Einstellungen, Haltungen und Glaubenssätze gegenüber sich selbst und der Umwelt aus. Jemand, der den Kopf ein bißchen einzieht, drückt damit aus, „Ich will/muß mich verstecken" oder „Ich will klein sein" (oder „Ich BIN klein"). Wenn der Kopf nach vorn geschoben ist und die Nackenmuskeln viel Spannung brauchen, um den Kopf oben zu halten, stecken darin Aussagen wie „Es ist alles so schwer und belastend", „Ich bin traurig" oder mit zusätzlich hochgezogenen Schultern „Ich habe Angst vor ...". Eine leicht in den Nacken geworfene Kopfhaltung kann unter anderem aussagen „Ich zeige mich", „Ich bin wichtig", aber auch „Ich muß einige Anspannungen ertragen, um so zu sein". Verändert man nun in der siebten Sitzung die Kopfhaltung und -bewegung, nimmt der Klient sich und seine Umwelt sehr verändert wahr. Er fühlt sich anders, wie durch die anderen Sitzungen auch, aber zusätzlich ist die visuelle und auditive Wahrnehmung stärker verändert als nach allen anderen Sitzungen, und all dies verändert auch seinen Ausdruck gegenüber seiner Umwelt. Dieses veränderte Erleben fordert Glaubenssätze über die eigene Person heraus. Ein Glaubenssatz wie „Ich bin zu häßlich oder unwichtig, um so erhobenen Hauptes durch die Welt zu gehen" findet auf einmal keine körperliche Entsprechung mehr und kann sich – unterstützt durch neue Erfahrungen mit der Umwelt und Mitmenschen – „einfach so" verändern. Gleichzeitig kann eine NLP-Arbeit an Glaubenssätzen im Zusammenhang mit der siebten Sitzung sehr nützlich sein und auf besonders fruchtbaren Boden fallen oder sogar nötig sein, um die dauerhafte Aufrichtung des Kopfes zu festigen.

4.1.6.8 *Achte Sitzung und Reimprinting (Neuprägung)*

Zum Zeitpunkt der achten Sitzung sind durch die vorangehenden Sitzungen alle Körperbereiche bis in die Tiefe gelockert und flexibler.

In der achten und auch der neunten Sitzungen werden nun die Körperbereiche so bearbeitet und zusammengefügt, daß sich eine grundsätzlich neue und verbesserte Ordnung im Körper ergibt und das Körpererleben eine bis in die Tiefe reichende neue Qualität gewinnt. Dadurch werden Fehlfunktionen und körperliche Einschränkungen, die sich vor vielen Jahren begannen zu entwickeln, grundlegend beseitigt. Um ähnliche Veränderungen geht es beim Reimprinting. Sehr alte und tief erlebnis- und verhaltenswirksame Lebenserfahrungen werden wiedererlebt und verändert, indem sozusagen rückwirkend neue, bessere Erlebnisqualitäten in kritische alte Erfahrungen gebracht werden. Die achte Rolfingsitzung und das Reimprinting haben also ähnliche Wirkungen und Wirkungsbereiche, und die Veränderungsprozesse, die sie anstreben, können sich deshalb gut ergänzen und unterstützen.

4.1.6.9 Neunte Sitzung und Hierarchy of Criteria Technique (Hierarchie der Kriterien)

Die neunte Sitzung steht im Zusammenhang mit einer NLP-Technik, die mir besonders am Herzen liegt, da sie der Auslöser für das Schreiben dieses Buches war. Die sich daraus ergebenden, überraschend neuen Freiheiten haben mich im Laufe der zwei Jahre, die ich an diesem Buch gearbeitet habe, zu vielen neuen Fähigkeiten, Erfahrungen und Verhaltensweisen geführt. Ähnlich wirkt die neunte Rolfingsitzung. So wie die achte Sitzung den Unterkörper, bringt die neunte Sitzung den Oberkörper zu grundlegend neuen Verhaltensfreiheiten und Empfindungsmöglichkeiten. Der Brustkorb, Schultern und Arme sowie Hals und Kopf bekommen mehr Raum und ein besser geordnetes und funktionsfähigeres Verhältnis zueinander. Ein weiterer Brustkorb erleichtert z.B. herzliche Empfindungen. Integriertere Schultern und Arme erlauben eine harmonischere Art und Weise, Aussagen mit Körpersprache zu unterstreichen, und die Fingerfertigkeit sowie handwerkliches Geschick nehmen zu. Ein freierer Halsbereich verbessert unter anderem die sprachliche Ausdrucksfähigkeit. Schließlich nimmt ein gut unterstützter, leichter Kopf einfacher wahr und denkt lieber, als ein verkrampfter es täte. Dadurch kann der Klient sich genauer, kreativer und harmonischer ausdrücken. Durch beides also, die neunte Rolfingsitzung und die Hierarchy of Criteria Technique, wird die Verhaltensfreiheit und Ausdrucksfähigkeit eines Klienten verbessert. Deshalb eignen sie sich als ergänzende therapeutische Schritte.

4.1.6.10 Zehnte Sitzung und Balancebalken

Die zehnte Sitzung bildet den Abschluß der Rolfingtherapie und den Übergang in die Integrationsphase im Lebensalltag des Klienten. Darauf wird der Körper eingestellt, indem alle Gelenke so behandelt werden, daß sie einen weitestgehend gleichen Spielraum haben und der Körper so symmetrisch wie möglich wird. Außerdem steht der Klient im Gegensatz zu den anderen Sitzungen in der letzten Sitzung immer wieder auf, um die Veränderungen direkt im Gehen oder Stehen auszuprobieren und um sich auf den Umgang mit seinem „neuen Körper" im normalen Leben einzustellen.

Die stärkere körperliche Aktivität des Klienten ist auch das besondere Merkmal des Balancebalkens. Bereits während der Sitzung geht der Klient auf sein vorgestelltes Ziel zu, und das körperliche Erlebnis des Gehens erleichtert die Integration der Kinästhetik in das visuell und auditiv festgelegte Ziel. Das Gehen durch den Raum in der zehnten Rolfingsitzung kann aufgrund der Langsamkeit und Bewußtheit, in der der Klient dies tut, auch ohne weitere therapeutische Anleitung einen Prozeß wie beim NLP-Balancebalken hervorrufen. Aus diesem Grund eignen sich beide als gegenseitige Ergänzung.

4.1.6.11 NLP als Gehirnrolfing?

Rolfing wird gelegentlich zur Beseitigung akuter körperlicher Probleme benutzt, hauptsächlich aber zur allgemeinen Verbesserung des Körpers sowie zur Hebung seiner Leistungsfähigkeit und des Wohlbefindens. In ähnlicher Weise läßt sich die Serie der hier aufgeführten NLP-Sitzungen auch ohne Rolfing anwenden, wenn es nicht speziell um Problembehandlung, sondern um die Weiterentwicklung des persönlichen Potentials geht. Statt wie beim Rolfing speziell auf den Körper bezogen, wirkt eine Serie verschiedener NLP-Sitzungen hervorragend auf die geistige und emotionale Flexibilität, Leistungsfähigkeit und Widerstandskraft. Dadurch, daß man eine bestimmte einzelne Schwierigkeit mit einer der aufgeführten NLP-Techniken durcharbeitet, wird nicht nur das Problem für sich gelöst; gleichzeitig erhalten das Gehirn und das Nervensystem des Klienten eine Art Training in der Bewältigung von Schwierigkeiten oder Zielen, die die gleiche Struktur der Verarbeitung erfordern.

Ein Konflikt zum Beispiel, der mit dem Verhandlungsmodell bearbeitet wurde, erleichtert es nun dem Klienten, auch langfristig mit neuen Konflikten besser umzugehen. Hierbei gilt wie beim Rolfing bezüglich des Körpers: Je besser die emotionalen und geistigen Fähigkeiten eines Klienten, der sich mit dieser Methode entwickeln will, bereits sind, desto leichter fällt es ihm, eine solche Serie von NLP-Sitzungen erfolgreich zu nutzen. Allerdings kann auch ein Mensch, der bisher überhaupt noch nicht bewußt und strukturiert mit Gefühlen und Gedanken umgegangen ist, von „NLP-Gehirnrolfing" profitieren, und der Erfolg der NLP-Serie ist ebenfalls sehr groß, da der Klient durch sie eine völlig neue Lebensbewältigungsart kennenlernt und einübt, die er nutzen (und genießen) kann.

4.2 Trance beim Rolfing und die Kinästhetische Trance

Während meiner Rolfingausbildung gab es eine Frage, die Ausbilder und Lernende gleichermaßen beschäftigte, auf die aber damals niemand eine klare Antwort hatte: In welchem Zustand muß ein Rolfingklient sein, damit er die Rolfingmanipulationen, die er erlebt, möglichst umfassend und dauerhaft aufnehmen und verarbeiten kann? Oder, anders gesagt, in welcher Befindlichkeit sollte ein Klient während der Sitzung sein, damit sie optimal wirken kann? Welche Zustände ungünstig sind, war bereits klar; wenn ein Klient in einem ganz normalen Wachbewußtsein ist, in dem er sich vielleicht auch mit dem Rolfer unterhält, wirkt das Rolfing zwar, da aber ein großer Teil der Aufmerksamkeit um anderes als das momentane Körperempfinden kreist, erreicht das Rolfing nicht die optimalen Effekte. Einige der Beteiligten an der Diskussion waren der Ansicht, daß

Entspannung der springende Punkt sei. Demzufolge meinten sie, je entspannter ein Klient sei, desto besser funktioniere das Rolfing. Entspannung ist gleichzeitig ein Trancezustand im NLP-Sinne. Der „Je-mehr-Entspannung-desto-besser"-These wurde entgegengehalten, daß sich in einer wissenschaftlichen Untersuchung folgendes gezeigt hat: Klienten, die sich in tiefster Entspannung – hervorgerufen durch Anästhetika – befinden, profitieren nicht oder kaum vom Rolfing.

Fazit daraus war: Es geht nicht bei normalem Bewußtsein, aber auch nicht ohne Bewußtsein. Körperliche Veränderungs- und Entwicklungsarbeit braucht das Bewußtsein. Die Frage ist nur: welches? Auf dieser gedanklichen Grundlage und mit der NLP-Unterscheidung der Sinnessysteme im Hinterkopf arbeitete, beobachtete und experimentierte ich; außerdem fiel mir beim NLP auf, daß zwar bei Techniken im Wachbewußtsein die Sinnessysteme (VAKO: visuell, auditiv, kinästhetisch und olfaktorisch-gustativ) unterschieden werden – bei Trancetechniken werden sie jedoch nicht differenziert. Dies ist grundsätzlich auch sinnvoll, da der Klient in Trance sich objektiv selten verbal äußert und deshalb nicht mitteilen kann, welche Sinnessysteme jeweils im Vordergrund stehen, wenn auch die Atmung und Körperhaltung gewisse Rückschlüsse auf die momentane Wahrnehmungspriorität zulassen. Die Stellung der Augen ist für den Therapeuten bei geschlossenen Augen ebenfalls schwieriger zu erkennen. Mit etwas Übung ist sie wieder einfach zu erkennen, da die Pupille im Augapfel etwas vortritt und man ihre Position deshalb auch bei geschlossenen Augenlidern wahrnehmen kann. (In ähnlicher Weise beobachtet man in der Traumforschung Phasen mit Rapid-Eye-Movements bei geschlossenen Augen.) Hat man sich einmal darauf kalibriert, kann man beim Rolfing und bei Trancen gezielt auf die einzelnen Sinnessysteme eingehen. Das bisherige Fehlen dieser Vorgehensweise existiert aber nicht nur beim Rolfing. Auch in der Hypnotherapie wird nicht differenziert auf die Sinnessysteme oder Wahrnehmungsschwerpunkte, die die Art des hypnotischen Zustandes, in dem sich der Klient befindet, beeinflussen, Bezug genommen.

Im Gegensatz dazu gibt es einige Methoden, die mit tranceartigen Zuständen arbeiten, die unbewußt bereits eine differenzierte Ansprache der Sinnessysteme beinhalten; z.B. beim Autogenen Training ist die Unterscheidung implizit in die Vorgehensweise eingebaut. Die Grundtechnik zielt darauf ab, einen körperlichen Entspannungszustand zu erreichen. Demnach trainieren die Übenden, nach und nach Wärme, Schwere und Fließen in verschiedene Körperbereiche zu bringen. Die zu übenden Formeln sind entsprechend dem Ziel – körperliche Entspannung – rein in kinästhetischen Begriffen formuliert. Die Aufbaustufe des Autogenen Trainings ist ebenfalls implizit sinnesspezifisch. Dort werden Phantasiereisen gemacht, in denen besonders die visuelle Vorstellungskraft angesprochen wird. Natürlich gibt es bei Phantasiereisen auch die anderen Wahrnehmungsaspekte – hören, fühlen, riechen und schmecken –, da die innere Wahrnehmung genau wie die äußere immer alle Sinneskanäle beinhaltet. In Phantasiereisen wird nur die Hauptaufmerksamkeit auf innere Bilder gelenkt.

Die Muskelentspannung nach Jakobsen ist eine Entspannungsmethode, die durch aktives An- und Entspannen der Muskulatur direkt auf die Kinästhetik wirkt. Hierbei gibt es zwar beim Lernen auch einen Leiter, und die Anweisungen sind verbal, aber die Entspannung entsteht aus der kinästhetischen Aktivität des Übenden. Diese Methode ist eigentlich die einfachste, schnellste und in Streßsituationen tatsächlich wirksamste Entspannungsmethode. Trotzdem ist sie viel weniger beliebt und weit verbreitet als das Autogene Training. Das liegt sicher auch an ihrer für wirklich Entspannungsinteressierte zu großen Einfachheit. Die interessanten inneren Bilder, die angenehme Stimme des Begleitenden und eventuelle Musik machen andere Methoden interessanter. Außerdem kann, da die Jacobson-Methode einfach zu erlernen ist, der Übende sich bald ohne Anleitung entspannen. Dadurch fällt jedoch auch die Konzentrationshilfe weg, die ein Gruppenleiter oder Therapeut darstellt. Gerade bei gezielten Trance- und Entspannungsübungen ist aber ein Therapeut besonders wichtig und hilfreich, da die dirigierende und strukturierende Funktion des eigenen Bewußtseins wegfällt.

Eine ebenfalls wirksame Entspannungsmethode und Möglichkeit, in andere Bewußtseinszustände zu kommen, ist für viele Menschen Musikhören. Oft geht es dabei einfach darum, von einem Arbeitsbewußtsein auf Freizeit umzuschalten. Gezielter genutzt werden Musik und Klänge in der Klangtherapie und in Meditationen wie z.B. der Nada Brahma-Meditation. Dabei lauscht der Meditierende den

Tönen von Gongs und produziert selber einen gleichmäßigen Hm-Ton.

In diesen verschiedenen Methoden, die alle zu Entspannung und Trance führen, wird die Differenzierung der fünf Sinnessysteme genutzt, um möglichst schnell in einen veränderten Körper oder Bewußtseinszustand zu kommen, der entweder der Gesundheit förderlich ist oder als Erfahrung an sich sehr angenehm ist.

Beim NLP wird bisher in der Regel nur mit undifferenzierten Trancen gearbeitet, die ebenfalls zu guten Therapieerfolgen führen. Beides hat also seine Vorzüge. Verbindet man nun diese Erfahrungen, läßt sich sagen:

1. Trancearbeit ist heilsam und effektiv wirksam.
2. Mit nach Sinnessystemen differenzierter Trancearbeit kann man noch genauer und erfolgreicher dort behandeln, wo das Problem ist.
3. Trancearbeit mit Therapeut hilft dem Klienten, trotz Trance sich auf ein bestimmtes Problem zu konzentrieren.

Bezieht man diese Aussagen nun auf die Frage, in welchem Zustand der Klient bei der Körperarbeit bzw. beim Rolfing sein sollte, damit die Manipulationen des Therapeuten die größte Effektivität haben, lautet die Antwort: in einer kinästhetischen Trance. Eine kinästhetische Trance ist ein Zustand erhöhter innerer Aufmerksamkeit (Trance) und die Aufmerksamkeit ist auf körperliche Prozesse und Empfindungen gerichtet. Dieser Zustand ist natürlich nicht unbegrenzt aufrecht zu erhalten. Genauso wie im Wachzustand pendelt auch in der Trance die Aufmerksamkeit ständig zwischen den verschiedenen Sinneswahrnehmungen hin und her. Außerdem ist in der Trance bewußte Lenkung der eigenen Aufmerksamkeit nicht möglich, da dies der beste Weg aus der Trance heraus ist. Gleichzeitig kann man mit viel Übung und Erfahrung sich dennoch selbst in Trance versetzen und selbst die Aufmerksamkeit lenken. Allerdings ist dieses Lenken eher ein der Aufmerksamkeit gestatten, in diesen oder jenen Körperbereich zu gleiten und abwarten, ob und wie es dann passiert.

Wie kann man nun kinästhetische Trancen von anderen unterscheiden? Als erstes ist es sinnvoll, mit Hilfe des „Sinnessysteme-

Putzen"* die Wahrnehmungszustände der fünf Sinne und deren Unterschiede kennenzulernen, indem man bei jedem Sinnessystem bewußt darauf achtet, wie sich die jeweilige Wahrnehmungsqualität darstellt und von den anderen unterscheiden läßt. Das „Sinnessysteme-Putzen" wird von vielen NLP-Therapeuten als Entspannungsübung benutzt und funktioniert grundsätzlich folgendermaßen: Während der Klient sich bequem hinsetzt oder legt, spricht der Therapeut ein Sinnessystem nach dem anderen an und formuliert einige Sätze, die den Klienten unterstützen, sich im jeweiligen Sinnessystem umzusehen – zu hören, zu fühlen, zu riechen, zu schmekken.

Die Unterscheidung der einzelnen Wahrnehmungszustände liegt darin, daß man für einige Momente, vielleicht auch länger, oder für eine Weile immer wieder die Wahrnehmung von „nur hören", „nur sehen", „nur fühlen" oder „nur riechen" oder „schmecken" hat. Dadurch wird die Wahrnehmung im entsprechenden Bereich besonders intensiv. Es scheint, als würde das Gehirn zur Zeit nur diesen Sinnesbereich verarbeiten. Dennoch sind die anderen Sinne natürlich nicht ausgefallen, sie treten nur zugunsten des einen in den Hintergrund und scheinen neutraler. Was genau im Körper, im Gehirn und den Sinnesorganen während solcher Phasen passiert, bleibt zu klären.

Das Erlebnis einer kinästhetischen Trance ist von dem, der es erfährt, nicht in Worte zu fassen, da es eben kinästhetisch war, und Kinästhetik hat keine Worte und Bilder, sondern nur Gefühle. Ein Anzeichen, daß es eine kinästhetische Trance war, ist deshalb auch die Aussage: „Mir fehlen die Worte dafür" oder „Das kann ich nicht beschreiben".

Für den, der jemanden in eine kinästhetische Trance begleitet, ist der Zustand ebenfalls wahrnehmbar, und zwar am besten durch fühlen. Ist ein Klient in einer solchen Trance, hat er wie bei den meisten Trancen die Augen geschlossen, ist sehr entspannt und der Körper, das ist das Besondere bei der kinästhetischen Trance, reagiert auf alle Berührungen – auch feinste – sehr genau. Die Reaktion einer

* Vgl. dazu u.a. *Arnold Mindell*, The Dreambody, Bonz, Fellbach 1987; *Arnold Mindell*, Der Leib und die Träume, Junfermann, Paderborn 1988[2]; *Mantak* und *Maneewan Chia*, TaoYoga der heilenden Liebe, Ansata 1987; *Morris Netherton* und *Nancy Shiffrin*, Bericht vom Leben vor dem Leben, Hannemann 1984.

Berührung geschieht nicht nur an der einen Stelle, sondern setzt sich im Körper fort. Der Körper reagiert mehr wie das, woraus er zum größten Teil besteht, nämlich Wasser. So wie sich auf einer ruhigen Wasseroberfläche kleine Wellen weithin ausbreiten, wenn man einen Stein ins Wasser wirft, oder auch wenn man die Oberfläche nur berührt, sind die Auswirkungen einer Berührung am Körper als sehr feine Schwingungen sichtbar und für den Klienten fühlbar. Die physiologische Grundlage dieser sensiblen Reaktionsfähigkeit in einer kinästhetischen Trance ist natürlich nicht nur der Flüssigkeitsgehalt des Gewebes, sondern vielmehr die durch die Entspannung sehr hohe Empfindsamkeit der Bindegewebsnerven. Darüber hinaus dienen die Fascienschichten als Übermittler von Berührungsimpulsen. Für den Therapeuten ist diese Empfindsamkeit natürlich auch fühlbar, und er kann so von der Körperoberfläche des Klienten ausgehend wahrnehmen, was tief im Körper geschieht. Mit der Art und den Orten seiner Berührung kann der Therapeut die innere kinästhetische Aufmerksamkeit des Klienten lenken, was die Rolfingarbeit wiederum verbessert. Der Ort der Aufmerksamkeit ist der, der berührt wird und Bereiche, wohin sich die „Wellen" der Berührung hin ausbreiten. Die Tiefe läßt sich wie folgt variieren: je sanfter und langsamer desto tiefer. Außerdem gibt es Bereiche und Punkte an der Körperoberfläche, die über Fascienverbindungen das Erreichen tiefer Körperschichten erleichtern.

Eine kinästhetische Trance ist für den, der sie erlebt, wenn er gesund ist und keine Schmerzen hat, eine wunderbare Erfahrung. Er fühlt seinen Körper einfach sehr intensiv und ausschließlich. Wenn jemand krank ist oder Schmerzen hat, ist es mit der Intensität genauso. Allerdings sind intensive Schmerzen oder das gefühlsmäßige Erleben von Krankheiten oder auch die intensive Wahrnehmung der Unbeweglichkeit des Körpers in der Regel für fast alle Menschen aversive Erfahrungen, die sie vermeiden möchten. Deshalb fällt es Menschen mit körperlichen Problemen schwerer, in eine kinästhetische Trance zu gehen. Es bedarf oft einiger Vorbereitung, um einen Klienten die Ressourcen entwickeln zu lassen, die er dazu benötigt. Normalerweise schützt das Unterbewußtsein anscheinend das Bewußtsein vor unangenehmen Nachrichten aus dem Körper, wenn diese Nachrichten nicht akut schmerzhaft oder lebensbedrohlich sind. Diese Funktion ist sehr sinnvoll, da sonst jede kleine körperliche Fehlfunktion alle anderen Aktivitäten des Menschen blockieren würde. Außerdem besitzt unser Körper eine Menge ausgleichende und heilende Funktionen, die ohne das Bewußtsein funktionieren und zur Behebung kleiner körperlicher Schwierigkeiten ausreichen. In der kinästhetischen Trance ist das Gehirn, vermittelt über das Nervensystem, in der Lage, genaue Informationen aus dem Körpergewebe zu empfangen. Deshalb empfindet man in diesem Zustand auch angenehme wie unangenehme Gefühle so intensiv. Durch das Aufnehmen der Informationen aus dem Körper ins Gehirn, als sozusagen oberste Instanz, können dann auch alle Möglichkeiten, die der gesamte Organismus hat, eingesetzt werden, um die körperliche Fehlfunktion oder Krankheit gezielt zu beheben.

Das eben Gesagte klingt sehr einfach. Es ist aber einfach und schwierig zugleich. Je schwerer nämlich die Krankheit, desto mehr Willen und Mut braucht der Mensch, der seine Selbstheilungskräfte mit der kinästhetischen Trance in Gang setzen will, da das Erlebnis sehr anstrengend und schmerzhaft sein kann. Die kinästhetische Trance muß aber eine Weile aufrecht erhalten bleiben und darf nicht beim ersten genauer Hinfühlen durch Verspannungen, unruhige Atmung oder Schmerzensäußerungen beendet oder unterbrochen werden. Eine gewisse Dauer dieses Zustandes ist nötig. Der Prozeß der kinästhetischen Trance läßt sich allerdings nicht genau kontrollieren, da während einer solchen Sitzung oder Erfahrung die Aufmerksamkeit, sichtbar an den Augenmustern, immer wieder hin- und herwandert. Deshalb kann ich bisher nicht sagen, wie lange der Zustand mindestens aufrecht erhalten werden muß, um zu einer Heilung zu führen. Er ist sicherlich aber nicht länger als wenige Minuten, vielleicht nur Sekunden.

Mit dem Älterwerden gewöhnen sich Menschen zudem nach und nach an Befindlichkeiten mit niedrigerem Energieniveau und geringerer Lebendigkeit. Parallel dazu verringert sich bei vielen Menschen auch das kinästhetische Bewußtsein, und die mögliche körperliche Vitalität gerät sozusagen in Vergessenheit und der Mensch wendet sich geistigen oder kommunikativen Lebensinhalten zu, die die Kinästhetik aussparen. Es gibt allerdings auch ältere oder alte Menschen, die, wie man an der Augenstellung feststellen kann, viel in der Kinästhetik sind. Solche Menschen sind meistens, was die wesentlichen lebenserhaltenden Körperfunktionen angeht, gesund, obwohl die Körperperipherie ihre Lebendigkeit nach und nach verliert.

Die kinästhetische Trance scheint mir auch der Kernpunkt der Heilungsrituale von Naturvölkern zu sein. In meiner Praxis habe ich diesen Prozeß und seine heilenden Auswirkungen beobachtet und gezielt darauf hin gearbeitet, außerdem in Selbsterfahrung mit mir erfolgreich angewendet.

Es folgen nun ein paar Beispiele.

Meine Klientin Helga litt seit vielen Jahren regelmäßig an Migräne. Deshalb achtete ich besonders in der siebten Sitzung darauf, daß sie den Zustand der kinästhetischen Trance erreichte und lenkte mit sanften Berührungen meiner Hände ihre kinästhetische Aufmerksamkeit in den Bereich des Nackens und Hinterkopfes. Ich spürte an den feinen Reaktionen ihres Körpers in diesem Bereich auf die Berührungen meiner Hände, daß sie entspannt und gleichzeitig aufmerksam in Nacken und Hinterkopf war. Außerdem ging ihr Atem sehr fließend, und sie hatte einen tiefen seufzerähnlichen Atemzug ohne Ton, der weiterhin entspannend auf den Körper wirkt. Nach der Sitzung berichtete sie, daß sie den Nacken-Hinterkopfbereich während dieser Phase unbekannt genau und intensiver gespürt habe und daß es auch „irgendwie" schmerzhaft war, aber auf eine Weise, die es ihr ermöglichte, aufmerksam zu bleiben. Ein paar Wochen später erzählte sie, daß sie sich wundere, daß sie schon so lange keine Migräne gehabt hatte. Bei genaueren Nachfragen stellte sich heraus, daß der letzte Anfall vor der siebten Sitzung gewesen war. Nach ein paar Monaten beim Nachgespräch war sie überglücklich, immer noch keine wirkliche Migräne gehabt zu haben, sondern nur noch manchmal leichte Spannungen im Nacken und Kopf zu erleben.

Ein weiteres Beispiel für die Wirkung der kinästhetischen Trance ist ein Klient, der nur zu einer einzigen Sitzung kam, um ein spezielles Problem zu lösen. Ludwig hatte sich beim Sport ein Fußgelenk verletzt. Die Verletzung war an sich schon verheilt, aber das Fußgelenk hatte einen Teil seiner Beweglichkeit verloren. Ludwig hatte bereits Massagen und Krankengymnastik bekommen (und hatte selber Übungen gemacht), um den ursprünglichen Zustand wiederherzustellen, allerdings ohne Erfolg. Da Ludwig sich insgesamt wohlfühlte und sich gut entspannen konnte, war er während der

Sitzung zeitweise in einer kinästhetischen Trance. Nach der Sitzung stand er auf und freute sich, daß er beide Fußgelenke wieder gleichmäßig bewegen konnte.

Anhand dieser Beispiele wird noch einmal deutlich, unter welchen Voraussetzungen eine kinästhetische Trance zu erreichen ist. Kurz gesagt muß der Klient in einer ressourcevollen Physiologie sein. Dies kann einerseits dadurch der Fall sein, daß das körperliche Problem relativ begrenzt oder auch gerade nicht akut ist. Wenn eine Krankheit sehr schwer oder schmerzhaft ist, müssen erst äußere und geistige Ressourcen mobilisiert werden, damit der Klient den Prozeß einer kinästhetischen Trance durchlaufen kann. Äußere Ressourcen sind besonders intensive Zuwendung oder Pflege und Liebe sowie Zeit und eine schöne, reizarme Umgebung. Geistige Ressourcen kann der Klient gewinnen, wenn er unterstützt wird, den festen Glauben zu entwickeln, daß er seine Krankheit heilen kann.

Solche Arten von Ressourcen werden in Heilungsritualen von Naturvölkern dem Kranken nahegebracht. Dabei erlaubt der starke Glaube des Kranken daran, daß das Ritual Erfolg haben wird , Letzterem, sich trotz eventuell starker Schmerzen zu entspannen. Gleichzeitig bewirken die Anwesenheit von Heilern und deren magische Handlungen, daß der Kranke aufmerksam und auf seine Krankheit konzentriert bleibt. Dies sind die Voraussetzungen für die kinästhetische Trance. Heute werden solche Methoden von New-Age-Bewegten wiederentdeckt, und es gibt immer wieder spektakuläre Heilungen von Krebs oder anderen schweren „unheilbaren" Krankheiten. Der Prozeß der kinästhetischen Trance kann ein Mosaikstein des Wissens sein, mit dessen Hilfe solche „unerklärlichen" Phänomene Stück für Stück genauer zu verstehen sind.

Bisher habe ich nur die Möglichkeit beschrieben, die kinästhetische Trance mit einem Therapeuten oder Begleiter zu erleben; es geht aber auch alleine.

Aus meiner eigenen Erfahrung zwei Beispiele:

Ungefähr sechs Jahre lang hatte ich eine, später mehrere Warzen unter dem Fuß. Die üblichen Behandlungsweisen waren zwecklos gewesen. Schließlich verschwanden die Warzen innerhalb von drei Wochen, nachdem ich eine kinästhetische Trance mit mir selbst gemacht hatte. Ebenfalls mit einer kinästhetischen Trance heilte ich mich von einer schweren indischen Darminfektion, die statt mit

Medikamentenbehandlung fünf bis sieben Tage zu dauern, innerhalb einer Nacht überwunden war.

Zusammengefaßt ist die kinästhetische Trance sozusagen der kleinste gemeinsame Nenner der verschiedensten Heilungsmethode, die auf nichtmedizinischem Wege geschehen. Es spielt also keine Rolle, welche Methode jemand anwendet, um sich selbst oder einem Klienten zu einer Selbstheilung zu verhelfen. In jeder Heilung ist das Erleben einer kinästhetischen Trance der die Heilung in Gang setzende Faktor. Alle anderen Vorgehensweisen sind unterschiedliche Methoden, mit dem Widerstand gegen diese bei Krankheiten unangenehme, oft intensive, schmerzhafte Erfahrung umzugehen. In der Literatur über verschiedene Heilungsmethoden wird mit unterschiedlichen Worten immer wieder darauf hingewiesen, daß der Klient ganz in sein körperliches Erleben seiner Krankheit und seines Schmerzes einsteigen muß, um geheilt zu werden bzw. sich selbst zu heilen. Das bedeutet, die Metaphern sind unterschiedlich, aber der bewirkte Prozeß ist überall der gleiche, nämlich eine kinästhetische Trance. Allerdings ist die kinästhetische Trance keine Garantie, sich – von welcher Krankheit auch immer – zu heilen; zusätzlich muß der gesamte Organismus noch so gesund sein, daß die heilenden Kräfte gegenüber den zerstörerischen überwiegen. Wann dies genau der Fall ist, ist eine bisher offene Frage. Um ihrer Beantwortung näherzukommen, muß das Wissen der klassischen Organmedizin intensiver mit „alternativen" Wissens- und Erfahrungsbereichen, die auf die Behandlung des Grundsystems (alle Bindegewebe) abzielen (Homöopathie, Rolfing, östliche Heilverfahren usw.), sowie mit psychotherapeutischen Methoden vernetzt werden.

4.3 Ein erweitertes Verständnis des kinästhetischen Sitzungssystems

Zwei Fragen haben zum Inhalt dieses Kapitels geführt:

I. Wie kann es sein, daß sehr exzellent und weit entwickelte Menschen, die als erleuchtet oder sehr weise bezeichnet werden, wie z.B. Milton H. Erickson, Shree Shimroy oder Shree Rajneesh ungesunde Körper haben, obwohl Körper und Geist eine Einheit sind?
II. Wie ist es möglich, daß ein Mensch, der selbst mit vielen Rolfing-

sitzungen nicht aufrecht stehen, sitzen und gehen kann, da die Kreuzbänder der Wirbelsäule verkürzt oder Wirbelverbindungen verknöchert sind, trotzdem einen Sinn von seiner inneren Linie hat und man dies an seinen graziösen Bewegungen sehen kann? Warum gibt es demgegenüber Menschen, die junge, gesunde, aufrechte und trainierte Körper haben, die diesen tiefen Sinn für ihre innere Linie nicht haben?

Die Antworten auf diese Fragen und ein erweitertes Verständnis für das kinästhetische Sinnessystem entwickelte sich aus zwei inneren Bildern, die ich bekam, als ich etwas für mich Neues über Milton H. Erickson erfuhr.

Das erste war eine Reaktion auf eine Geschichte, die Milton H. Ericksons Tochter Carol erzählte. Sie berichtete von einer Nacht, in der ihr Vater, als er ca. neunzehn Jahre alt war, nach Ansicht der

Ärzte an Polio hätte sterben müssen. Milton H. Erickson hörte den Arzt, als er dies der Mutter mit dem Satz „He will not make it through the night" mitteilte. Daraufhin beschloß er, zu überleben und die ganze Nacht wachzubleiben. Von seinem Bett aus konnte er den Sonnenaufgang nicht direkt sehen. Deshalb ließ er sich einen Spiegel so hinstellen, daß er das erste Sonnenlicht darin sehen können mußte; er sah es und hatte die Nacht überlebt.

Während eines NLP-Seminares modelte jemand, der Milton H. Erickson noch persönlich gekannt hatte, als er schon sehr alt war. Der Seminarleiter zeigte uns einen alten Mann, der sich kaum – und wenn, dann sehr langsam – bewegte. Stattdessen zitterte oder vibrierte er ständig um seine Körpermitte. Er balancierte und bewegte sich also die ganze Zeit um seine innere Linie. Außerdem atmete er in einem tiefen und sehr langsamen gleichmäßigen Rhythmus.

Betrachtet man das erste Bild und versetzt sich in die Lage eines solchen Menschen, liegt der Gedanke nahe, daß Milton H. Erickson in dieser Nacht, wenn vielleicht auch nicht bewußt, also in Worten oder Bildern, so doch auf jeden Fall kinästhetisch die Erfahrung gemacht hat, welche Funktionen wie für seinen Körper absolut notwendig sind, um zu überleben. Diese Art von erfahrenem Wissen bezeichne ich als ein kinästhetisches Referenzsystem für vollkommene, exzellente Körperfunktion.

Der menschliche Organismus braucht offenbar nicht den ganzen Körper, um sinnvoll und exzellent Informationen aufzunehmen, zu verarbeiten und nach außen zu bringen. Es reicht, wenn es Bereiche des Körpers gibt, die gut und strukturiert funktionieren, um die kinästhetische Information mit der visuellen und auditiven zu verbinden. Deshalb lernen und kreieren Menschen mit körperlichen Problemen oft ungeheuer sinnvolle und hilfreiche Therapien oder Weisheiten, weil sie, um überleben zu können, das Wenige, was in ihrem Körper funktioniert, weitestmöglich vervollkommnen müssen. Haben sie die Fähigkeit zur Vollkommenheit auf der kinästhetischen Ebene erreicht, benutzen sie dieses Wissen als ständig vorhandene Ressource.

Das ständige Erleben dieser Ressourcen ermöglicht es, exzellentes Verhalten, Wahrnehmen und Erleben auch in die anderen Sinnessysteme zu übertragen. Aus diesem Grunde war es Milton H. Erickson

möglich, auf so geniale Weise Hypnotherapie zu machen. Denn er mußte, um überhaupt existieren zu können, besonders, als er alt war, seine lebensnotwendigen Körperbereiche ständig in einer Ressourcenphysiologie halten bzw. balancieren.

Solche Vollkommenheit läßt sich prinzipiell natürlich auch im visuellen oder auditiven Sinnessystem erreichen. Allerdings hat die Kinästhetik den Vorteil, daß eine einmal gefundene gute Struktur länger beibehalten werden kann als eine einmal gesehene oder vorgestellte ideale visuelle Struktur. Gleiches gilt für das auditive System. Natürlich kann man jetzt anmerken, daß bei vielen Menschen manche inneren Bilder über Jahrzehnte gleichbleiben. Dies geschieht jedoch nur, wenn die Situation, in der diese Bilder entstanden sind, mit einer intensiven kinästhetischen Erfahrung – die leider oft negativ war – verbunden war.

Darüber hinaus haben alle visuellen und auditiven Prozeduren oder Wahrnehmungen einen kinästhetischen Anteil, d.h. man kann fühlen, wie man hört oder wie das Gehirn denkt. Das bedeutet, daß die körperlich gute Struktur nur als Referenzsystem, also begrenzt nötig ist, um die Ressourcen für sinnvolles, erfülltes und kreatives, d.h. exzellentes Leben zu bieten.

Was eine Vervollkommnung des Körpers trotzdem nötig macht, sind eher Evolutionsgründe und Lebensfreude. Einerseits ergibt sich aus dem oben Gesagten, daß es für ein Individuum zur Vervollkommnung nötig ist, wenigstens irgendwo im Körper einen Sinn für gute Struktur und Funktion zu haben, um sich weiterzuentwickeln und gleichzeitig sicherzustellen, daß dieses Referenzsystem immer erhalten bleibt.

Je zentraler dieses Referenzsystem lokalisiert ist, d.h. z.B. wenn jemand seine innere Linie, also ein sehr tiefes Gefühl von Balance kennt und aufrechterhält, um so sicherer ist das Wissen von vollkommener Funktion im Körper. Die innere Linie, die Rolfer versuchen, für ihre Klienten erlebbar zu machen, ist damit das vollständigste kinästhetische Referenzsystem, da es im ganzen Körper spürbar ist. Wird durch Rolfing eine aufrechte Haltung erreicht, begünstigt die Schwerkraft, die nun durch die Mitte des Körpers wirkt, die Möglichkeit, die innere Linie auch zu spüren. Dadurch erlebt der Mensch ein kinästhetisches Bewußt-Sein der verbundenen Strukturen tief in seinem Körperinneren. Dieses Bewußt-Sein im Körperinneren kann man aber auch erleben, wenn der Körper nicht aufrecht ist oder sein kann. Dazu verhilft die Kinästhetische Trance, und der Mensch muß in der Lage sein, mit dem bewußten Gefühl, die Leichtigkeit des ganz Aufgerichtetseins nicht erleben zu können, umzugehen.

Öfter gibt es jedoch das entgegengesetzte Problem. Ein kinästhetisches Referenzsystem für exzellente Körperfunktionen ist nicht lebensnotwendig für einen normalgesunden Menschen, da eine Vielzahl von „ganz gut“ funktionierenden Strukturen dafür sorgt, daß das Individuum überlebt und sein Leben meistert. Deshalb ist Sport wie Joggen, Bodybuilding, Schwimmen etc. oft sogar bei der Entwicklung des kinästhetischen Referenzsystems hinderlich.

Solche Betätigungen verschaffen den Sportlern ein gutes Gefühl in weiten Bereichen des Körpers; darüber hinaus lenkt dieses „ganz gut fühlen“ von dem Wunsch ab, eine vollkommene Funktion im Körper als Referenzgefühl für Exzellenz auf körperlicher und geistiger Ebene zu erreichen.

Rolfing und NLP sind Methoden, die implizit gezielt auf die Erfahrung eines kinästhetischen Referenzsystems im Klienten hinarbeiten. Beim Rolfing ist es die innere Linie und beim NLP die Ressourcenphysiologie, die Ziel jeder Intervention sind.

4.4 Neue Kalibrierungsmöglichkeiten: Differenzierte Kriterien zur Beobachtung der Physiologie

Im Bereich der Wahrnehmung von Physiologien ist Rolfingerfahrung und -wissen eine gute Ergänzung zum NLP, da wichtige Konzepte wie Flexibilität, Balance und Symmetrie in beiden Methoden übereinstimmen. Gleichzeitig sind Rolfer auf Körperveränderung spezialisiert und haben so eine besonders feine Wahrnehmung und Differenzierungsmöglichkeit für den menschlichen Körper bzw. für Physiologien. Mit Hilfe dieser genauen Unterscheidungsfähigkeit kann man nicht nur momentane physiologische Aspekte wie die Symmetrie der Hände, Füße, Arme, Beine, des Kopfes oder der Mimik in die Therapie mit einbeziehen, sondern auch langfristige und konstitutionelle Anteile der Physiologie können berücksichtigt werden.

Zum Beispiel kann eine scheinbar gut durchblutete Gesichtsfarbe auch ein Zeichen für eine übermäßige Erregung, eventuell verbunden mit Kopfschmerzen und einem vegetativen Ungleichgewicht sein, statt, wie ein NLP'ler vielleicht annehmen mag, ein Zeichen für eine Ressourcephysiologie. Um das entscheiden zu können, ist es wichtig, die Konstitution, die sich an der Farbe und Beschaffenheit des Körpergewebes erkennen läßt, einordnen zu können.

Ein Mensch mit eher heller, rötlicher Haut, die durchsichtig ist, d.h. man kann Adern und Äderchen im Gewebe erkennen, mit weichem Bindegewebe – erkennbar zum Beispiel an Augenringen, großen Poren und eher feuchter Haut und weichem Körper –, reagiert schnell auf Umweltreize, ist deshalb flexibel, aber kann auch leicht überreizt sein, wenn er ein gut durchblutetes Gesicht hat. Die Blutgefäße am Körper sind dabei eng, der Blutdruck hoch, der Kopf heiß und die Hände kalt.

Das Gegenteil dazu ist ein Mensch mit straffem, dichtem Körpergewebe, oft etwas dunklerer oder gelblicher Haut mit kleinen

Poren und eher trockener Gesichtshaut. Dieser Mensch reagiert nicht so schnell auf die Umwelt und seine Gesichtsfarbe ist gleichmäßiger und wirkt dadurch weniger gut durchblutet. Dennoch befindet er sich in einer ressourcevolleren Physiologie als die erste Person, da sein Körper gesünder funktioniert, entspannt ist und er sich wohl fühlt. Zwischen diesen beiden Grundtypen liegt das Spektrum der vielen verschiedenen, realen Menschen. Gleichzeitig beinhalten diese beiden Beispiele bereits die zusätzlichen physiologischen Kategorien, auf die man sich in der NLP-Therapie kalibrieren kann. Noch einmal zusammengefaßt sind dies: Die Hautfarbe, die Durchsichtigkeit oder Dicke der Haut, die Größe der Poren, die Festigkeit des Gewebes und die Trockenheit bzw. Feuchte der Haut.

Anhand der Körperformen lassen sich weitere Rückschlüsse auf die Physiologie formulieren. Die Form und Größe des Brustkorbes läßt auf die Funktion und Widerstandsfähigkeit der Atemorgane schließen. Die Form und Größe des Bauches gibt Auskunft über die Beschaffenheit der Bauchorgane. Da die Augen ein sehr sensibler Teil des Menschen sind, geben sie einerseits Auskunft über langfristige konstitutionelle Aspekte der Person, und gleichzeitig wirken sich momentane Erlebnisse und Stimmungen schnell auf sie aus. Deshalb sind die Augen interessante Informationsquellen, die man in die Kalibrierung einbeziehen kann. Dabei kann man auf die Form der Augen und die Farbe der Augäpfel achten – sind sie weiß oder gerötet, klar oder trübe. Auch die Farbe und Beschaffenheit der Augenlider gibt Auskunft über die momentane und längerfristige Konstitution. Rötung, Trübung und Schwellungen der Augäpfel und Augenlider sind ein Zeichen, daß Stoffwechselprodukte im Körper nicht richtig abgebaut werden. Das kann verschiedene Gründe haben. Beispielsweise eine empfindliche Grundkonstitution, längerfristige leichte Überforderung durch falsche Ernährung, Alkohol und andere Drogen, wenig Schlaf oder anstrengende Tätigkeiten oder kurzfristige starke Überforderung durch eine oder mehrere der vorangehenden Dinge. In der Therapie kann man seine Beobachtungen dann zunächst allgemein einfließen lassen. Etwa mit dem Satz: „Die Therapie (Arbeit, Beziehung zu ...) ist sicher manchmal anstrengend (belastend o.ä.), oder?" Die Reaktion des Klienten zeigt dann schnell, ob es hier etwas zu integrieren gibt oder ob ich diese „Intuition" vergessen kann.

Die Flexibilität der Gelenke hängt oft mit der geistigen und verhaltensmäßigen Flexibilität oder Stabilität zusammen. Ein Mensch mit flexiblen Gelenken ist auch flexibel in der Veränderung von hinderlichen Glaubenssätzen, Überwindung von Konflikten, negativen Prägungen und vielem anderen. Aufgrund dieser inneren Flexibilität hat er jedoch auch weniger Sinn für äußere festere Verhältnisse und deren Ökologie.

Schließlich kann man auch die Homogenität oder Differenziertheit der Körperstrukturen, wie sie im Kapitel 4.2 beschrieben ist, mit in die Kalibrierung einbeziehen.

Nutzen kann man diese verschiedenen Aspekte, indem man sie zunächst wahrnimmt, auf sich wirken läßt und sich dann die Frage stellt: „Was und wie hat ein Mensch erlebt, der die Merkmale hat, die ich jetzt wahrnehme?". Die Antworten, die einem dann in den Sinn kommen, sind natürlich sehr vorsichtig und nur im Sinne von intuitiven Hypothesen für das therapeutische Vorgehen zu nutzen. Allerdings bin ich immer wieder verblüfft, wie gut diese Intuitionen zutreffen, auch wenn ich kaum weitere Informationen über die Person habe. Mein Klient Hermann hatte ein Ungleichgewicht zwischen der rechten und linken Seite seines Oberkörpers. Die Rechte war sichtbar breiter. Da dieser Unterschied über den normalerweise vorhandenen deutlich hinausging, folgte ich meiner Intuition und fragte ihn, ob er den Eindruck habe, daß er mehr geben als nehmen kann, bzw. mehr aktiv als passiv sein könne. Dieses Thema betraf ihn sofort sehr und berührte eine Menge Gefühle und Erfahrungen. Obwohl er ein Rolfingklient war, sprachen wir in vielen Sitzungen etwas über das Thema, und er berichtete nach einer Weile, daß er beginne, sein Verhalten zu ändern. Er nahm Freundlichkeiten, Hilfe und auch Kritik von seiner Partnerin leichter und bewußter an und fühlte sich weniger für sie verantwortlich. Ähnliches erlebte er auch bei seiner Arbeit als Arzt. Dadurch wurde er insgesamt gelassener und glücklicher.

Um zu genauen therapeutisch brauchbaren Intuitionen zu kommen, kann man die neuen Kalibrierungsmöglichkeiten folgendermaßen nutzen:

Betrachten Sie einen Partner oder Klienten nach möglichst vielen Kalibrierungsgesichtspunkten so genau wie möglich. Dann machen Sie sich ein Bild von dieser Person, ebenfalls so ausführlich wie möglich. Die bewußte

Wahrnehmung von möglichst vielen Aspekten der Physiologie erleichtert dies. Anschließend assoziieren Sie sich, wie z.B. beim New Behaviour Generator, mit dem Bild, und Sie können kurz erleben, wie es ist, Ihr Gesprächspartner oder Klient zu sein.

Beim Hineinversetzen in einen kranken Menschen ist es wichtig, sich hinterher wieder gut zu dissoziieren, damit Sie nichts von der Krankheit übernehmen. Bei Menschen, denen es besser geht als Ihnen selbst, ist es eine sehr gute Ressourcephysiologie. Diese Übung kann man auch nur auf einige Aspekte des Gegenübers beziehen, wie z.B. die Mimik und den Kopf.

Weitere Kalibrierungsmöglichkeiten ergeben sich, wenn es um Ressourcephysiologien geht. In neueren NLP-Techniken wird mehr und mehr auch Bewegung mit einbezogen, ähnlich wie beim Balancebalken. Will man also den Klienten im Gehen zu einer Ressource- oder Versöhnungsphysiologie begleiten, muß man einen Blick dafür bekommen, wann der Klient die für ihn optimal eleganten und graziösen Bewegungen hat. Außerdem muß man wissen, woran es liegt, wenn die Bewegungen unharmonisch sind, damit man dem Klienten sagen kann, was er noch verbessern kann. Wenn man keinen körpertherapeutisch geschulten Blick hat, kann man dies üben, indem man Menschen auf der Straße, in Kaufhäusern, am Strand usw. beobachtet und sich fragt, wie es kommt, daß die Bewegungen von Menschen elegant oder nicht wirken. Die Körperbereiche, auf die man dabei besonders achten kann, sind die Körpergelenke und Übergänge zwischen verschiedenen Körperteilen. Zu letzteren gehören die Übergänge vom Kopf zum Hals, vom Hals zum Brustkorb, vom Brustkorb zur Taille und Bauch und den Übergang von der Taille zum Becken. Wenn diese Übergänge fließend sind, wirken Bewegungen graziös. Wichtig ist, sich Menschen von verschiedenen Seiten anzuschauen, da es sein kann, daß der Eindruck von vorne ein ganz anderer als der von der Seite oder von hinten ist.

Die sieben Chakren, die in asiatischen Gesundheitssystemen als Energiezentren von unterschiedlicher Qualität betrachtet werden, sind ebenfalls hilfreiche Orientierungspunkte zur Einschätzung der Physiologie eines Menschen. Das erste Chakra befindet sich am unteren Ende der Wirbelsäule und des Körpers. Das zweite Chakra ist zirka zwei Fingerbreit unter dem Nabel bzw. in Höhe des Kreuzbeines. Das dritte Chakra wird zwischen dem Nabel und dem unteren Rand des Brustbeines lokalisiert. Das vierte Chakra liegt in Höhe des Herzens und das fünfte in der Kehle über dem Brustbein. Das sechste Chakra befindet sich zwischen den Augenbrauen und das siebte am höchsten Punkt des Kopfes in Verlängerung der Wirbelsäule. Ein Chakra ist nicht nur ein Punkt am Körper, sondern ein Bereich, dessen Zentrum in der Mitte des Körpers liegt. Diesen Chakrabereich muß man deshalb von der Vorder- und Rückseite des Körpers betrachten, um herauszufinden, wieviel Bewegung, Wärme und Fließen oder Energie dort ist.

Übt man mit Hilfe der Chakren und der Beweglichkeit der Gelenke und Übergänge von Körperbereichen, die Wahrnehmung der Physiologien zu verbessern, ist es günstig, auch mit defocussiertem Blick zu beobachten, um die Qualität eines Bereiches im Zusammenwirken mit dem ganzen Organismus wahrzunehmen.

4.5 Die Physiologie der Integration

Die Physiologie der Integration als dauerhafter Zustand beinhaltet das, was nach Rolfing und NLP-Kriterien eine ideale Funktion des Körpers, Geistes und des Verhaltens ausmacht. Alles Ideale hat etwas Theoretisches und Unerreichbares. Gleichzeitig sind Ideale Richtungsgeber, die einem einzelnen realen Menschen Anregungen für seine persönliche Weiterentwicklung geben oder auch bei der Einschätzung von Klienten oder Gesprächspartner hilfreich sein können.

Beim NLP soll der Klient am Ende einer erfolgreichen Therapiesitzung in einer Ressourcephysiologie sein. Die Ressourcephysiologie erkennt man daran, daß die Person symmetrisch sitzt oder steht, entspannte, gut durchblutete Gesichtszüge hat und ihre Bewegungen Grazie ausstrahlen. Diese Physiologie verschwindet normalerweise jedoch wieder, wenn neue Belastungen auftreten. Zur *Physiologie der Integration* gehört, daß ihr „Besitzer" *ständig*, also 24 Stunden jeden Tag, in einer *Ressourcephysiologie* ist. Um die Chance zu haben, dieses Ziel zu erreichen, bedarf es einiger Voraussetzungen. Der Körper dieses integrierten Menschen muß *organisch völlig gesund* sein. Das heißt, alle Organe eines vollständig integrierten Menschen müssen ohne Störungen funktionieren – beispielsweise der Magen-

Darmbereich und die Atmungsorgane. Ein solcher Mensch hätte nie Schnupfen oder Verdauungsprobleme, immer einen angemessenen Blutdruck (Herzschlag) und gesundes Blut. Das Nervensystem sorgte in Aktivierungszuständen für eine gleichstarke Aktivierung aller Organfunktionen, wodurch Überbelastungen einzelner Organe vermieden würden. Bisher sind die Delphine die einzigen bekannten Säugetiere, deren Organismus so harmonisch funktioniert.

Neben vollkommener Organgesundheit bieten sich die *Ziele*, die beim *Rolfing* verfolgt werden, als Merkmal für die Physiologie der Integration an. Dazu gehören eine gleichmäßige, seidige Qualität des Körpergewebes und der Haut voll Elastizität und ohne Verhärtungen, alle Körpergelenke sind optimal und rechts- und linksseitig gleichmäßig beweglich. Die Gelenke zwischen den Wirbeln, der Wirbelsäule bis hin zum Steißbein, die Verbindung zwischen Schädel und Wirbelsäule ist beweglich. Auch die einzelnen Schädelknochen haben eine sehr feine Beweglichkeit zueinander. Verbindungen der Rippen zum Brustbein und die Becken-Kreuzbeingelenke sind auf beiden Seiten gleichmäßig ein wenig beweglich. Das Becken ist aufrecht und die Wirbelsäule bis auf einen leichten Schwung ebenfalls. Die Beine sind gerade, es gibt also keine X- oder O-Beintendenzen. Die Füße zeigen im Gehen und Stehen genau geradeaus. Schließlich müssen für eine Physiologie der Integration auch alle Sinnesorgane – Augen, Ohren, Nase und Geschmacksnerven im Mund, der Tast- und Berührungssinn der Haut und die anderen kinästhetischen Wahrnehmungsnerven (propriozeptive Gelenkstellung, intestinale Organgefühle usw.) – sensibel wahrnehmen können.

Die Wahrnehmung der inneren Linie ist ein weiteres Rolfingziel, das als wichtiger Faktor zur *Physiologie der Integration* beiträgt. Empfindet jemand ständig seine innere Linie, so können in der Körperperipherie einige Probleme bestehen, wie z.B. daß jemand gelähmt ist, trotzdem ist dieses Gefühl der inneren Linie gleichbedeutend mit einer tiefen Wahrnehmung einer ständigen Ressourcephysiologie im Körperinneren.

Wenn ein Mensch die bisher beschriebenen Kriterien alle in sich vereint, ist sein Körper und seine Bewegung beseelt von einer enormen Grazie. Zu einer vollständigen *Physiologie der Integration* gehört aber auch *Grazie im Verhalten.* Da es unendlich viele potentielle

Verhaltensmöglichkeiten für jeden Menschen gibt, läßt sich graziöses Verhalten nur allgemein beschreiben. Ein solches Verhalten würde für jeden Menschen in jeder Situation als Vorbild dienen können. Bei einem Menschen mit ständiger Eleganz des Verhaltens hätte zudem jede Verhaltensweise diese Qualität, und er wäre in der Lage, die unendlich vielen Verhaltensmöglichkeiten ebenfalls so zu meistern. Besonders an dieser Stelle sei noch einmal darauf hingewiesen, daß die Physiologie der Integration ein Ideal, also ein theoretisches Konzept darstellt.

Die nächsten Aspekte der *Physiologie der Integration* beziehen dieses Ideal wieder etwas mehr auf konkrete Inhalte. Das erste ist eine *integrierte Funktion der Sinnessysteme.* D.h. jeder Mensch ist in der Lage, bewußt die Information aus allen fünf Sinneskanälen (visuell, auditiv, kinästhetisch, olfaktorisch und gustativ) jederzeit wahrzunehmen. Außerdem kann er diese Information mit den inneren Wahrnehmungen aus allen Sinneskanälen (VAKO) in Beziehung setzen. Dadurch stünden dem integrierten Menschen* jederzeit eine Vielzahl von Informationsquellen zur Verfügung, die er je nach inneren und äußeren Bedürfnissen bzw. Anforderungen nutzen könnte. Dies bedeutet z.B., daß der Mensch keine Programmierungen hat, die ihn bestimmte Sinneskanäle zeitweise ausblenden lassen, wie z.B. nicht mehr genau hinsehen können, wenn ein Gesprächspartner einen bestimmten Ton hat, der an ein altes, unangenehmes Erlebnis erinnert, in dem man sich durch ungenaues Schauen vor schmerzhaften Erfahrungen geschützt hat.

Der zweite Aspekt der *Physiologie der Integration*, der das Ideal mit Realitätsbezug bereichert, ist die *Fähigkeit, alle Gefühle erleben* zu können, in dem Moment, wo sie auftreten, ohne sich zu verspannen und sie unterdrücken zu müssen. Die Fähigkeit, Gefühle zu erleben,

---

* An dieser Stelle kann die Frage auftauchen: Ist ein solcher Mensch nicht langweilig? Die Antwort ist „Ja". Nach allgemeinem Verständnis wäre ein Mensch, der gelassen und elegant „immer alles im Griff" hätte, sicher langweilig. Andererseits, wieviel mehr Möglichkeiten hätten integrierte Menschen, mit unseren weltweiten Krisen umzugehen, wenn die vielen „menschlichen" Krisen und aufregenden, interessanten zwischenmenschlichen Reibungen und Konflikte wegfielen? Trotzdem ist der Aspekt der „Langeweile" sicher ein wichtiger Grund für viele Menschen, die nach Vervollkommnung suchen, ihr Suchen durch „aufregende" Krisen zu verlängern. Wiederum: Die „Langeweile" eines integrierten Menschen öffnet ihm die Wahrnehmung für die Freude an den einfachen Dingen, Beziehungen und Erfahrungen.

entspricht zunächst einem kleinkindlichen Verhalten, sofort auf positive wie negative Umwelteinflüsse reagieren zu können. Verbindet man diese Fähigkeit mit der integrierten Funktion der Sinnessysteme und den anderen Aspekten der Physiologie der Integration, ergibt sich daraus wiederum ein graziöses Verhalten, was sich deutlich von einem Kleinkindverhalten unterscheidet, da der integrierte Mensch seine Gefühle nicht aufstauen würde, aufgrund seiner Fähigkeit, sie jederzeit adäquat ausdrücken zu können und dadurch, daß er im Gegensatz zum Kleinkind nicht auf jede Veränderung seiner Umwelt gefühlsmäßig reagieren müßte, weil er sie im Gegensatz zum Kleinkind auch gedanklich einordnen kann. Der Aspekt der Fähigkeit, Gefühle jederzeit ganz ausleben zu können, ist besonders deshalb wichtig, weil er eine permanente Reaktionsfähigkeit beinhaltet, die den Gesamtorganismus einbezieht und zur Gesunderhaltung wichtig ist. Bekannt ist dieser Gedanke aus dem Wissen über die Wirkung des Adrenalin bei Streß, das, wenn es nicht durch körperliche Aktivität abgebaut wird, langfristig die Gesundheit beeinträchtigt. Demgegenüber wirkt das körperliche Erleben von angenehmen Gefühlen wie Freude, ausgedrückt durch ein den ganzen Körper durchschüttelndes Lachen, oder Liebe, empfunden als angenehme körperliche Aktivierung und leichtes, intensives Atmen, ohnehin sehr positiv auf die Gesundheit.

Die Frage, „Wofür setze ich mein Integriertsein ein?" beleuchtet den dritten Aspekt, der das Ideal der Physiologie der Integration relativiert, aber auch brauchbarer macht. Indem ich ein äußeres Ziel verfolge, auf das ich mein Ideal ausrichte, verliert letzteres seinen absoluten Stellenwert. Gleichzeitig beinhaltet die obige Frage, daß man sich klare Zwischenziele setzen kann, deren Erreichung überprüfbar und motivierend wirkt. Außerdem ist es wichtig, sich Ziele zu setzen, die der eigenen Persönlichkeit, ausgedrückt durch den Körper und seine Grundbedingungen, entsprechen und gute Entwicklungsmöglichkeiten bieten. Deshalb folgt ein Beispiel, das im Sinne des oben beschriebenen Ideals ungünstig, jedoch bezogen auf ein Ziel günstig ist.

Wenn man einen Beruf, eine Aufgabe oder ein Ziel hat, für dessen Erreichung es vor allem nötig ist, beharrlich zu sein oder langfristig eine gleichbleibende Meinung durchzusetzen, bietet ein Körper, der entgegen der Rolfingideale wenig flexibel, sondern eher stabil bis unbeweglich ist, gute Voraussetzungen, da die kinästhetische Erlebniswelt eines solchen Körpers sehr gleichbleibend ist. Jemand der körperlich – oft auch geistig – sehr flexibel ist, braucht, um langfristige Ziele auch über Durststrecken hinweg weiter zu verfolgen, sehr stabile, klare und für ihn attraktive innere Bilder und Aussagen. Andernfalls läuft er Gefahr, sein Ziel nicht zu erreichen, weil es „ja so viele schöne andere Möglichkeiten gibt", sein Leben zu gestalten.

5. Geschichten aus der Körpertherapie

Körpertherapie ist noch nicht in allen Gesellschaftsbereichen akzeptiert, deshalb dienen zum Einstieg in dieses Kapitel folgende kritische Aussagen: „Körpertherapeuten haben das größte Ego" oder „Ein Masseur ist jemand, der für etwas bezahlt wird, wofür andere eins auf die Finger kriegen". Aussagen wie diese weisen darauf hin, daß Körpertherapie nach wie vor, bezogen auf allgemeine Verhaltensweisen, eine ungewöhnliche Situation darstellt. Gleichzeitig werden die Ziele, die die Körpertherapien verfolgen, für viele Menschen immer interessanter. Solche Ziele sind zum Beispiel mehr Körperbewußtsein, höhere Ansprüche an das körperliche Wohlbefinden und die Attraktivität, auch über die eigentliche Jugend hinaus, das Erleben der Verbindung zwischen Geist und Körper sowie die Gesundheitsvorsorge statt Krankheitsbekämpfung. Einige Prinzipien und Verhaltensweisen, die besonders in Körpertherapie angewendet werden, können auch auf andere Therapien und Lebensbereiche ausgedehnt werden.

5.1 Körperarbeit schafft Vertrauen (Rapport)

Körperberührungen, wenn sie von beiden Seiten als angenehm empfunden werden, stellen einen Rapport her, der auf der grundlegendsten Erfahrungsebene real und wirksam ist. Ein Baby, das sich körperlich angenommen fühlt, gewinnt ein tiefes Vertrauen in den eigenen Körper, in die Beziehungen zu anderen Menschen und zum materiellen Dasein überhaupt. Wer diese Erfahrung als Kind nicht genossen hat, kann sie als Erwachsener zwar nicht nachholen, allerdings vermittelt die Rolfingkörpertherapie neben den anderen Wirkungen auch das Gefühl, von wissenden Händen körperlich angenommen zu sein und die damit verbundene Freude am körperlichen Dasein. Die Rolfingerfahrung umfaßt zwar nur zehn Sitzungen, aber nach deren Ende haben die meisten Menschen eine entschieden höhere Motivation, sich liebevoll oder heilend mit ihrem Körper zu beschäftigen. Außerdem ist das Erleben der zehn Sitzungen im allgemeinen angenehm und ressourcevoll und durch den äußerst positiven und respektvollen kinästhetischen Kontakt zwischen Rolfer und Klient entsteht sehr schnell ein Rapport. Wenn der kinästhetische Rapport hergestellt ist, ist es fast unmöglich, Rapportschwierigkeiten zu haben. Dies ist die beste Voraussetzung für den Körpertherapeuten, auch auf anderer Ebene, z.B. durch kurze Gespräche hilfreich für den Klienten zu sein. Um dem Klienten die Möglichkeit zu geben, die vielen Ressourcen aus der Rolfingzeit in der Zeit danach in die eigene Hand zu nehmen, spricht der Rolfer bereits in der achten oder neunten Sitzung das Thema „Abschiednehmen" und „selbst für den Körper sorgen" an. Außerdem bereitet auch der Verlauf der letzten Sitzungen die Übernahme der Ressourcen vor, so daß der Klient einen großen Teil oder alle positiven Aspekte des Gerolftwerdens nach den Sitzungen auf andere Weise in sein Leben integrieren kann (vgl. Kap. 4.1.5).

Zurück zum Rapport, meine Erfahrungen aus der Körpertherapie zeigen, daß eine positiv empfundene Berührung den Rapport immer fördert, da ein Körperkontakt, auch wenn er kurz ist, im wahrsten Sinne des Wortes eine Verbindung zwischen Menschen darstellt. Der Kontakt findet außerdem auch von Unbewußtem zu Unbewußtem statt, und auf dieser Ebene sind Bewertungen und Vorurteile nebensächlich. Wichtig ist nur, daß die Berührung positive Signifikanz besitzt. Die positiven Wirkungen der Berührung bei der Körpertherapie lassen sich auch in anderen therapeutischen oder beratenden Zusammenhängen hilfreich nutzen. Allerdings muß hier der Rahmen stimmen und die Intention klar und respektvoll sein. Als Voraussetzung dafür muß der Therapeut und Berater selbst solche Art von Körperkontakt kennen, Vertrauen zu seinem eigenen Körper besitzen und mit Körperkontakt, der Menschen betrifft, die nicht die nächsten Freunde oder Verwandten sind, sondern unvertraute Klienten, umgehen können.

Was die klare und respektvolle Intention angeht, halte ich Gedanken oder Einstellungen wie eine „Berührung von Mensch zu Mensch" für sinnvoll. Diese Art des Körperkontaktes ist zutiefst verbunden und herzlich und schließt damit alle Zwischentöne anderer Beziehungsformen wie mütterlich, väterlich, routiniert, sexuell, bedürftig, usw. von vornherein aus*. Dies ist wiederum wichtig für die Freiheit und Flexibilität, die eine therapeutische Beziehung benötigt. Wenn man aus irgendwelchen starken Übertragungen heraus nicht in der Lage ist, Körperkontakte mit dieser Intention und Wirkung zum Klienten aufzunehmen, muß man mit Hilfe der Sprache Klarheit schaffen oder den Kontakt vermeiden und die Energie, die in der gegenseitigen Beziehung steckt, auf geistigeren Ebenen kreativ sein lassen, denn zu unterdrücken ist sie nicht, ohne negativ zu wirken. Bereits ohne Berührung hat jeder Mensch sehr feine Antennen für andere Menschen und Beziehungen, auch wenn diese Wahrnehmung bei vielen nicht mehr bewußt funktioniert, bleibt die Wirkung, die Menschen mit ihrer körperlichen Existenz aufeinander haben, bestehen. Es hat also keinen Zweck, körperliche Aspekte aus Beziehungen verbannen zu wollen, statt dessen kann man sich und seinen Körper so entwickeln, daß die bloße Anwesenheit – noch mehr natürlich eine Berührung – heilsam und klärend für Klienten ist. Diese Entwicklungsbemühungen werden zudem belohnt mit eigenem körperlichen Wohlbefinden.

Darüber hinaus kann, wer seine Physiologie auf rein kinästhetischer Ebene verbessert, sicher sein, daß sich seine Fähigkeiten und Leistungen auch in anderen Bereichen entwickeln werden, da der Mensch ein ganzheitliches lebendiges System ist, bei dem alles mit allem verbunden ist und eine Verfeinerung in einem Gebiet alle anderen positiv mitbeeinflußt.

Um nun mit der eigenen guten Physiologie auch andere Menschen in bessere zu bringen, braucht man ein „Übungsfeld". Dazu eignen sich besonders gute Freunde, die man bei einem Gespräch oder einem Einkaufsbummel einfach dadurch, daß man während der ganzen Zeit des Zusammenseins bzw. speziell dann, wenn der jewei-

---

* Hier mag die Frage auftauchen, „Wie kann man einen solchen Körperkontakt herstellen?" Man muß seine eigenen Gefühle kennen und steuern können. Eine besonders gute zusätzliche Methode zum Rolfing ist die Sensibilisierung für und der Umgang mit den Chakraenergien. Die Chakren sind die sieben Energiezentren im Körper, die mit jeweils sehr unterschiedlichen Gefühlen verbunden sind – z.B. Überlebenswille, Sexualität, Macht oder Liebe. Will man einen Klienten herzlich, liebe- und respektvoll umarmen, konzentriert man sich besonders auf sein Gefühl im Herzchakra – im Brustkorb in Höhe des Herzens – und verstärkt evtl. dieses Gefühl, indem man sanft und intensiv dorthin atmet. Diese Vorgehensweise ist stark vereinfacht und deshalb für Ungeübte eher als gedankliche Anregung gedacht denn als praktische Vorgehensweise.

lige Freund von seinen Problemen berichtet, in einer guten Physiologie bleibt und den Körperkontakt mit ihm aufrechterhält.

Am Anfang wird es Ihnen vielleicht gar nicht so einfach erscheinen, weil die meisten Menschen geneigt sind, sich entweder tröstend und/oder mit-leidend ebenfalls in eine Problemphysiologie zu begeben – besonders wenn sie sich mit Schwierigkeiten sehr nahestehender Menschen beschäftigen – oder sie beginnen sich zu distanzieren und bauen eine Verteidigungshaltung – oft im wahrsten Sinne des Wortes – auf. Wenn Ihnen das beim Üben passieren sollte, macht es nichts, solange Sie in dem Moment, wo Sie es merken, zurück in Ihre Ressourcephysiologie gehen oder sich ausruhen. Nach einer Weile des Übens werden Sie sich fragen, wie es kommt, daß Ihr Leben und Ihre Arbeit mit Menschen immer leichter wird und Ihre Freundschaften immer liebevoller und schöner.

Eine wichtige Voraussetzung, um das oben Beschriebene in die Tat umzusetzen, ist die Fähigkeit, genau wahrzunehmen, was Ihre Ressourcephysiologie ist und ob oder wie gut Sie in dem ressourcevollen Zustand sind. Der nächste Abschnitt gibt Hinweise, wie das am einfachsten geht.

5.2 Die Augen nach unten rechts bitte

Wie wir durch NLP wissen, zeigt die Augenstellung unten rechts bei über 90% aller beobachteten Menschen einen Zustand an, in dem die Person mit ihren Wahrnehmungen hauptsächlich in der Kinästhetik ist, d.h. ihre Körpergefühle empfindet. In Verbindung mit dem Abschluß des vorangehenden Abschnittes besagt dies folgendes: Die einfachste Möglichkeit, um zu überprüfen, ob man selbst tatsächlich in einer vollständigen Ressourcephysiologie ist oder ob nicht, und wenn, was es zu verbessern gibt, um sich optimal zu fühlen, ist, für einen Moment bewußt die Augen nach unten rechts zu nehmen. Wer bereits gut mit seinem Körper und seinen Empfindungen umgehen kann und feststellt, daß seine Ressourcephysiologie nicht optimal ist, kann dann sofort eine kleine innere Veränderung vornehmen, um seine Körpergefühle zu verbessern. Solche Veränderungen sind zum Beispiel einige bewußte tiefere Atemzüge, ein Loslassen angespannter Muskeln, besonders in den Händen, Schultern, Nacken, dem

Kiefer, den Oberschenkeln, im Gesäß oder in den Füßen. Es kann auch ein bewußtes sanftes Einatmen durch die Nasenlöcher sein, wobei man möglichst eine angenehm riechende Luft riecht und fühlt, egal ob in der Wirklichkeit oder halluziniert... Dieses Atmen entspannt und hellt die Gesichtszüge auf, wenn Sie freundlich sein wollen. Manchmal kann es auch darum gehen, den Atem stärker in den Bauch oder oberen Brustkorb zu ziehen. Das Atmen in den Bauch gibt mehr kraftvolle Gefühle, die den Mut und das Durchhaltevermögen stärken. Das kommt dadurch zustande, daß der Druck und die Bewegung, die die Atembewegung im Bauchraum erzeugt, die Verdauungsorgane mobilisiert, wodurch letztere tatsächlich mehr dem Organismus kraftspendende Stoffe freisetzen können. Mit dieser Methode kann man sich selbst mehr Energie geben ohne zu essen. Demgegenüber fördert das Atmen in den oberen Brustkorb die Fähigkeit, sich mimisch oder verbal auszudrücken, und zwar dadurch, daß die Atemluft einen höheren Druck im oberen Brustkorb, Hals und Kopf erzeugt, dadurch die Durchblutung dort angeregt wird und dadurch die Muskeln und das Gehirn. Auf diese Weise kann man sich nicht nur besser ausdrücken, sondern auch besser denken.

Falls jemand körperlich fit ist, aber relativ wenig Erfahrung im Umgang mit wirklichen kinästhetischen Empfindungen hat, kann es sein, daß er, wenn er die Augen nach unten rechts nimmt, überrascht ist, daß er sich gar nicht so gut fühlt oder anders fühlt, als er gedacht hat. Dies ist besonders der Fall bei Menschen, die jung sind und deshalb gesund und/oder bei Menschen, die sich stark visuell zu Bewegung und Sport motivieren. Außerdem können ungeübt ohnehin wenige Menschen gleich einschätzen, was ihr Körper braucht, um wieder ganz ressourcevoll zu sein. In diesem Falle kann man mit der Übung, die Augen gelegentlich nach unten rechts zu nehmen, für sich allein seine Körperwahrnehmung verbessern. Auch Yoga und Entspannungsgymnastik, Bewegungstherapie, Meditationen, Tai Chi Chuan und Feldenkraisübungen werden intensiver und führen zu schnelleren Erfolgen, wenn man bewußt in seine kinästhetische Wahrnehmung einsteigen kann, d.h. die Augen nach unten rechts nimmt. Ist man gedanklich und körperlich in einem Zustand, der es einfach macht, die Augen ohne Anstrengung eine Weile in dieser Position zu lassen, so beginnt eine kinästhetische Trance. Je leichter man mit oder ohne Begleiter in diesen Zustand kommen kann, desto gesünder ist der Gesamtorganismus und umso mehr funktionieren Kopf und Gefühl bzw. Kinästhetik und die anderen Sinnessysteme (auditiv und visuell) als harmonische Einheit.

Wenn man nicht so ganz fit ist und wenig Erfahrung im Umgang mit der eigenen kinästhetischen Wahrnehmung hat, sollte man besonders in Situationen, in denen man beruflich oder privat gefordert ist oder auch nur wie gewohnt funktionieren will, den Versuch, in die Kinästhetik zu gehen, unterlassen. Im Gegensatz zu den wunderbaren Erfahrungen, die die eigene Kinästhetik für jemanden, der sich dort auskennt und seinen ganzen Körper hegt und pflegt, bereithält, kann es für jemanden, der sich hauptsächlich auf seinen Kopf verläßt, eine unangenehme Überraschung sein, sich seines Körpers plötzlich ganz bewußt zu werden, indem er die Augen nach unten rechts nimmt. Der Körper, lange stiefkindlich behandelt, wird, nachdem ihm endlich Aufmerksamkeit gewährt wird, nämlich erstmal ordentlich schimpfen oder sich ausweinen wollen. Um dieses allzu berechtigte Bedürfnis zu befriedigen, sollte man sich deshalb in den geschützten Rahmen einer Körpererfahrungsgruppe zu einem Körpertherapeuten oder einfach zu einem körpererfahrenen Freund begeben, um langsam die Diskrepanz zwischen vielleicht enormen geistigen und intellektuellen Fähigkeiten und Qualitäten und dem Körper zu verringern. Denn ganzheitliche Menschen produzieren ganzheitlichere Lösungen für die komplexen Probleme, vor denen die Menschen heute stehen. Hier ist anzumerken, daß normaler Sport nur sehr begrenzt die Möglichkeit bietet, die tatsächliche Körperwahrnehmungsfähigkeit zu fördern. Die meisten Sportarten enthalten zu schnelle und zu komplizierte Bewegungen, bei denen es für die meisten Menschen nicht möglich ist, ohne starke visuelle oder auditive Aktiviertheit mitzuhalten. Das schaffen nur geniale Supersportler, denen man aufgrund ihrer absoluten Grazie ansieht, daß jede Faser ihres Körpers von Bewußtsein und Wahrnehmungsfähigkeit durchdrungen ist. Für „normale" Menschen ist ein solches Körperbewußtsein nur bei langsamen und gleichmäßigen Bewegungen möglich. Ein besonders gutes Beispiel ist neben rein therapeutischer Bewegungs- oder Körperarbeit das Tai Chi Chuan. Es ist sehr langsam, und die Bewegungen können, egal wie alt jemand ist, ganz nach den persönlichen Fähigkeiten ausgeführt werden. Wenn man Tai Chi eine Weile übt, kann man mit der „Augen-nach-unten-rechts"-Methode seine kinästhetische Wahrnehmungsfähigkeit und seine Bewegungsqualität verbessern. Wer diese Veränderungen erlebt, spürt sehr eindeutig, worum es geht. Er erlebt, was es heißt, daß der „Körper im Fluß" ist oder „eins mit seiner Bewegung". Von außen sieht man es an der Grazie und der Leichtigkeit der Bewegungen, deren Ursprung sichtbar im Körperinnern liegt. Wer sich so bewegt, kommt auch bei den langsamen Bewegungen des Tai Chi sehr schnell ins Schwitzen, eben weil der Körper in Fluß kommt bzw. jede Zelle des Körpers in Bewegung kommt und sich entspannt. Dadurch ergibt sich ein echtes ganzkörperliches Training. Rolfing, kinästhetische Trance und andere Körpertherapiemethoden erleichtern es Ihnen, daß Ihr Körper in einen Zustand kommt, indem er fähig ist zu solchen oben beschriebenen Erfahrungen oder daß sie häufiger werden und länger anhalten.

Beim Rolfing selbst läßt sich die Augen-nach-unten-rechts-Methode ebenfalls vielseitig nutzen. Am Anfang der Sitzung beginne ich, wann immer es mir aufgrund der Körperanalyse möglich ist, und es ist fast immer möglich, auf der rechten Körperseite, damit, falls der Klient mich ansieht, sein Blick nach unten rechts wandert. Dadurch kann er sich leichter auf seine Kinästhetik konzentrieren. Falls ich wahrnehme, daß es ihm besonders schwerfällt, sich auf die Kinästhetik zu konzentrieren, bitte ich den Klienten manchmal auch direkt, seinen Blick einmal nach unten rechts zu wenden. Dadurch vertieft sich oft automatisch der Atem, und der Körper stellt sich mehr auf Regeneration und Entspannung ein, d.h. die Sympathikustätigkeit wird schwächer, und der regenerierende Parasympathikus wird aktiver.

Wenn ich annehme, daß der Klient nicht irritiert ist von der Bitte, die Augen nach unten rechts zu wenden, frage ich ihn ohne weitere Begründung, um ihn wenig zu beeinflussen. Falls das nicht geht, füge ich hinzu, daß das gut ist, um den Körper besser zu fühlen. Da dies ein wichtiger Grund für Klienten ist, Rolfing zu nehmen, ist jeder gern bereit, sich selbst auf diese Weise zu unterstützen.

Auf die Aufforderung „Die Augen nach unten rechts bitte" gibt es verschiedene Reaktionen. Die erste ist oben bereits erwähnt, nämlich Entspannung. Eine zweite Reaktion, wenn eine Intervention schmerzhaft ist, ist „Oh, das tut jetzt aber anders weh! Es ist intensiver, aber ich kann es auch besser aushalten". Diese Reaktion zeigt, daß der Klient zur Schmerzbewältigung etwas vermutlich Angenehmes in einem anderen als dem kinästhetischen Sinnessystem erlebt hat, ähnlich der V/K Dissoziation bei der Phobietechnik. Oft ist dies eine sehr begrüßenswerte Reaktion auf Schmerzen. Beim Rolfing ist es eher von Nachteil, weil dadurch ein Klient eventuell eine Druckintensität aushält, die über das zum Befreien des Gewebes notwendige Maß hinausgeht. Außerdem geht es beim Rolfing auch darum, daß der Körper lernt, auf Spannung oder Druck im Gewebe auf kinästhetische Art, nämlich mit Entspannung zu reagieren statt wie üblich, allerdings nur in lebensbedrohlichen Gefahrensituationen oder bei chronischen, unheilbaren Schmerzen sinnvoll, mit Anspannung der Muskulatur, erhöhter Sympathikusfunktion, mehr Adrenalin und Aktivierung des visuellen und auditiven Sinnessystems. Dieser Lernprozeß ist wichtig, um den Kreislauf äußerer Streß – Muskelverspannung – Schmerz – innerer Streß – mehr Verspannung – mehr Schmerz – mehr innerer Streß – usw. zu durchbrechen.

Eine dritte Reaktion auf die Bitte, die Augen nach unten rechts zu nehmen, ist in schmerzhaften Situationen „Oh, es ist ja gar nicht so schlimm, wie ich eben noch dachte". In dieser Situation ist es gelungen, negative innere Bilder, die einen leichten Druck in Verbindung mit schmerzhaften Erinnerungen als viel stärker erscheinen ließen, von den alten Bildern abzukoppeln. Meistens bitte ich den Klienten dann, bewußt zwischen den inneren Bildern und der tatsächlichen Kinästhetik hin und her zu pendeln. Dadurch erlebt er dann den Unterschied zwischen seiner Hier-und-Jetzt-Kinästhetik und alten schmerzhaften Erlebnissen und erkennt die Tatsache des Vergangenen, wodurch die alten Erlebnisse die schmerzfördernde Wirkung in der Gegenwart verlieren.

Ähnlich gehe ich vor, wenn ein Klient während der Sitzung beginnt, ein Trauma wiederzuerleben. Als erstes stoppe ich ihn mit einer festen, ruhigen Bewegung und sage gleichzeitig „Stop", „Moment, warte mal" oder „Bleib bitte hier". Als nächstes bitte ich ihn, zwischen seiner aktuellen kinästhetischen Wahrnehmung, die ich mit sehr sanften Berührungen oder Streicheln noch angenehmer gestalte und beruhige, und seinen traumatischen Erlebnissen, die ihre gefühlsmäßige Wirkung über innere Bilder verstärken, hin und her zu pendeln und den Unterschied sehr deutlich wahrzunehmen.

Sobald der Klient droht, in seine Traumaphysiologie abzugleiten, stoppe ich ihn wieder. Auf diese Weise löst sich die traumatische Verbindung.

Am Ende einer Sitzung läßt sich die Augen-nach-unten-rechts-Methode nutzen, um dem Klienten die Möglichkeit zu geben, die positiven Effekte der Sitzung besonders intensiv zu spüren. Dies unterstützt gleichzeitig die Selbstankerung des Klienten. Er kann die Qualität der Körpergefühle besonders an signifikant positiv veränderten Stellen bewußt erspüren und sich merken. Später kann er sein Körperbewußtsein dann wieder auf diese Stellen lenken und überprüfen, ob die Empfindungen dort optimal angenehm sind oder wenn nicht, wie er das optimale Gefühl dort wieder gewinnen kann (vgl. Kap. 4.1.2.4). Auf diese Weise verbessert sich die Haltbarkeit der Rolfingarbeit.

In Momenten, in denen ein Klient ein besonders gutes Körpergefühl hat, sei es während der Sitzung, beim Spaziergang danach oder bei anderer Gelegenheit, kann er auch allein für sich den Einstieg in die Kinästhetik machen, indem er die Augen nach unten rechts wendet und in der zuletzt beschriebenen Weise sich selbst ankert.

Bei der Körperanalyse ist die Augen-nach-unten-rechts-Methode ebenfalls sehr hilfreich. Oft, wenn ich einen Klienten bitte, sich entspannt und aufrecht hinzustellen, sehe ich, daß besonders Bereiche in der oberen Körperhälfte wie z.B. die Schultern, der Brustkorb, der Nacken oder die Hände angespannt sind. Dann stellt sich mir die Frage, ob die Bereiche aus einer momentanen Streßsituation so weit angespannt sind und die strukturelle Situation eigentlich besser ist oder die Anspannung der Körperstruktur entspricht. Diese Einschätzung ist wichtig, um herauszufinden, wo ich voraussichtlich wie tief und wie lange arbeiten werde und ich so die kommende Rolfingsitzung vorplanen kann. Um nun möglichst genau zu wissen, was mit dem Körper des Klienten los ist, bitte ich ihn, sich auf seinen Körper einzustellen und die Augen nach unten rechts zu wenden. Dadurch, daß der Klient seinen Körper nun intensiv spürt, läßt er automatisch die Anspannungen, die momentan noch nicht in seiner Körperstruktur festgelegt sind, wieder los und ich kann die Körperanalyse besser auf die tatsächlichen Gegebenheiten einstellen. Das heißt natürlich nicht, daß ich an den Stellen, die der Klient von sich aus bereits entspannt hat, nicht mehr arbeite. Auch ein Bereich, der noch willkürlich vom Klienten selbst entspannt werden kann, aber in Streßsituationen zu Verspannungen neigt, bedarf der Aufmerksamkeit. Allerdings kann ich sanfter und tiefer arbeiten als bei sehr deutlich sichtbaren Verspannungen, die bis zur Körperoberfläche reichen.

Darüber hinaus trainiert die Augen-nach-unten-rechts-Methode bei jeder Körperanalyse ganz nebenbei und doch sehr wirksam die Fähigkeit, seine wirklichen Körpergefühle und die durch geistige Anspannung verstärkten oder veränderten Gefühle zu unterscheiden und eine gute Körperwahrnehmung zu bekommen.

Jeder, der Körpertherapie macht und/oder Körpertherapie erlebt hat, kennt die Frage: „Wie fühlst Du Dich denn jetzt?" oder „Wie fühlt sich Dein Körper jetzt an?". Ebenso kennt jeder die Ratlosigkeit, die die Reaktion auf diese Frage sein kann, die sich in einem Satz wie „Äh, weiß ich im Moment nicht so genau" äußert. Diese Reaktion kann daran liegen, daß die Körperarbeit Erinnerungen und innere Bilder ausgelöst hat, die im Moment der Frage noch so vordringlich sind, daß man sich auf das Körpergefühl nicht so schnell einstellen kann. Andererseits kann es auch sein, daß der Klient sehr intensiv in seinem Körpergefühl war und daß ihm zur Zeit noch die Worte fehlen. Indem man die Augenmuster beobachtet, bekommt man mehr Aufschluß über die innere Situation des Klienten. Stellt man fest, daß er nicht sehr in seinem Körper ist, kann man mit der „Augen nach unten rechts"-Bitte ihm helfen, sich auf sein Körpergefühl einzustellen, so daß er sich selbst und dem Klienten die Frage, wie er sich fühlt, beantworten kann. Dadurch werden die möglichen weiteren therapeutischen Schritte deutlich, oder man findet einen passenden Abschluß der Sitzung. Ist der Klient wie im zweiten Fall bereits sehr in der Kinästhetik, kann der Therapeut sicher sein, daß die Frage, wie der Klient sich fühlt, eine Reorientierung in die anderen Sinnessysteme – visuell und auditiv – bewirkt und daß der Klient nur etwas mehr Zeit, eine Wiederholung oder Spezifizierung der Frage benötigt, um seine kinästhetischen Erlebnisse mit Sehen, Hören und Sprechen in Einklang zu bringen.

Die Augen-nach-unten-rechts-Methode kann man auch in der Arbeit mit Gruppen nutzen. Man bittet die Gruppe, die Augen in diese Position zu bringen, und alle Linkshänder probieren die linke Seite. Diese Übung eignet sich als Einleitung von Stimmungsbildern, bei denen es besonders um die Gefühle gehen soll. Oft ist in Gruppen, selbst wenn es um Körpererfahrung geht, die Aufmerksamkeit der Teilnehmer im visuellen oder auditiven Sinnessystem, weil man sich auch mit den anderen Gruppenmitgliedern beschäftigt. Um in solchen Situationen die Aufmerksamkeit wieder ganz in die Kinästhetik zu bringen, eignet sich das obige Vorgehen. In Gruppen, in denen es nicht direkt um Körperarbeit geht, sondern darum, Zusammenhänge zwischen Körper, Gefühlen und Gedanken eher theoretisch zu verdeutlichen, kann man mit Hilfe der Augen-nach-unten-rechts-Methode klarmachen, daß man sein Körpergefühl intensivieren und verfeinern kann und daß Gefühle im Sinne von Emotionen eine Kombination aus körperlichen Zuständen und Gedanken, also visuellen und auditiven inneren Wahrnehmungen plus Körpergefühlen sind.

Besonders in einer Gruppe sind die Ergebnisse dieser Übung überraschend und interessant, da in dieser Situation fast niemand so ganz in seiner Kinästhetik ist. Bei einem Rolfertreffen probierte ich die Augen-nach-unten-rechts-Übung im Rahmen eines Vortrages über NLP zum ersten Mal in einer Gruppe aus. Für die Rolfer war es leicht, die Übung durchzuführen, da sie keine besonderen Widerstände dagegen haben, sich auf ihren Körper einzulassen, und gleichzeitig waren viele überrascht, daß ihr auf diese Weise intensiv empfundenes Körpergefühl anders war, als sie gedacht hatten und wie leicht es ist, sich ganz auf das eigene Körpergefühl einzustellen. Einige Bemerkungen meiner Rolferkollegen waren: „Das ist ja ganz anders", „Oh, ich bin ja müde" und „So kann ich mich gut entspannen". Die letzte Aussage war begleitet von einem Zurücklehnen im Stuhl und sanftem Schließen der Augen.

5.3 Ein kombiniertes Körpertherapieprogramm

Entwickelt hat sich dieses Programm aus der Arbeit mit einer Klientin, die sich trotz Rolfing nur sehr schwer auf ihre tatsächlichen Körpergefühle einlassen konnte. Heide war klein und schmal und hatte einen starken Rundrücken, der ihr die Atmung erschwerte. Sie war als Computerfachfrau im visuellen Sinnessystem sehr fit und nahm bewußt auch hauptsächlich dort wahr. Dadurch war die Aufrechterhaltung der Diskrepanz zwischen Kopf und Körper oder visuell und kinästhetisch beruflich sogar sinnvoll. Die zehn Sitzungen verliefen mit Erfolg und ihre ursprünglich etwas eckigen, schnellen, burschikos wirkenden Bewegungen wurden graziöser. Am Rükken und Nacken änderte sich im Verhältnis zum Möglichen und zu ihrer verbal geäußerten Motivation ziemlich wenig. Ihre Tendenz, fast ständig im visuellen, gelegentlich im auditiven und fast nie im kinästhetischen Sinnessystem assoziiert zu sein, änderte sich nicht. Deshalb und weil sie auch nach den zehn Rolfingsitzungen weitere nahm, die nicht die entscheidende Veränderung brachten, schlug ich ihr vor, eine Kombinationssitzung mit Rolfing und einer kinästhetischen Trancesitzung zu versuchen, damit sie ihren Körper einmal wirklich fühlen könne. Das Ergebnis war eine enorme Überraschung für sie. Tatsächlich hatte sie noch nie bewußt oder schon seit vielen Jahren nicht mehr ihren Körper wirklich gefühlsmäßig wahrgenommen. Während der kinästhetischen Trance fühlte sie zum ersten Mal, was sie sonst nur vor dem Spiegel und als innere Unruhe oder Konditionsschwäche störte. Deshalb war das Erlebnis der kinästhetischen Trance auch eher intensiver als angenehm, aber das neue kinästhetische Bewußtsein half ihr nun, geduldig und schrittweise mit verschiedenen Mitteln – Rolfing, Sauerstoffgeräten, mehr Bewegung und Freude in der Freizeit – ihrem Körper wieder näher zu kommen. Diese therapeutische Erfahrung war Auslöser für die Entwicklung eines Therapieprogrammes, das dazu dient, mit relativ geringem zusätzlichen Aufwand die Effekte und Dauerhaftigkeit der Rolfingserie oder auch einzelner Rolfingsitzungen zu erhöhen. Gleichzeitig ist es möglich, die Kombination auch auf andere Arten von Körperarbeit zu übertragen.

Die Kombination besteht aus je einer Rolfingsitzung und einer kurzen kinästhetischen Trance-Sitzung von zirka dreißig Minuten im Anschluß an eine zehnminütige Pause nach der Rolfingsitzung. Während der Pause bleibt der Klient liegen, um sich von eventuellen Anstrengungen während der vorangegangenen Rolfingsitzung zu erholen, um neue Energie und Konzentrationsfähigkeit zu tanken, um sich auf die Trancesitzung vorzubereiten und um bereits aktivierte Gefühle und Erfahrungen zu verarbeiten.

Man kann die Kombination Rolfing und kinästhetische Trance in einer einzelnen Sitzung anwenden, um einen bestimmten Körperbereich besondere Aufmerksamkeit zu widmen, zweitens in einigen ausgewählten Sitzungen anwenden oder drittens regelmäßig nach jeder der zehn Sitzungen eine kinästhetische Trance anschließen. Außerdem kann man die Kombination mit der kinästhetischen Trance auch auf alle anderen Körpertherapien und Massagearten, wie z.B. Feldenkrais, Shiatsu, Fußreflexzonenmassage usw. übertragen. Allerdings muß der jeweilige Therapeut mit der Tiefe oder Komplexität der Erfahrungen, die die kinästhetische Trance bei einem Klienten bewirken kann, vertraut sein und umgehen können.

Die erste Vorgehensweise mit nur einer Kombinationssitzung ist in verschiedenen Situationen die geeignetste. Wenn ein Klient nur eine Sitzung für ein bestimmtes körperliches Problem möchte, z.B. bei einer nicht vollständig ausgeheilten Verletzung, soll das ursprüngliche Gefühl und/oder die Beweglichkeit wieder hergestellt werden. Die kinästhetische Trance kann sich in dieser Situation entweder auf die damals verletzte Stelle konzentrieren, um den Heilerfolg zu verbessern, oder der Klient bezieht die kritische Stelle wieder in sein gesundes Gesamtkörperempfinden mit ein, so daß die damalige Verletzung vom Körper „vergessen werden kann".

Ebenfalls eine einzelne kinästhetische Trancesitzung kann hilfreich sein, wenn ein Klient einen bestimmten Bereich seines Körpers – wieder – genauer empfinden können möchte. Beispielsweise möchte eine Frau nach einer Schwangerschaft ihren Körper so weit wie möglich wieder in den alten Zustand vor der Schwangerschaft bringen und läßt sich deshalb rolfen. In dieser Situation kann sie in der vierten, fünften oder achten Sitzung – je nach persönlicher Situation – eine Kombinationssitzung wählen, um ihren Bauch und Genitalbereich besonders zu regenerieren und empfindungsfähiger zu machen.

Nach der zehnten Sitzung, als Abschluß der Rolfingserie, ist eine kinästhetische Trance sinnvoll, um die gesamte Rolfingerfahrung noch intensiver wahrzunehmen. Darüber hinaus gibt es eine Vielzahl von anderen Situationen, in denen eine einzelne Kombinationssitzung die Effekte und Erfahrungen der reinen Körperarbeit verbessert, intensiviert und dauerhafter macht. Einige Stichworte sind: Verfeinerung des Bewegungsablaufes, chronische Beschwerden wie Kopf-, Rücken- und Augenschmerzen, bewußtere Mimik usw.

Eine weitere Möglichkeit, das Therapieprogramm einzusetzen, besteht, indem man aus den zehn Rolfingsitzungen einige auswählt und sie mit der kinästhetischen Trance in oben beschriebener Weise kombiniert. Dies ist nützlich, wenn es im Körper des Klienten bestimmte größere Bereiche gibt, deren Funktion deutlich schlechter – verhärtet, wenig durchblutet, viel Stützgewebe – sind als der übrige Organismus. Es kommen auch Bereiche in Frage, die der Klient besonders wünscht und Bereiche, die kleiner sind, aber für den Körper sehr wichtig, wie z.B. die Füße. Im letzteren Fall verbindet man die zweite, vierte, sechste und achte Sitzung mit einer kinästhetischen Trance für die Füße, nachdem man in der Rolfingsitzung dort gearbeitet hat. Will man besonders die Bereiche verbessern, die den Atem beeinflussen, ergänzt man die erste, dritte, fünfte, siebte und neunte Sitzung mit einer kinästhetischen Trance im Anschluß. Um das Körperinnere mit den Organen intensiver spüren zu können und die Empfindung der inneren Linie zu fördern, kann man nach der vierten, fünften und sechsten Sitzung eine kinästhetische Trance erleben.

Für Menschen, die sich aus einem der folgenden drei Gründe besonders intensiv mit der Verbesserung ihres Körpers beschäftigen wollen, ist das kombinierte Körpertherapieprogramm während der gesamten zehn Sitzungen ideal. Der erste Grund ist, daß jemand seinen Körper für seinen Beruf oder eine bestimmte Situation besonders fit, gesund, leistungs- und bewegungsfähig machen möchte. In Frage kommen bei diesem Grund besonders Sportler sowie Künstler, die ihren Körper als Ausdrucksmittel nutzen. Der zweite Grund betrifft Menschen, die bisher als Folge ihres Berufes oder ihrer Erziehung ausgesprochen wenig Körperbezug und -wahrnehmung haben und nun wegen der Gesundheit, der persönlichen Weiterentwicklung oder veränderter Lebensumstände mehr mit ihrem Körper anfangen möchten. Das dritte Motiv, das für die Entscheidung, ein komplettes Therapieprogramm zu erleben, maßgebend ist, ist der Wunsch, sich einfach nur so, aus Liebe zu sich selbst und zum Lebendigsein, besonders den Bedürfnissen und Erfahrungen des eigenen Körpers zu widmen.

Nachwort

Zwei Fragen sollen am Ende dieses Buches stehen.

1. Wie veränderbar – körperlich, geistig und seelisch – sind Menschen eigentlich? Und
2. Warum sollten sie sich zur Vollkommenheit hin entwickeln?

Betrachtet man die idealen Möglichkeiten, die ein einzelner Mensch für sich nützen könnte; nämlich eine ideale Ernährung, Erziehung, Bewegung, Bezugspersonen, Massagen, Körperarbeit, medizinische und psychische Betreuung, ideale Umgebung und Tagesabläufe und geistige Beschäftigung, so lebte dieser Mensch ähnlich wie die Götter auf dem Olymp: glücklich und in Freuden und abgehoben von allen anderen Menschen. Deshalb auch die zweite Frage: Warum sollte sich ein Mensch zu mehr Vollkommenheit hin entwickeln? Meiner Ansicht nach nur, wenn er gleichzeitig in die Lage kommt, mehr und mehr andere Menschen ebenfalls hin zur Vollkommenheit zu bewegen, um den „Olymp" oder das „Paradies" gemeinsam zu beleben.

Sicher ein fast provozierend idealistischer Gedanke vor dem Hintergrund von Umweltzerstörung, Hungersnöten, Kriegen und Gewalt, Naturkatastrophen und Elend. Gleichzeitig beinhaltet das menschliche Leben auf diesem schönen blauen Planeten aber bereits diese extremen Möglichkeiten und alle erdenklichen Zwischentöne. Vielleicht haben wir noch die Wahl, uns für die Vollkommenheit zu entscheiden, inklusive aller nötigen Ökochecks...

Zurück zu den einfacheren Dingen... Manchmal darf sich in Märchen, oder auch im „richtigen Leben" jemand etwas wünschen.Der Grund dafür ist meistens nicht Fleiß oder Verdienst, sondern Zufall oder Sehnsucht oder Glück. Deshalb wünsche ich mir am Ende dieses Buches, daß es für möglichst viele Menschen interessant und hilfreich ist, daß besonders die Beschreibung zur kinästhetischen Trance dem Leser als Anregung zum Ausprobieren dient und ich über diese Erfahrungen Feedback bekomme, daß meine Erfahrungen und Beobachtungen zur kinästhetischen Trance sich weiterhin bestätigen, daß ich auf diese Weise einen Mosaikstein zum Verständnis der Zusammenhänge zwischen körperlichen und geistigen (Heilungs-)Prozessen liefern kann, daß möglichst viele Menschen heilsame Erfahrungen mit der kinästhetischen Trance machen, daß sich aus der Diskussionsgrundlage, die dieses Buch darstellt, fruchtbare, hilfreiche, bereichernde und interessante Kontakte für mich und andere ergeben und daß ich einen Hauch zu dem beitragen kann, was John Grinder so treffend „a wind" nannte, der allerorten zu hören, fühlen, sehen, riechen und zu schmecken ist.

Für Feedback und Kontakte:
Team für Organisationspsychologie
und Coaching (TOPC)
Manuela Brinkmann
Ringstraße 5
5464 Buchholz-Jungeroth
Telefon: 0 26 83/73 69

Literatur

Bach, Richard, Die Möwe Jonathan, Ullstein-Verlag 1987.

Bandler, Richard, Grinder, John, Veränderung des subjektiven Erlebens, Junfermann ²1988.

–, –, Metasprache und Psychotherapie, Junfermann ⁴1988.

–, –, Reframing, Junfermann ³1988.

–, –, Neue Wege der Kurzzeit-Therapie, Junfermann ⁸1989.

Bateson, Gregory, Ökologie des Geistes, Suhrkamp 1985.

Cameron-Bandler, Leslie, Wieder zusammenfinden, NLP – neue Wege der Paartherapie, Junfermann ⁴1989.

Chia, Mantak, Tao Yoga der Liebe, Ansata ³1987.

–, *Chia, Maneewan,* Tao Yoga der heilenden Liebe, Ansata 1987.

Dilts, Robert, Bandler, Richard, Grinder, John u. a., Strukturen subjektiver Erfahrung, Junfermann ³1989.

Densky, Alan B., Reese, Maryann, Programmers Pocket Summary, 1986.

Feldenkrais, Moshe, Bewußtheit durch Bewegung, Suhrkamp 1977.

Griebl, Günter, Physische Unsterblichkeit, Urania 1984.

Grinder, John, Bandler, Richard, Therapie in Trance, Klett-Cotta 1984.

Mindell, Arnold, The Dreambody, Bonz 1985.

–, Der Leib und die Träume, Junfermann ²1988.

Netherton, Morris, Shiffrin, Nancy, Bericht vom Leben vor dem Leben, Hannemann 1984.

Ohashi, Watary, Shiatsu, Bauer 1983.

Pischinger, Das System der Grundregulation, Haug 1983.

Rofidal, Jean, DO-IN, Aurum 1982.

Rolf, Ida P., Rolfing, Hugendubel 1989.

–, Talks about Rolfing on physical Reality, Rolf Institute 1978.

Schmitt, Johannes Ludwig, Atemheilkunst, Humata 1981.

Stahl, Thies, Triffst du 'nen Frosch unterwegs..., Junfermann ²1989.

Schwind, Peter, Alles im Lot, Goldmann 1985.